PRO en

Coaching

Sylvie Loubière
Nathalie Baker

Compléments numériques
clé en main à télécharger

Vuibert

Sommaire

COLLECTION PRO en...

Vous êtes coach, cadre, manager, consultant...
Vous êtes étudiant et vous vous préparez à la vie active...
Vous êtes stagiaire de la formation professionnelle...

Vous souhaitez découvrir des ouvrages vous permettant de développer efficacement, dans un temps raisonnable, vos compétences professionnelles actuelles ou préparer votre avenir.

PRO EN... vous permet de poursuivre ce but, grâce à :
- une structure simple ;
- des outils présentés avec concision et de façon visuelle ;
- des plans d'action immédiatement mobilisables ;
- des conseils, cas d'entreprise, informations complémentaires...

Collection rédigée par des équipes d'experts terrain et d'enseignants/formateurs passionnés par leur métier, PRO EN... est pratique, concret, opérationnel, et accessible.

Vous trouverez dans cet ouvrage :

11 Objectifs comportant chacun :
- une brève Introduction du chapitre, les points saillants et l'annonce des outils qui vont être abordés ;

- 3 à 8 OUTILS « métier » : fonctionnement, contextes d'utilisation, visuel explicatif (schéma, matrice, tableau...), exemple d'application concret (issu du domaine professionnel traité, dans des contextes très variés : industrie, services, conseil...), pièges à éviter ;

- un PLAN D'ACTION orienté « objectif » avec les actions prioritaires à mobiliser, les interlocuteurs à solliciter, les moyens à mettre en œuvre, des points de vigilance, des encadrés informatifs (*Info +*) ; des éclairages experts complémentaires (*Conseil de pro*) ; des apports novateurs (*Quoi de neuf ?*) permettant de mettre à jour ses compétences... ; des Cas d'entreprise ; les critères de réussite du plan d'action.

Vous retrouverez p. 205 la liste des compléments numériques de l'ouvrage.

Pourquoi ce livre ?

En préambule...

Le métier de coach fait l'objet d'un intérêt sans précédent. Les spécialités fleurissent dans tous les domaines, au risque de la dispersion. On pourrait penser qu'il y a autant de manières de coacher que de coachs...

Tous ceux qui ont été formés et qui partagent la volonté **d'adhérer à un code déontologique du métier** se basent sur des fondamentaux qu'il est indispensable de connaître, pour la sécurité des coachés et pour l'efficacité du coaching.

A nos débuts, nous avons été confrontées à de nombreuses interrogations qui nous ont amenées à nous questionner sur les droits et les devoirs du coach, les frontières entre le coaching et les autres disciplines, l'efficience de notre travail pour le coaché, le risque de prise de pouvoir du coach sur le coaché et inversement...

Nous avons cherché, dans notre travail au quotidien, **des outils simples à mettre en œuvre**, pour faire avancer nos coachés, que ce soit en individuel ou en collectif. Autant de thèmes sur lesquels nous aurions aimé avoir des réponses à nos débuts. Aujourd'hui, nous souhaitons rassembler en un ouvrage **tous les outils et conseils que nous avons créés, adaptés ou empruntés à d'autres, et qui ont donné d'excellents résultats**. Libre à vous de les adapter, de les faire évoluer, de vous les approprier. C'est dans cette créativité que s'exprime l'excellence du coach, qui par intuition, crée de nouvelles manières d'avancer.

À qui s'adresse cet ouvrage ?

Cet ouvrage s'adresse à tous ceux qui pratiquent ou souhaitent pratiquer le coaching : au **manager** et au **RH** qui souhaitent faire évoluer leur manière d'accompagner les collaborateurs, au **futur coach** qui voudrait compléter sa formation d'exemples pratiques, au **coach confirmé** qui cherche à renouveler ses outils ou souhaite s'inspirer de situations vécues pour avancer sur un dossier en particulier.

Qu'est-ce que le coaching ?

Le coaching est un processus d'accompagnement permettant au coaché d'optimiser ses points forts, d'évacuer les freins à son développement, de faire émerger ou d'acquérir de nouvelles compétences et de mettre en œuvre des actions assorties d'indicateurs en vue de l'atteinte de l'objectif. Il est porté par **une méthode et des outils qui prennent appui sur la demande et les attentes du coaché**. À travers un échange maïeutique, le coaché construit des solutions tournées vers le résultat en se focalisant sur le « *comment* y arriver ? » par opposition au « *pourquoi* ça ne marche pas ? »

Le savoir-faire et le savoir-être du coach sont deux éléments clés de la réussite de l'exercice, même si le coaché est le seul véritable acteur du changement. Cependant, par sa posture, son questionnement et son écoute affutée, le coach aura un véritable impact permettant l'évolution comportementale grâce à la création d'un espace d'échange sécurisant et générateur d'évolution.

Qu'est-ce que n'est pas le coaching ?

Le coaching est différent de la *psychothérapie*, qui est centrée sur la personne, et qui répond à la question du « pourquoi ». Il s'ancre profondément dans le champ professionnel du coaché, même s'il peut y trouver des éclairages dans sa vie personnelle.
Différent du *conseil*, qui propose une solution, ou de la *formation*, qui a pour but le transfert de connaissances, il est également distinct du *mentoring* : le coaché a une expertise de son domaine dont le coach ne dispose pas forcément.
Le but du coaching est de **mettre en lumière les processus générateurs d'évolution à partir du cadre de référence du coaché**.
Il s'intéresse à la relation entre le coaché et sa problématique, et à sa capacité à trouver par lui-même les réponses à ses questions.

Que propose notre ouvrage ?

11 objectifs, 63 outils et 11 plans d'action qui peuvent être choisis indépendamment, dans l'ordre qui vous paraît pertinent.

- **L'objectif 1** est général, il présente la manière de conduire un coaching. Le plan d'action apporte des conseils pratiques pour répondre à une demande de coaching, contractualiser la relation et lancer la première séance.
- **Les objectifs 2 et 3** traitent de l'exploration de la demande de coaching. Ils présentent des outils de questionnement et des méthodes pour analyser les systèmes et les situations. Le coaché porte en lui ses réponses et c'est au coach de l'aider, par des questions habilement posées, à les trouver en lui.
- **L'objectif 4** est consacré à la connaissance de soi : des activités simples vous permettront de creuser des aspects plus personnels du coaché et ainsi d'aider à mieux identifier ses ressentis et ses attentes.
- **L'objectif 5** donne des pistes pour permettre d'utiliser la créativité du coaché au service de son questionnement. Par des activités de cocréation ou des pratiques qui sortent des sentiers battus, vous pourrez explorer d'autres manières de voir la situation et ainsi imaginer des solutions innovantes.
- **Les objectifs 6 à 10** répondent aux préoccupations régulièrement évoquées en coaching : trouver des sources de motivation, aider le coaché à se mettre en action, agir en situation de conflit, de stress ou de changement. En feuilletant l'ouvrage, vous pourrez déterminer si une pratique proposée peut correspondre aux situations professionnelles que vous vivez, en vous laissant guider par le processus proposé, ou en imaginant votre propre manière de faire.
- **L'objectif 11** est, enfin, une invitation faite au coach à prendre soin de lui, à améliorer sa pratique grâce à la supervision et au suivi psychologique, à grandir dans son métier. C'est aussi une invitation à s'inscrire dans un cadre déontologique professionnel et à trouver sa propre différence.

Nous espérons que cet ouvrage, reflet de nos expériences et de nos pratiques, vous fournira des réponses aux questions que vous vous posez sur votre pratique de coach, vous donnera envie d'aller plus loin ou vous apportera de nouvelles idées pour booster votre pratique.

Objectif 1 Conduire le coaching

Bien que toute l'action de coaching soit centrée sur le coaché qui doit pouvoir s'exprimer librement afin que le coach, par son travail de maïeutique, puisse l'aider à trouver en lui ses propres solutions, le rôle du coach est déterminant dans la résolution du coaching.

À travers les différentes étapes du coaching, le coach sera amené à éclaircir une situation : cela commence dès la demande de coaching qui est souvent faite par un tiers appartenant à l'entreprise : le responsable des ressources humaines et/ou le supérieur hiérarchique du coaché. Le rôle du coach sera alors de trouver la cohérence entre la demande de l'entreprise et le besoin du coaché. Ensuite, il devra être capable de présenter la façon dont il envisage le travail, en fonction de la problématique apportée et des outils à sa disposition.

Tout au long du coaching, le coach est le garant du cadre du travail, c'est lui qui fixe les règles de fonctionnement et s'assure qu'elles seront respectées. Il fixe également la nature de la relation entre le coach et le coaché qui doit être propice à la confiance pour permettre au coaché de s'exprimer en toute sécurité. Il doit s'assurer, par des questionnements adaptés, que les demandes du coaché et du donneur d'ordre sont respectueuses et en conformité avec les valeurs fondamentales des trois parties.

Pour pouvoir conduire le coaching, il convient de :

- ✓ Respecter les étapes du déroulement du coaching.
- ✓ Identifier les demandes, les reformuler pour s'assurer d'avoir bien compris et que tous les intervenants sont d'accord sur l'objectif à atteindre.
- ✓ Ne pas hésiter à pointer les points d'incertitudes ou les éventuelles contradictions de façon à obtenir des réponses claires.
- ✓ Poser et recueillir l'accord du coaché sur un cadre clair.

Les outils clés

Outil 1

Les étapes du coaching

Les 8 étapes permettant de suivre un déroulement logique dans l'accompagnement.

p. 10

Outil 2

Les entretiens tripartites

Se mettre d'accord entre le coach, le coaché et le donneur d'ordre sur les objectifs et l'avancée du coaching.

p. 12

Outil 3

Le cadre du coaching

Fixer les règles de fonctionnement du coaching, donner un cadre à la relation de confiance mutuelle.

p. 14

Outil 4

Les demandes de coaching

Clarifier la nature de la demande de coaching.

p. 16

Outil 5

La détermination de l'objectif

S'assurer que l'objectif est conforme aux intérêts du coaché et fixer des indicateurs de résultat.

p. 18

Outil 6

Le SOSAC

Un moyen de s'assurer, pour le coach, d'avoir bien compris les attentes du coaché avant de démarrer le coaching.

p. 20

Le plan d'action

La première étape pour le coach est d'**apporter une réponse sur mesure**. Il lui faudra pour cela avoir une compréhension fine de la demande et mettre en avant la façon dont vous comptez vous y prendre pour accompagner le coaché.

La seconde étape est de bien **préparer la première séance de coaching** : elle est déterminante puisqu'elle va installer la relation entre le coach et le coaché et définir l'objectif ainsi que les indicateurs de résultat. Le coach doit pour cela se mettre dans les conditions les plus favorables.

1 Les étapes du coaching

Présentation

À partir du moment où vous êtes sollicité pour accompagner un coaché, 8 étapes sont indispensables pour le bon déroulement du coaching.

Les 8 étapes du coaching

1. **Entretien préalable.** Cette étape consiste en un choix mutuel lors d'une première rencontre entre le coach et le coaché. À ce stade, le coaché a l'opportunité de rencontrer plusieurs coachs pour faire le choix de celui qui correspondra le mieux à ses attentes et affinités. De son côté, le coach devra valider si la demande du coaché est compatible avec un coaching et s'il a réellement le souhait de se faire accompagner (s'il n'y est pas contraint par sa direction) et poser le cadre du travail en commun (➜ *cf. Outil 3*).
2. **Entretien tripartite** (➜ *cf. Outil 2*). Une fois que vous avez été choisi par le coaché, il s'agit de déterminer l'objectif général du coaching et les indicateurs de résultats. Cet entretien se fait avec le coach, le coaché et le commanditaire du coaching.
3. **Contrat commercial.** Dans ce contrat devront figurer les modalités de réalisation du contrat : la demande de coaching, l'obligation de moyens et non de résultats à laquelle le coach est tenu, la confidentialité, la supervision(➜ *cf. Outil 60*), le lieu d'exécution, la durée du contrat, le nombre et la périodicité des séances, le prix, la facturation et les échéances de paiement, les conditions d'annulation ou de report de rendez-vous, les possibilités de résiliation ainsi que le droit applicable en cas de différend.
4. **Définition de l'objectif (➜ *cf. Outil 5*).** L'objectif est affiné entre le coach et le coaché, il sera suivi de la planification des actions à réaliser dans la suite de l'accompagnement.
5. **Accompagnement.** Séances de travail en vue de l'atteinte de l'objectif.
6. **Entretien intermédiaire tripartite.** À mi-parcours, un entretien tripartite peut avoir lieu afin de mesurer les progrès parcourus et de réajuster l'objectif.
7. **Accompagnement.** Séances de travail en vue de l'atteinte de l'objectif.
8. **Clôture.** Un entretien tripartite permettant d'évaluer les résultats par rapport aux indicateurs fixés pour l'objectif.

L'intérêt des étapes du coaching

Cet outil permet de :
- présenter le déroulé de l'accompagnement au commanditaire du coaching (s'il est différent du coaché) et au coaché ;
- suivre un déroulement logique dans l'accompagnement.

Pour l'utiliser

- Suivez rigoureusement les étapes.
- Faites-vous aider par un avocat pour la rédaction du contrat.

Les étapes du coaching

1. • Entretien préalable
2. • Entretien tripartite
3. • Contrat commercial
4. • Définition de l'objectif
5. • Accompagnement
6. • Entretien intermédiaire tripartite
7. • Accompagnement
8. • Clôture

Un exemple d'application

Esther, coach, a été contactée par la DRH d'un groupe pharmaceutique pour accompagner Marcel, ingénieur chimiste, vers plus d'affirmation de soi. Lors du premier entretien avec Marcel, Esther a proposé son cadre de travail, et a instauré une relation de confiance mutuelle. Marcel a préféré choisir Esther parmi 2 autres coachs, car il a apprécié sa rigueur et s'est senti écouté sans jugement et compris. Un entretien tripartite a eu lieu entre Esther, Marcel et son N+1 où ont été précisés les résultats attendus : Marcel doit oser s'exprimer, imposer ses points de vue lors des réunions de travail et mieux cadrer son équipe. Il a été convenu d'un accompagnement de 10 séances de 2 heures. Après la signature du contrat, Esther et Marcel ont consacré la première séance à déterminer l'objectif avec des indicateurs de résultat et un plan d'action. Au bout de 5 séances d'accompagnement, un entretien tripartite intermédiaire entre Esther, Marcel et son N+1 a permis de constater une meilleure présence et affirmation en réunion et un besoin de mettre l'accent sur la coordination de l'équipe. Les 4 séances suivantes ont été consacrées à la posture de Marcel et à son plan de management. Lors de l'entretien tripartite de clôture, il a été constaté des changements notoires et il a été convenu de faire une à deux séances de suivi d'ici 6 mois.

Les pièges à éviter

- Négliger de bien poser le cadre du coaching lors du premier entretien pour se faire « bien voir » du coaché et être ainsi choisi.
- Ne pas respecter l'ordre des étapes.

2 Les entretiens tripartites

Présentation

Il s'agit d'entretiens entre le coach, le coaché et un représentant de l'entreprise qui peut être le donneur d'ordre, le DRH ou le responsable hiérarchique du coaché. Il peut arriver que ces entretiens se fassent à quatre personnes (coach, coaché, N+1, DRH). Ils n'auront pas lieu à 3 dans le cas où le coaché est lui-même donneur d'ordre, qu'il soit dirigeant ou particulier.

Premier entretien tripartite. Il intervient à l'issue de l'entretien préalable (→ *cf. Outil 1*) qui a permis au coaché de choisir son coach. Il a pour but de fixer l'objectif du coaching en accord avec les trois intervenants. Cette étape est très importante, car c'est l'occasion de s'assurer que tout le monde a pu exprimer ses souhaits et que ces derniers sont cohérents les uns avec les autres.

Entretien tripartite à mi-parcours. Dans cette même configuration, un tel entretien pourra avoir lieu après quelques séances, pour évaluer les premiers résultats du travail et recentrer l'objectif sur les points sur lesquels il faut encore insister pour la suite de l'accompagnement.

Entretien tripartite de fin de mission. Il sert à évaluer les résultats des actions réalisées vers l'atteinte de l'objectif et à envisager les prochaines actions à réaliser afin de pérenniser les résultats dans l'avenir. Il est conduit par le coaché, en présence du prescripteur RH et/ou de son manager qui réagiront librement à ce bilan pour le compléter.

L'intérêt des entretiens tripartites

Cet outil permet :

- de s'assurer de la cohérence des besoins de coaching ;
- de finaliser l'accord entre les parties sur les objectifs et les modalités du coaching ;
- d'évaluer les résultats atteints par rapport aux objectifs visés ;
- de faire le point sur les changements du coaché.

Pour l'utiliser

- Lors du premier entretien, observer le type de relations qui existent entre l'entreprise et le coaché, l'entreprise et le coach, le coach et le coaché, afin d'être sûr de la cohérence entre les différents messages émis lorsque l'entreprise a pris contact avec le coach et ce que le coaché a exprimé lors de l'entretien préalable.
- Lors de l'entretien à mi-parcours, assurez-vous que les premiers points de progrès ont été observés et notés et vérifiez l'accord sur les points de progrès restant à faire.
- Lors du dernier entretien, laissez le coaché présenter le bilan de ses progrès.

Les entretiens tripartites

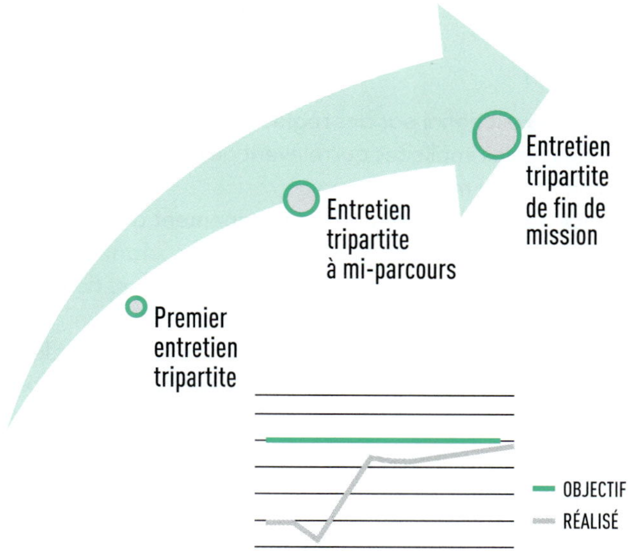

Un exemple d'application

Lucie, coach professionnelle, a été contactée par la DRH d'une société de vente par correspondance afin de rencontrer Romain, pour l'accompagner vers une meilleure communication. En tant que coordinateur des achats, il participe à la définition de la politique achats, conseille et forme les acheteurs sur le terrain. Lors du premier entretien, Romain a exprimé son inquiétude : il a, certes, besoin de travailler sa communication, mais il pense qu'en réalité, ce coaching a un objectif caché, qui est de l'inciter à quitter l'entreprise, car il ne s'entend pas bien avec un des acheteurs. Lucie compte profiter de **l'entretien tripartite** pour clarifier la situation. Cet entretien s'est tenu en présence de Lucie, Romain et son N+1 Stéphane. Lucie précise que ce premier entretien tripartite a pour but de s'assurer de la cohérence des besoins de coaching et de finaliser l'accord entre les parties sur les objectifs et les modalités du coaching. Lucie questionne Stéphane sur l'objectif ; il déclare que Romain est un excellent élément, bon stratège et pédagogue et qu'il a besoin de se faire aider à gérer les personnalités difficiles, comme l'acheteur avec lequel il ne s'entend pas. Romain est rassuré d'entendre ces propos. Lucie ne décèle pas d'objectif caché ; le coaching peut donc suivre son cours.

Les pièges à éviter

- Ne pas souligner les divergences de vue sur les objectifs entre les participants ni tenter de les éclaircir.
- Ne pas faire attention à la congruence des participants lors de l'évaluation des résultats ; évitez les appréciations de complaisance.

3 Le cadre du coaching

Présentation

Le cadre du coaching est défini par des règles explicites, régies par le contrat commercial (→ *Cf. Outil 1*) et des règles implicites qui relèvent de la dynamique humaine et relationnelle et font l'objet d'un contrat moral.

Le cadre explicite définit les règles de fonctionnement des séances : le lieu d'exécution, la durée du contrat, le nombre et la périodicité des séances, le prix, la facturation et les échéances de paiement, les conditions d'annulation ou de report de rendez-vous, le respect des horaires, les possibilités de résiliation.

Le cadre implicite définit la nature de la relation entre le coach et le coaché et les attentes mutuelles : bienveillance, déontologie, non-jugement, honnêteté, volonté d'expérimenter, engagement, présence...

Quelle attitude le coach doit-il adopter dans le cas du non-respect par le coaché du cadre explicite ?

En cas de retards ou de reports répétés du coaché, le coach doit impérativement reprendre la main sur le cadre, d'une part, pour ne pas laisser au coaché le sentiment de fixer son propre cadre, et, d'autre part, pour saisir ces débordements comme une opportunité de travail : en quoi cela participe-t-il au maintien ou à l'entretien du problème ? En quoi sont-ils en lien avec l'atteinte de l'objectif ?

Poser clairement le cadre tient de la responsabilité du coach. Avant le démarrage du coaching, il est important de se mettre d'accord avec le coaché sur les attentes et rôles de chacun :

- l'engagement du coaché, sa participation active et son implication dans le processus de coaching pendant et en dehors des séances ;
- le respect du cadre explicite ;
- la liberté d'expression : chacun s'engage à communiquer à l'autre avec bienveillance ce qui ne va pas dans son comportement ;
- la confidentialité.

Plus le cadre est clair pour les deux parties, plus il sera facile pour le coach de recadrer en cas de débordement.

L'intérêt du cadre du coaching

Cet outil permet :

- d'installer une relation de confiance mutuelle ;
- de prévenir les « débordements du cadre » et de savoir y réagir.

Pour l'utiliser

- Définir les rôles et les attentes réciproques du coach et du coaché.
- Expliciter les règles de fonctionnement et de déontologie : confidentialité, respect de la personne, supervision du coach.
- Rappeler régulièrement le cadre.

Le cadre du coaching

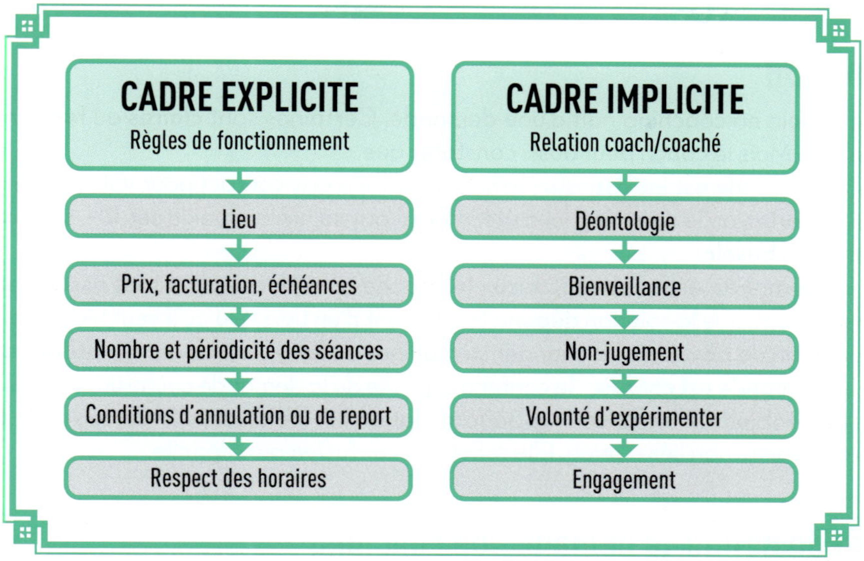

Un exemple d'application

Martin est informaticien dans un centre de formation, il est accompagné depuis 2 mois par Pauline, coach, pour travailler sur son manque de concentration. Dès le début, Pauline a posé le cadre des séances, en lui indiquant les règles de fonctionnement ainsi que ses attentes quant à leur relation de confiance mutuelle et de libre expression. Martin a fait part de ses attentes et ils se sont mis d'accord sur le cadre. Souvent, au cours des séances, Martin a eu tendance à s'écarter du sujet de l'objectif et Pauline a recadré en douceur : « Quel est le lien entre vos propos et l'objectif de notre séance ? » Puis Martin s'est mis à arriver en retard. Pauline lui a rappelé que ces retards écourteraient la séance qui se terminerait à l'heure convenue, ce à quoi il a répondu que ça ne le dérangeait pas. Pauline lui a alors demandé : « En quoi vos retards et les digressions ont-ils un rapport avec votre objectif ? »

Martin a pris conscience que son comportement n'était autre qu'une résistance de sa part à l'atteinte de son objectif visant à plus de concentration. La séance a été consacrée à travailler sur cette résistance. Le cadre du coaching a été un outil très utile pour le coach.

Les pièges à éviter

- Ne pas poser le cadre de coaching et laisser le coaché poser son propre cadre.
- Ne pas nommer clairement leurs attentes en termes d'engagement mutuel et laisser libre cours à des interprétations différentes du contrat moral qui unit le coach et le coaché.
- Ne pas oser recadrer par peur de nuire à la relation ou encore par ignorance sur la manière de s'y prendre.

4 Les demandes de coaching

Présentation

Le besoin en coaching naît d'une demande. Certaines sont **claires** ou facilement clarifiables. Mais le coach peut aussi constater que :

- **La demande est inexistante** : le futur coaché a pris contact pour voir ce que cela peut lui apporter, ou le coaching lui a été imposé par sa hiérarchie ou ses RH, **sans qu'il en ait envie ou besoin**.
- **La demande est contradictoire** : le coaché considère qu'il a tout essayé et qu'il est impuissant, que la solution dépend totalement d'un tiers. Ou qu'il veut bien être coaché à condition de n'avoir pas à changer sa manière de faire. Il vit un conflit intérieur.
- **La demande est confuse** : le contenu explicite de la demande cache un contenu implicite qui est l'objet réel du coaching. Sa formulation est malaisée, elle porte sur de très nombreux points non liés *a priori*. Elle reflète sa confusion personnelle.

L'intérêt de définir la demande de coaching

En clarifiant la nature de la demande, le coach va pouvoir orienter son approche et définir plus aisément la relation à établir avec le coaché.

Réagir face aux différents types de demande

- **La demande est inexistante**

Le coach cherchera à comprendre pourquoi la personne est venue malgré sa non-demande. Et qui est le véritable prescripteur, quelle intention il a pour le coaché. Puis il le questionnera pour savoir s'il perçoit une problématique. S'il n'y a ni demande volontaire, ni problématique exprimée, il le formulera, puis lui donnera le **choix** d'interrompre l'entretien ou d'obtenir plus d'explications sur la démarche et ce qu'elle pourrait lui apporter, s'il en avait un jour la demande.

- **La demande est contradictoire**

Face à cette situation insoluble, le coaché souhaite la reconnaissance de ses difficultés. Le coach pourra valoriser sa démarche d'affronter un état *a priori* sans espoir. Car la demande est réelle. Il a besoin d'aide pour gérer ses conflits intérieurs, qui l'empêchent de trouver une issue. Le coach pourra être un soutien dans ce cheminement.

- **La demande est confuse**

Elle appelle la clarification. Le coach va devoir questionner pour cadrer de manière plus précise la ou les demandes, vérifier qu'elles sont réelles, qu'il y a une volonté de travailler sur toutes, et aider le coaché à les prioriser.

Les demandes de coaching

Demande	Inexistante	Contradictoire	Confuse
Causes	Pas de besoin perçu Coaching imposé	Conflit intérieur Sentiment d'impuissance	Contenu implicite Confusion personnelle
Attentes du coaché	Explications de la démarche Choix d'entrer dans la démarche ou non	Reconnaissance des difficultés Soutien	Clarification Cadrage Priorisation

Un exemple d'application

Loïc est coach spécialisé dans la prise de confiance en soi. Son client, une entreprise de BTP, lui confie le coaching de Jeanne, comptable confirmée qui doit prendre la direction financière de la structure.
Loïc cherche à comprendre la demande de Jeanne. Elle montre un certain enthousiasme pour la démarche, même si elle doute que la situation puisse changer. Elle a toujours été timide, a déjà fait des formations en prise de parole en public, en assertivité, sans résultat. Le DG de l'entreprise lui a conseillé le coaching ; elle est d'accord mais n'en attend pas grand-chose.
Loïc comprend que finalement, il y a une demande contradictoire. Jeanne n'est pas à l'origine de la demande, elle veut certes se lancer mais sans y croire. Il décide tout d'abord de reconnaître les difficultés qu'elle rencontre, et de les évaluer sur une échelle de 1 à 10, pour les rendre plus réelles. Il la projette vers un futur où ses difficultés n'existent plus pour préciser l'objectif, s'il pouvait être atteint (il ne faut pas oublier qu'à ce stade, la personne pense encore que l'objectif est inatteignable). Puis il explique la démarche et en quoi il peut être un soutien dans son cheminement.

Jeanne prend confiance et formule la demande d'être accompagnée afin de se sentir à l'aise pour gérer le service financier, signal clair que le coaching peut avoir lieu avec de bonnes chances de réussite.

Les pièges à éviter

- Vouloir coacher s'il n'y a pas de demande réelle du coaché ou s'il y a une inadéquation entre la demande du coaché et celle de sa hiérarchie/des RH.
- Vouloir coacher des personnes atteintes de psychopathologies, qui ne sont pas « coachables » même s'ils semblent formuler une demande claire.

5 La détermination de l'objectif

Présentation

Un coaching démarre systématiquement par une détermination de l'objectif, qui va permettre de définir clairement ce à quoi la personne souhaite aboutir à l'issue du coaching.

Les critères pour une bonne formulation

L'objectif doit être clair, précis, formulé de manière positive, il ne doit pas comporter de négation. Par exemple : « ne pas m'énerver » pourra être remplacé par « rester serein ».
L'atteinte de l'objectif ne doit dépendre que de la personne concernée. Ex : « Changer le monde » ne peut pas dépendre uniquement du coaché, la formulation pourra être « contribuer à changer le monde ».
Il devra enfin être réaliste et ses résultats devront pouvoir être évalués.

Détermination de l'état présent

Le coach demande au coaché d'exposer sa situation actuelle. Il le questionne sur l'origine du problème puis s'assure que l'objectif est respectueux de l'équilibre personnel de la personne en recherchant si le coaché aurait un avantage à rester dans la situation actuelle (c'est ce qu'on appelle l'*écologie* en PNL).

Détermination de l'état désiré

Le coaché formule l'objectif qu'il souhaite atteindre. Le coach lui demande si cela ne dépend que de lui. En cas de réponse négative, il lui demande quelle est la part qui ne dépend que de lui.
Le coach va ensuite rechercher la motivation du coaché à travers les bénéfices apportés si l'objectif est atteint.
À nouveau, le coach s'assure que l'objectif est respectueux de l'équilibre personnel du coaché en recherchant les inconvénients pour lui ou pour quelqu'un d'autre en cas d'accomplissement de l'objectif.
Enfin, le coach interroge le coaché sur les obstacles qu'il pourrait rencontrer, ainsi que sur les ressources qui sont à sa disposition.

Fixer les indicateurs de résultats

Des résultats quantifiables ou des comportements observables.

L'intérêt de la détermination de l'objectif

Cet outil permet de :
- valider que l'objectif est réaliste et conforme aux intérêts du coaché ;
- fixer des indicateurs de résultats ;
- évaluer le nombre de séances à réaliser pour atteindre l'objectif.

Pour l'utiliser

- Prévoir une séance de 2 heures pour une exploration complète.

La détermination de l'objectif

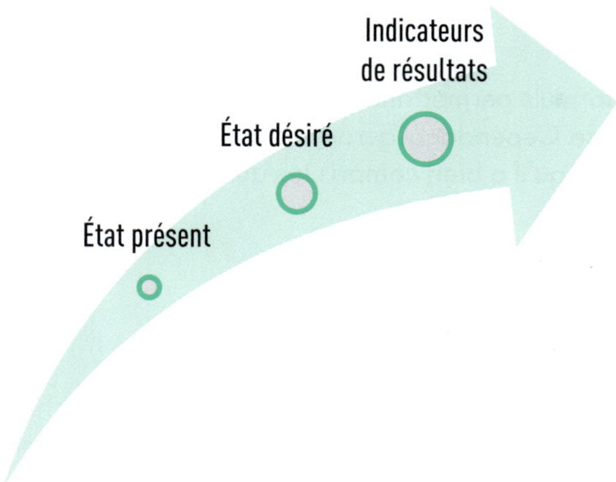

Complément numérique → lienmini.fr/proen17

Un exemple d'application

Séverine, cadre hospitalier, est souvent submergée par ses émotions. Elle décrit à Xavier, son coach, la situation : son service est en sous-effectif ; souvent dans l'urgence et sous tension, il lui arrive de perdre son sang-froid et de pleurer devant les patients quand elle est fatiguée. Cela lui pose un problème de crédibilité. Xavier lui demande une formulation positive : elle voudrait avoir plus de temps de repos pour rester calme. Xavier lui demande si cela ne dépend que d'elle. Ce qui ne dépend pas de Séverine est la charge de travail et les aléas de l'emploi du temps ; en revanche, elle peut agir sur la qualité de son sommeil et sur ses réactions en situation de stress. Cela lui apporterait plus de crédibilité vis-à-vis des patients et une meilleure estime d'elle-même.

Xavier vérifie que l'objectif est respectueux de l'équilibre personnel de Séverine, en recherchant si l'atteinte de l'objectif aurait un inconvénient pour elle ou pour quelqu'un d'autre. Séverine ne voit aucun inconvénient pour elle-même mais elle pense que son mari devra prendre plus souvent en charge les enfants le soir. Elle pense que cet inconvénient est gérable. Il lui reste à déterminer les indicateurs de résultats : Séverine saura que son objectif est atteint lorsqu'en situation de stress, elle saura garder son calme.

Les pièges à éviter

- À ce stade, aucune recherche de solution ne doit être faite.
- Laisser le coaché décrire l'objectif par des termes négatifs.
- Oublier de vérifier que l'objectif est respectueux de l'équilibre personnel du coaché.

6 Le SOSAC

Présentation

Il n'existe pas de formule permettant de garantir qu'une séance de coaching va se dérouler de manière efficace. Cependant, l'acronyme SOSAC peut devenir pour le coach un moyen simple de s'assurer qu'il a bien compris les attentes de son client avant de démarrer le travail.

L'intérêt du SOSAC

Cet outil permet au coach :

- d'explorer simplement et efficacement les attentes du coaché ;
- de contractualiser avec lui une relation de coaching qui permettra d'atteindre à terme l'objectif fixé dans un cadre d'intervention clair pour les deux parties.

Pour l'utiliser

Après avoir accueilli le coaché, pris le temps de créer le lien qui lui permettra de se sentir en confiance, le coach pourra démarrer la séance, en analysant les éléments suivants :

Situation : il demandera au coaché de lui décrire la situation qu'il vit. Le coach, de son côté, sera attentif à la fois aux mots (il est fréquent que dans les 20 premières secondes de la description, tout soit dit), mais aussi au non-verbal, à la clarté ou non du discours, aux croyances exprimées, aux omissions éventuelles, à la caractérisation des protagonistes. À ce stade, le coach est dans une position d'écoute active, interne-externe (→ *cf. Outils 7 et 8*).

Objectifs : le coach aide le coaché à déterminer la situation à laquelle il veut parvenir. Il est ici fréquent que le client exprime des freins : soit il a du mal à définir la cible, soit elle lui paraît inaccessible. Or, sans objectif clair, le coaching n'est pas possible, le binôme coach-coaché prendra donc tout le temps nécessaire à la détermination claire de l'objectif (→ *cf. Outil 5*).

Stratégie : au regard de ce qui a été déterminé par le coaché, le coach peut alors, pour lui-même, commencer à réfléchir à la manière dont il pense pouvoir l'accompagner et le faire avancer vers l'objectif. Cette étape peut être réajustée tout au long du coaching.

Attentes : le coaché pourra ensuite exprimer quelles sont ses attentes lors de l'entretien. Veut-il être écouté, évalué, conseillé, accompagné dans son cheminement ? Cela évite que le coach prenne une posture qui n'est pas attendue, et permet au coaché de décider de ce qui doit se passer pendant la séance, et d'en prendre la responsabilité.

Contrat : c'est la reformulation par le coach de l'attendu du coaching, que le coaché valide pour que le travail puisse commencer sur des bases claires.

Le SOSAC

- **S**ituation
- **O**bjectif
- **S**tratégie
- **A**ttentes
- **C**ontrat

Un exemple d'application

Pierre est coach de dirigeants. Il accueille Léa, DG d'une SSII de 6 salariés. C'est la première séance de travail.

Elle décrit sa situation : seule commerciale de l'entreprise, la pérennité de la structure repose sur ses épaules. Or, elle « déteste faire du commercial », elle se sent « incapable de prendre son téléphone » pour faire de la prospection, car elle est « nulle en communication ». Et même si elle fait quelques devis, elle « n'a pas le temps de les suivre ».

Pierre est interpellé par la vision négative que Léa a d'elle-même et la force des mots qu'elle emploie. Il la questionne sur l'objectif qu'elle a en tête en demandant un coaching. Elle reste vague, c'est un ami qui le lui a conseillé. Il faudra plus d'une heure de questionnement pour qu'elle exprime qu'elle a besoin de sortir la tête de l'eau et de regarder son entreprise avec plus de hauteur.

À ce stade, Pierre commence à élaborer une stratégie pour l'accompagner, mais veut connaître ses attentes réelles, bien conscient que la question du commercial, évoquée au début, n'est probablement pas au cœur du coaching.

Léa attend surtout de son coaching de pouvoir parler à une personne neutre de son entreprise, et d'être challengée sur sa posture de dirigeante.

Pierre peut alors valider avec elle le contrat : « Si je comprends bien, vous souhaitez que le coaching soit un lieu où vous pourrez analyser votre entreprise, être challengée sur son organisation et rassurée sur votre rôle de dirigeante par un regard extérieur et neutre, c'est bien cela ? »

En ayant clarifié les attendus, ils peuvent maintenant démarrer le coaching, d'une manière bien plus juste que s'ils s'en étaient tenus à la demande exposée initialement.

Piège à éviter

- Élaborer trop tôt la stratégie, ce qui reviendrait, pour le coach, à se mettre en position de sauveteur (→ *cf. Outil 42*).

Plan d'action

Initier une action de coaching

Les bénéfices de ce plan d'action

- Savoir répondre à une demande de coaching.
- Comprendre ce qu'attendent les RH, le coaché et son N+1.
- Contractualiser la relation.
- Savoir lancer les premières séances.

Les actions prioritaires à mettre en œuvre

- Apporter une réponse sur mesure (voir ci-dessous)
- Préparer la première séance de coaching (voir p. 24-25)

Apporter une réponse sur mesure

Pourquoi ?

- Parce qu'il est fréquent qu'un prospect propose 2 ou 3 coachs au futur coaché afin qu'il puisse décider de celui ou celle qui l'accompagnera.
- Parce que face à une offre de coaching très large, il vous faudra faire la différence par votre maîtrise technique, votre relationnel mais surtout par l'adéquation entre ce que vous offrez et la demande.
- Parce que la décision de travailler avec vous ou non se prend dans les premières minutes de l'entretien.

Avec quels interlocuteurs ?

Cela dépend des entreprises, mais généralement, le coaching est discuté et validé avec :

- un représentant des ressources humaines ;
- le supérieur hiérarchique du coaché ;
- le coaché lui-même.

Avec quels outils ?

- L'entretien tripartite → *cf. Outil 2*.
- Le cadre du coaching → *cf. Outil 3*.
- Les demandes du coaching → *cf. Outil 4*.

Comment mettre l'action en œuvre ?

Généralement, le client prendra contact avec vous par mail ou par téléphone, ou vous interpellera à l'occasion d'un rendez-vous d'entretien de votre réseau. Dès lors que vous avez été informé de ce besoin, vous pourrez :

- Rechercher des informations sur l'entreprise, et si possible sur le salarié, son N+1. Internet et votre réseau peuvent être d'une aide précieuse.
- Mener les entretiens, et en particulier le premier **entretien tripartite**.
- Analyser **la demande de coaching**.
- Valider que vous pouvez/souhaitez répondre à la demande, et si tel n'est pas le cas, ou si vous avez besoin d'autres coachs pour vous accompagner sur le projet, choisir qui de votre réseau pourrait être un atout pour le projet → *cf. Plan d'action p. 196*.

- Expliquer aux différents interlocuteurs votre manière de fonctionner et le parcours que vous pourriez mettre en place pour répondre spécifiquement à la demande. Et surtout ce qui fait que votre parcours et votre manière de coacher vous rend unique → *cf. Outil 61*.
- Formaliser votre envie de travailler sur le projet par une proposition écrite qui reprendra votre vision du coaching à réaliser avec des préconisations de durée, de fréquence, les éléments contractuels (date de début, date de fin, tarifs, durée des séances, assistance entre les sessions de coaching, règles en cas d'annulation de séances, modalités de fin de contrat), mais aussi une description du **cadre** que vous posez dans votre coaching.

Vous pourrez aussi inclure une biographie vous concernant, reprenant votre parcours professionnel, vos études, une mention de votre **supervision**, des associations professionnelles auxquelles vous **adhérez** → *cf. Outils 60 et 62*.

- Une fois la proposition adressée au décideur final, vous pourrez le relancer dans la semaine suivante afin de vous assurer qu'il a bien reçu votre offre et qu'il est clair sur son contenu. La conversation permettra de savoir comment se passe le processus de validation de la candidature et d'avoir une idée de la date à laquelle la réponse sera donnée.
- En cas d'accord, le coaching pourra démarrer. En cas de refus de la proposition, il est riche d'enseignement d'appeler ou de revoir le décideur pour comprendre quelles étaient les forces et les faiblesses de la proposition faite.

Point de vigilance

✓ Certains coachés peuvent prendre du temps pour franchir le pas et démarrer leur coaching. Vous pourrez être tentés de les relancer fréquemment. Mais est-ce pertinent ? Il faut être prêt pour entrer dans la démarche, et un simple « recontactez-moi quand vous serez prêt » peut certes repousser le démarrage, mais permettre la maturation nécessaire pour que le coaching soit efficace.

QUOI DE NEUF ?

Premier contact en visioconférence ?

Il est évidemment plus économique d'accepter un premier contact avec l'entreprise et le coaché en visioconférence. Mais est-ce vraiment une bonne idée ? Probablement pas. En effet, le coach perdra beaucoup d'informations liées au non-verbal de ses interlocuteurs lors des différents entretiens. Il aura donc plus de difficulté à ressentir la problématique et l'interaction entre les parties prenantes. Il sera aussi plus difficile de créer le lien de confiance avec eux.

CONSEIL DE PRO

Savoir refuser un coaching

Apporter une réponse pertinente ne signifie pas forcément répondre systématiquement. Parfois, il est plus pertinent de décliner la proposition de coaching, si la thématique vous touche, que vous connaissez la personne, qu'il n'y a pas de demande, un agenda caché, ou que vous identifiez une psychopathologie… Votre intuition est votre meilleure alliée pour prendre cette décision.

Préparer la première séance de coaching

Pourquoi ?

- Parce que le coaché attend beaucoup de ces rendez-vous, il importe que le coach soit complètement disponible pour lui, au fait du dossier et prêt à le faire avancer.
- Parce que, de votre côté, vous avez de nombreux clients qui se suivent à des rythmes parfois rapprochés et que pour pouvoir offrir à chacun la même disponibilité et la même efficacité, vous devez vous organiser.
- Parce qu'en vous libérant des contraintes matérielles et de contingence, vous serez complètement tourné vers votre coaché.

Avec quels interlocuteurs ?

- Le **coach** a un travail de mise en condition avant les premières sessions.
- Il peut faire appel à son **superviseur** s'il en ressent le besoin.
- Ensuite, c'est surtout le **coaché** qui sera en situation de travail.

Avec quels outils ?

On utilisera :

- les notes prises lors des rendez-vous avec les différents interlocuteurs pour se remémorer les points évoqués ;
- la détermination de l'objectif → *cf. Outil 5* ;
- le SOSAC → *cf. Outil 6* ;
- les rituels du coach → *cf. Outil 63*.

Comment mettre l'action en œuvre ?

- Relire les notes prises lors des derniers entretiens pour s'assurer que l'on a bien en tête les points évoqués, les noms des principaux protagonistes et leurs fonctions.
- Préparer l'espace de coaching afin qu'il garantisse un environnement propice à la réflexion.
- S'assurer que vous disposez de tous les outils nécessaires à portée de main pour pouvoir faire travailler le coaché (papier blanc, tableau, paperboard, feutres, Post-it, cartes de photolangage, pions).
- Relire si nécessaire les points mentionnés dans l'Outil 5 – **la détermination de l'objectif** – et l'Outil 6 – **le SOSAC** – car ils seront utilisés au cours de la 1re séance.
- Se réserver un temps avant le coaching pour pratiquer un **rituel** qui vous permettra de rentrer en posture de coaching (→ *cf. Outil 63*) ou, à défaut, pratiquer quelques respirations profondes pour laisser derrière soi ses préoccupations, se concentrer sur le moment présent et sur le coaché.

Point de vigilance

✓ Veiller lors de cette première session à prendre le temps de la découverte, quitte à rallonger la séance ou à ne traiter qu'une partie de l'objectif fixé. En effet, si le fait d'amorcer le travail est essentiel, approfondir la connaissance du coaché est indispensable pour l'efficacité de l'action.

✓ Il n'est pas nécessaire de préparer à l'avance une liste de questions. Le coaché et le contexte vont impulser le déroulement de la session.

Cas d'entreprise

Le tout premier coaching

Céline est une coach récemment certifiée. Elle est pour la première fois interrogée par un prospect. L'entreprise est spécialisée dans la fabrication de pièces industrielles, et le directeur de production, excellent technicien, est désemparé face à la gestion de son équipe. Le PDG lui a proposé un coaching et a pris contact avec Céline.

Elle a donc eu un premier rendez-vous avec le dirigeant et le DRH, puis a rencontré Régis, le futur coaché. Il lui a confirmé son sentiment d'impuissance et son mal-être dans la gestion de son équipe. Le courant est bien passé et Céline a pu adresser une proposition pertinente :

- 8 sessions de 2 heures sur une période de 3 mois, puis 2 heures de suivi tous les 3 mois pendant 1 an ;
- elle a valorisé son expérience passée de manager dans un environnement industriel et sa certification pour pratiquer les tests 360° (→ *cf. Outil 23*).

Elle a été choisie pour démarrer dès la semaine suivante.

Elle a décoré son bureau avec des photos inspirantes, investi dans des fauteuils confortables ainsi qu'une table d'appoint.

Elle a préparé un coffret contenant son matériel de coaching (images de photolangage, roue des émotions, portrait chinois (→ *cf. Outils 27, 22, 18*), des feutres, du papier, des pions de bois, un paperboard, de la Patafix©, une boîte de mouchoirs, des CD de musique classique, un livre de citations).

Puis elle a créé un panneau « Ne pas déranger – coaching en cours » qu'elle placera sur sa porte pendant les sessions.

Le jour J, elle a pris le temps de relire ses notes et de les synthétiser sous forme de mind map (→ *cf. Outil 26*) puis, 20 minutes avant l'arrivée du coaché, elle a fait place nette sur son bureau, et s'est installée sur son fauteuil pour se centrer sur le coaching à venir.

Elle est prête à accueillir son premier client.

CONSEIL DE PRO

Quand facturer ?

Sur ce sujet, plusieurs pratiques coexistent :
- Certains coachs demandent le règlement d'un acompte avant le démarrage (généralement entre 30 et 50 %) puis le solde à date fixe. Cette méthode a l'avantage de préserver la trésorerie et de décorréler le coaching du règlement.
- D'autres facturent au mois, une fois la séance terminée.

Les critères de réussite de votre plan d'action

→ Les parties prenantes du coaching (le financeur – généralement le DRH, le coaché, son N+1 et vous-même) sont satisfaits du projet de coaching, et clairs sur la manière dont vont se dérouler les prochaines séances.

→ Les premiers rendez-vous de coaching sont sereins et efficaces.

Objectif 2 Écouter, questionner et faire un feedback

Le coach est un miroir du coaché, et ses actions clés tournent autour de l'écoute, du questionnement et de la qualité de son feedback.

Par sa posture d'écoute active, il peut comprendre la problématique réelle, qui n'est pas forcément celle exprimée au premier abord. En étant complètement concentré sur le coaché, il peut s'assurer de la cohérence entre ce qui est dit et le comportement associé. En prenant suffisamment de hauteur et en s'interrogeant sur les relations entre le coaché et sa problématique, son environnement professionnel et son entourage, il peut éclairer le contexte de son regard.

En complément de l'observation, le coach doit cultiver l'art du questionnement, car il permet d'approfondir la thématique et de faire cheminer le coaché dans la recherche de sa solution.

Mais lorsque la réponse paraît incohérente, qu'elle suscite des interrogations ou un étonnement, le coach doit pouvoir se servir de ses observations pour faire un feedback, exprimer son ressenti et donc donner des outils de réflexion à la personne qu'il accompagne.

Pour pouvoir écouter, questionner et faire un feedback, il convient de :

- ✓ Créer un environnement propice à l'observation et à l'écoute, c'est-à-dire un espace calme et serein, où le coach comme le coaché peuvent échanger, ressentir ce qui se vit et faire émerger de nouvelles pratiques en toute pérennité et confidentialité.
- ✓ Choisir les bonnes questions, celles qui permettront de dérouler le fil de la réflexion, et les poser au bon moment.
- ✓ Être attentif à son propre ressenti pour pouvoir ensuite faire un retour à son coaché, en toute bienveillance et honnêteté.

Les outils clés

Outil 7

L'écoute active

Une écoute globale, des mots, des intonations : un comportement auquel le coach et le coaché pourront donner du sens.

p. 28

Outil 8

L'écoute interne et externe

Une double écoute pour comprendre ce qui se dit au-delà des mots.

p. 30

Outil 9

Les 8 zones de questionnement

Un schéma permettant d'explorer tous les aspects d'une problématique.

p. 32

Outil 10

Le CQQCOQP

Un éventail de questions pour pouvoir rebondir en toute situation.

p. 34

Outil 11

Le Métamodèle

Une méthode de questionnement permettant de traduire la pensée du coaché avec précision.

p. 36

Outil 12

Le feedback en sandwich

Une manière assertive et pédagogique de faire un retour sur un comportement.

p. 38

Le plan d'action

Analyser le malaise d'un manager pour bien orienter le coaching . . p. 40

La première étape pour le coach est de **comprendre le malaise du manager**. Il lui faut pour cela se centrer sur sa posture afin d'être disponible pour l'écoute, puis choisir le type de questionnement le plus adapté aux informations apportées. Enfin, le coach doit être à l'écoute de ses propres ressentis et de son dialogue interne.

La seconde étape consiste à **éclaircir la demande de coaching** : vérifier si le coaché veut évoluer et s'il n'y a pas d'obstacles cachés au bon déroulement de l'accompagnement. C'est aussi l'occasion pour le coach de prendre (ou pas) la décision de se lancer dans ce coaching.

7 L'écoute active

Présentation

L'écoute active, aussi appelée écoute bienveillante, est une méthode qui a été développée à partir des travaux du psychologue américain Carl Rogers. C'est la base du métier du coach. Elle porte sur le verbal, le paraverbal et le non-verbal. Il s'agit d'une manière spécifique de créer une relation à l'autre. Elle doit permettre une interaction sereine et efficace afin d'améliorer la compréhension de l'enjeu et d'aider le coaché à trouver ses solutions.

Un savoir-être

Le coach doit être pleinement présent dans son écoute, accorder toute son attention au coaché, acquiescer pour accompagner la parole et surtout ne pas l'interrompre dans son cheminement de pensée. Le coach demande des approfondissements par des questions ouvertes qui nécessitent une réponse en plusieurs mots comme des impressions personnelles, des opinions ou des idées sur un sujet – contrairement aux questions dites fermées qui appellent un oui, un non ou une réponse neutre.

La reformulation

L'écoute active est également caractérisée par la reformulation qui permet au coach de s'assurer qu'il a bien compris les propos. Car même si le coaché s'exprime clairement, il parle à travers son propre cadre de référence. Il s'agit alors pour le coach de répéter le propos du coaché avec ses propres mots, ou de le synthétiser. Cette technique présente aussi l'intérêt d'aider le coaché à aller plus loin dans son raisonnement ou la description de sa pensée.

L'intérêt de l'écoute active

Cet outil permet de :

- montrer à l'interlocuteur qu'on se consacre à lui et à ce qu'il dit de manière entière ;
- récupérer un maximum d'informations en relation avec le discours ;
- s'assurer que l'on a bien compris le message de l'autre ;
- permettre à l'interlocuteur d'exprimer ce qui est important pour lui tout en sachant qu'il ne sera pas jugé.

Pour l'utiliser

Cette technique s'utilise à toutes les étapes du coaching.

- Se mettre en position d'écoute et d'analyse du paraverbal et du non-verbal.
- Accepter ce qui est dit sans jugement.
- Questionner pour approfondir la discussion.
- Reformuler pour s'assurer que l'on a bien compris.

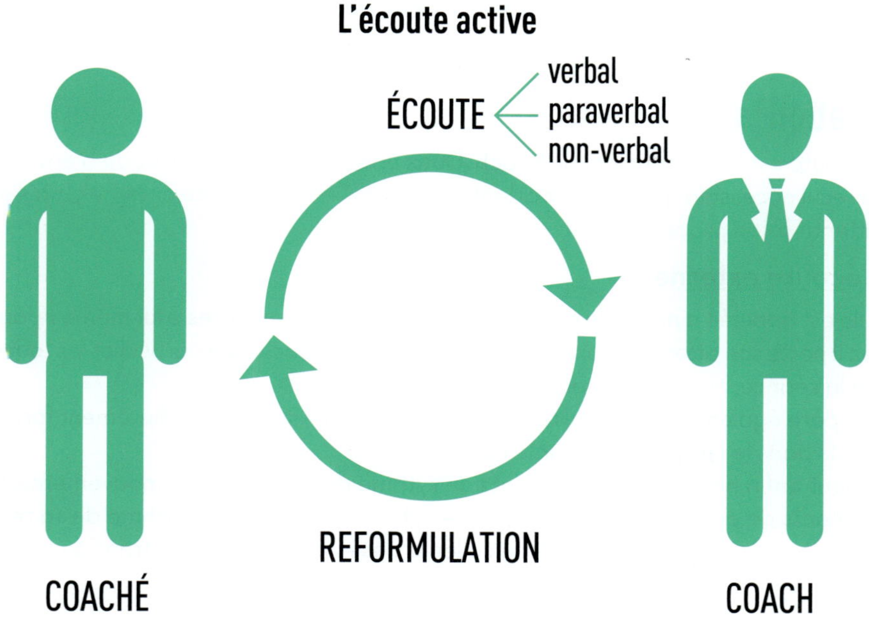

Un exemple d'application

Un coach reçoit en entretien préalable au coaching un dirigeant de 55 ans qui souhaite améliorer ses qualités relationnelles. Le coach, en posture **d'écoute active**, va tour à tour, **écouter**, **clarifier** et **reformuler** comme dans la discussion ci-dessous :

- « **Qu'attendez-vous de ce coaching ?**
- Je voudrais mieux communiquer.
- **Auprès de qui en particulier ?**
- En fait, tout le monde… »

Le coaché se recule, fronce les sourcils. Cela interpelle le coach qui est attentif aux mots et à la posture.

- « **Actuellement, auprès de qui cette compétence serait la plus utile ?**
- Cela me permettrait peut-être d'arrêter d'être en conflit avec mon directeur de production, qui ne comprend rien à ce que je lui dis et n'en fait qu'à sa tête.
- **J'entends que vous avez des difficultés à faire adhérer votre salarié à votre stratégie. Est-ce sur ce point que vous souhaitez avancer en coaching ?**
- Oui, effectivement, cela serait un grand pas. »

Les pièges à éviter

- **Interrompre le coaché** lorsqu'il s'exprime.
- **Poser des questions qui induisent des réponses.**
- **Omettre de questionner sur les non-dits.**

8 L'écoute interne et externe

Présentation

L'écoute est l'outil principal du coach. Dans une posture d'accueil et de bienveillance, il a le recul nécessaire pour prêter attention à ce qui est dit (écoute externe), mais aussi être attentif à son propre ressenti (écoute interne).

L'écoute externe

Elle est appelée ainsi car le coach utilise les éléments « externes à lui-même » pour travailler. Il porte son attention aux mots prononcés par le coaché, en particulier les tout premiers de la séance, qui sont souvent très porteurs de sens.
Il repère également ceux qui reviennent souvent, qui sont particulièrement forts ou étonnants dans le cas présenté par le coaché.
Il peut enfin noter les changements de rythme dans le récit, les mouvements, les changements de position de son interlocuteur, le son de sa voix, le rythme de sa respiration.
L'écoute externe est une phase de collecte des indices qui permettront de cerner la thématique évoquée.

L'écoute interne

En parallèle, le coach peut se livrer à un second niveau d'écoute. Celui-ci consiste à se concentrer sur ses propres émotions, à les identifier clairement à la lumière de ce qui est dit, afin de pouvoir ensuite livrer les résultats de cette écoute interne au coaché.

L'intérêt de l'écoute interne et externe

Cet outil permet de :

- faire le lien entre ce qui est dit et les émotions qui se dégagent de la discussion ;
- proposer des pistes de travail au coaché, s'il a besoin d'être guidé ;
- mettre le doigt sur des aspects que le coach aura relevés de manière intuitive, mais que le coaché n'a pas explorés.

Pour l'utiliser

- Le coach a intérêt à se préparer en amont du coaching pour trouver son calme intérieur.
- L'écoute active (→ *cf. Outil 7*) est la première étape de ce travail, qui sera couplée avec une analyse de la sémantique, des répétitions et des champs lexicaux.
- Puis le coach pourra ménager des silences, qui seront un espace d'émergence des émotions, de la part des deux parties. C'est dans ces moments de présence à soi et à ses émotions que le coach pratiquera l'écoute interne.

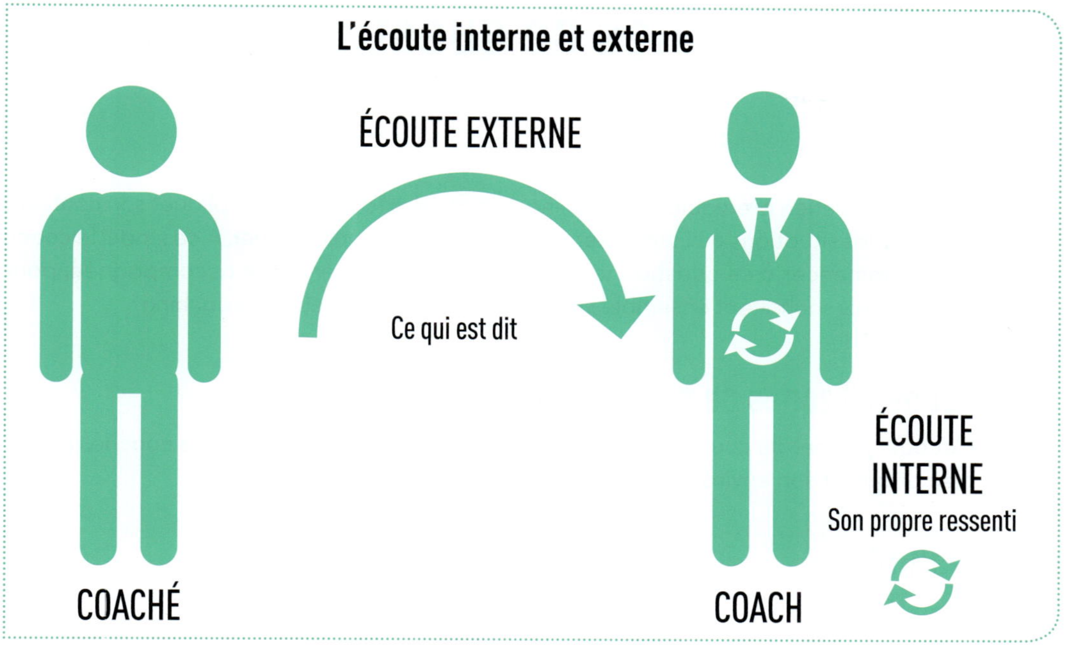

Un exemple d'application

Le coaché décrit, lors d'une séance, sa nouvelle responsable et la manière dont ils travaillent ensemble. Il vit un « véritable cauchemar », elle se conduit comme un « monstre » et elle est très « maligne ». On a l'impression qu'elle « lit en vous comme dans un livre ouvert » et quand elle se met en colère, les « murs tremblent » et ses yeux « lancent des éclairs ».

Le coach, qui **écoute les mots**, est surpris de constater qu'ils sont assez peu en relation avec l'univers professionnel décrit par le coaché, mais relèvent plutôt du champ lexical du fantastique.

Il se met **à l'écoute de ses propres émotions** et réalise que, bien qu'amusé par les résultats de l'écoute externe, il ressent une profonde détresse et une peur irrationnelle, presque enfantine.

Il choisit donc de continuer son questionnement, mais le coaché n'avance plus. Il décide alors d'utiliser le matériel de l'écoute interne.

« Lorsque vous m'avez décrit la situation, j'ai ressenti une détresse étonnante, et presque irrationnelle, qu'en pensez-vous ? »

Cette dernière question a permis de faire émerger le souvenir d'une institutrice qui le terrorisait enfant. La suite du coaching a porté sur la relation entre son histoire actuelle et les faits passés.

Piège à éviter

- Dans la phase d'écoute interne, confondre la perception des émotions et l'émission d'un jugement (ceci signifierait que le coach est sorti de sa posture d'écoute active).

9 Les 8 zones de questionnement

Présentation

Lors de l'entretien préalable au coaching, le coaché a l'occasion d'expliquer son contexte ainsi que les situations ou comportements qu'il souhaite voir évoluer. À ce stade, le coach peut commencer à se questionner et à questionner la personne accompagnée, pour valider qu'ils souhaitent ensemble s'engager dans la démarche de coaching.

L'intérêt des 8 zones de questionnement

Cet outil permet de couvrir, étape l'ensemble des liens entre le coach, le coaché, sa problématique et son environnement.

Pour l'utiliser

Le coach fera le point sur les éléments suivants :

1- Sur lui-même : est-il la bonne personne pour ce coaching, se sent-il en mesure de le faire, à l'aise et en sécurité déontologique pour le faire ? Ici, on prendra conscience d'éventuelles résonances avec l'histoire personnelle du coach.

2- **Sur la relation entre le coach et le coaché** : leur contrat est-il clair, le cadre de travail défini et accepté, la communication est-elle fluide ou y a-t-il des biais ? Le coaché a-t-il été libre de choisir le coach ?

3- **Sur le coaché** : quel est son état physique, psychique et émotionnel ? Quelle est sa demande ? Comment se comporte-t-il lors des entretiens ?

4- **Sur l'environnement du coaché** : quels sont les protagonistes ? Quelles sont les différentes sphères d'influence ?

5- **Sur la relation entre le coaché et son environnement** : comment le décrit-il ? Quelle image en donne-t-il ? Quels protagonistes met-il en avant, ou au contraire, ignore-t-il ? Quels jeux s'y jouent ? (→ *cf. Outil 42*).

6- **Sur le problème** : quel est le problème évoqué ? Quels mots sont utilisés pour le décrire ? À quoi d'autre pourrait-on le comparer, de quoi peut-on le rapprocher ?

7- **Sur la relation entre le coaché et le problème** : quels sont les enjeux du coaché face à ce problème ? Quelle est la place du problème dans son quotidien ?

8- **Sur la relation entre le problème et l'environnement** : quelle est la part de responsabilité de l'environnement dans le problème ? Que dit l'environnement du problème ? Comment le problème vient-il impacter l'environnement ?

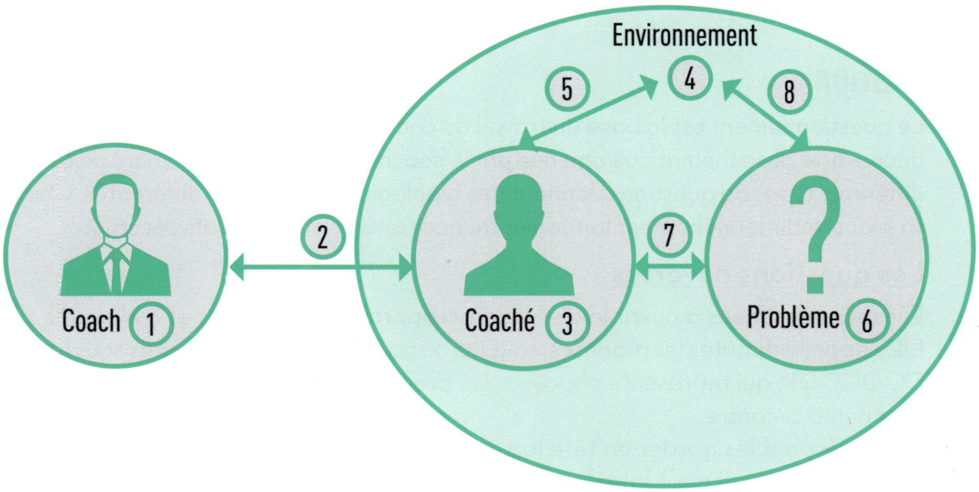

Un exemple d'application

Un coach reçoit en premier entretien une jeune femme, envoyée par son RH, dans le cadre d'une réorganisation de l'entreprise dans laquelle ils travaillent.

Dans les premières minutes de l'entretien, la coachée parle un peu d'elle-même (3) mais se montre peu loquace, elle n'a « pas vraiment de problème (6) à voir avec le coach » et indique surtout venir « parce qu'on le lui a demandé » (2 & 5).

Le coach, un peu surpris, décide de la questionner sur son environnement (4), qui n'a pas du tout été évoqué. La jeune femme peut alors s'ouvrir à la fois sur son manager, les RH, l'environnement mouvant que représente son entreprise en pleine mutation. Elle évoque aussi sa famille (4), qui s'inquiète avec elle de la situation (8).

Alors qu'est ensuite creusée la relation entre la coachée et son environnement (5), celle-ci finit par exprimer qu'elle est particulièrement inquiète des ragots que véhiculent ses collègues à son propos et qu'elle n'ose pas demander de précisions à son manager ou aux RH, à qui elle ne fait pas confiance (5).

Par ailleurs, le coach (sous forme d'introspection) se questionne sur sa propre capacité à recréer de la confiance et de la communication entre les parties (1). La réponse positive à cette question lui permettra d'accepter de démarrer un travail auprès de la coachée.

Il prend note du fait qu'il faudra qu'il creuse la relation entre la coachée et son problème (7), et le problème avec son environnement (8).

Les pièges à éviter

- **Penser que les zones restées floues dans le contrat se clarifieront** au fil du coaching.
- **Vouloir à tout prix poser des questions pour chacune des 8 zones** de questionnement dès le premier entretien, au risque d'entraver une discussion spontanée.

10 Le CQQCOQP

Présentation

Le questionnement est la base du travail du coach. Sa maîtrise est déterminante dans la découverte de la thématique amenée par le coaché et l'approfondissement de celle-ci. Les différents types de questions donnent des typologies de réponses différentes. Chacune a sa place, mais leur choix est fondamental pour arriver aux résultats escomptés.

Les questions ouvertes

Elles sont destinées à ouvrir la discussion, à approfondir les sujets et à élargir le propos. Elles appellent toutes les réponses, sauf oui ou non. Elles sont regroupées sous l'acronyme **CQQCOQP**, qui représente **chacune des premières lettres des pronoms interrogatifs**, cf. schéma ci-contre.

Le coach peut les garder en tête lorsque son questionnement intuitif semble s'essouffler. Dans ce cas, il peut faire le point sur les domaines déjà explorés dans la phase de découverte, et choisir quelques questions du CQQCOQP pour enrichir la discussion : « **Quand** avez-vous prévu cette réunion ? », « **Qui** sera présent ? », « **Qu'**aborderez-vous ? », « **Où** aura-t-elle lieu ? ».

Les questions fermées

Ces questions appellent une réponse oui/non. Leur utilisation permet donc de valider de manière définitive une information ou une décision. Elles s'utilisent idéalement après le CQQCOQP pour clore une discussion ou arrêter un thème de travail.

Pour l'utiliser

C'est un outil à avoir en tête ou éventuellement à portée de regard dans le lieu où se déroule le coaching. C'est avant tout un aide-mémoire pour élargir le questionnement lorsque le thème amené par le coaché n'a pas été exploré dans sa globalité.

Il peut aussi être utilisé en préparation d'un travail de coaching individuel ou collectif, et, dans ce cas, pourra être présenté sous la forme d'un questionnaire à remplir par les participants en amont de la session de coaching.

Il est aussi particulièrement adapté à l'exploration des situations de conflit, ou pour clarifier une demande.

Le CQQCOQP

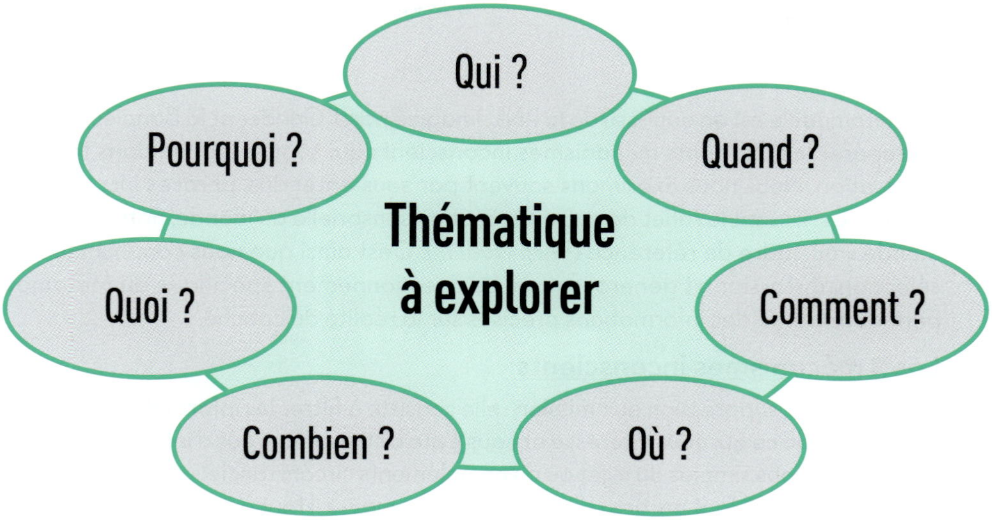

Un exemple d'application

Lors d'une première session de coaching, un coach constate que la discussion est fluide et plutôt dense. Le coaché parle beaucoup de la situation professionnelle qu'il vit avec ses collègues. Son travail est constamment remis en cause par toute l'équipe. Il accumule les anecdotes, et le coach commence à avoir le sentiment que toutes ces paroles servent à meubler la discussion et à la centrer sur le malaise du coaché, sans ouverture vers une éventuelle solution.

Le coach choisit de s'appuyer sur le CQQCOQP pour voir si le sujet a été abordé de manière complète ou s'il doit creuser davantage la discussion. Or il apparaît que les notions de « Qui ? » et « Combien ? » sont constamment éludées par le coaché.

En reformulant ces deux points, par deux questions simples : « Qui se conduit comme cela envers vous ? » et « Combien de fois est-ce arrivé ? », le coach a fait prendre conscience au coaché que ce qu'il considérait comme un manque de respect de la part de l'ensemble de ses collègues ne correspondait, de fait, qu'à l'action d'une seule personne, qui s'est répétée deux fois.

Grâce au CQQCOQP, ils ont pu conférer un aspect factuel à la discussion et donc relativiser le propos.

Les pièges à éviter

- **Choisir de poser toutes les questions du CQQCOQP** : le questionnement ne doit pas être mécanique, mais plutôt se laisser guider par la discussion. Par contre, il peut être utile de repérer des questions non abordées par le coaché spontanément.
- **Se préoccuper trop des questions que l'on va poser**, et pas assez des réponses.

11 Le Métamodèle

Présentation

Le Métamodèle est un outil issu de la PNL, imaginé par J. Grinder et R. Bandler, qui permet de repérer les différents mécanismes inconscients qui sont en action dans toute communication. Nous nous exprimons souvent par sous-entendus, phrases incomplètes ou imprécises : ils sont le reflet de notre perception sensorielle du monde, notre « modèle du monde » ou cadre de référence (→ *cf. Outil 13*). C'est ainsi que nous communiquons par sélection, distorsion et généralisation. Le questionnement spécifique du Métamodèle permet d'obtenir des informations précises sur la réalité du coaché.

Les 3 mécanismes inconscients

- La sélection, suppression ou omission : elle consiste à **filtrer les informations disponibles en fonction de ce qui nous intéresse** et nous évite d'être submergés d'informations... Il peut s'agir d'omissions simples du sujet ou de compléments circonstanciels de temps, d'objet ou de lieu, par ex. : « il faut partir » ; d'informations vagues : « il faut que ça cesse » ; de comparatifs incomplets : « c'est pire » ; de nominalisations : noms abstraits, tels que reconnaissance, liberté, ordre, dont la signification peut différer suivant les personnes qui les utilisent.
- La distorsion : **transformer consciemment ou inconsciemment la réalité** pour interpréter notre expérience afin qu'elle puisse rester cohérente avec notre cadre de référence. Cette faculté permet de sortir du cadre connu en introduisant des changements (c'est la base de la créativité), de donner du sens à ce qui n'en a pas forcément *a priori*. Il peut s'agir de lecture de pensée : « Il me fuit », de lien de cause à effet : « je n'ai pas été pris pour ce poste à cause de la concurrence », etc.
- La généralisation : **transformer une expérience unique en vérité universelle**. Utiliser notre expérience passée pour faire face aux situations présentes similaires. Ce processus permet l'apprentissage ; sans lui, nous serions obligés de tout réapprendre (ex. : se servir d'une voiture, d'une télécommande...). Il peut être source d'erreur si l'expérience est négative : « cela ne marche jamais » ; contenir des règles personnelles : « il faut, tu dois ».

Après avoir repéré le(s) mécanisme(s) utilisé(s), il s'agira pour le coach de poser des questions permettant d'apporter les précisions utiles à la compréhension de la pensée du coaché.

Complément numérique → lienmini.fr/proen18

Pour l'utiliser

- Retrouver les informations manquantes dans la sélection.
- Explorer **les liens de cause à effet dans les distorsions**.
- Retrouver l'expérience spécifique qui est à l'origine de la généralisation.

Un exemple d'application

Anne est membre du comité de direction d'un grand magasin. Elle sollicite Katia, sa coach, pour l'aider à *se sentir mieux* au sein de l'équipe. Katia repère le processus de sélection dans sa demande et notamment le comparatif incomplet : « Vous voulez vous sentir mieux que quoi ? Ou mieux, comment ? »

Anne répond qu'elle a des problèmes d'*intégration* dans l'équipe. Elle vient d'employer une **nominalisation**. Katia change le mot en verbe : « Est-ce que l'équipe ne vous intègre pas ou est-ce vous qui ne vous intégrez pas ? » Anne indique que *depuis qu'elle* a été félicitée par le directeur, *les autres* ne lui parlent plus. Katia repère une distorsion cause/effet et une généralisation implicite : « En quoi le fait d'avoir été complimentée prouve que les autres ne vous parlent plus ? Et qui sont les autres ? »

Anne ajoute qu' « *il faut absolument que* cette situation change ». Katia identifie une généralisation qui occulte un empêchement : « Qu'est-ce qui vous empêche d'agir ? »

Anne précise qu'après *tous ses efforts* pour s'intégrer, elle n'aboutit à *rien*. Ici, Katia repère des généralisations implicites : « Quels efforts avez-vous faits ? Cela n'a-t-il vraiment rien changé ? »

Les réponses apportées aux questions de son coach ont permis à Anne de préciser son problème et l'ont aidée à trouver une solution.

Piège à éviter

- Questionner avec des « pourquoi ? », qui enferment le sujet dans la recherche des causes au lieu de l'orienter vers des solutions.

12 Le feedback en sandwich

Présentation

Le feedback est un retour sur expérience, un bilan tiré d'un événement, une information transmise à une personne à propos de son comportement ou de la réalisation de son travail. Le feedback en sandwich intègre des pistes de progrès ou d'améliorations entre des points positifs.

Les 3 parties du feedback

Le coach effectue le feedback en sandwich en 3 parties : les deux tranches de pain décrivent les points positifs, et la garniture, qui s'intercale entre elles, représente les pistes d'amélioration. Ce feedback doit être le reflet de ce qui a été observé et devra être présenté de façon à ce que le coaché puisse se revoir en action comme dans un film.

- Dans la première partie, **le coach détaille de façon précise les actions et comportements qu'il a appréciés** en s'attachant à des faits et des exemples concrets.
- Dans la deuxième partie, **le coach indique les points à améliorer** de façon pédagogique, en expliquant ce qui a manqué et comment y remédier, sans jugement. Il devra se limiter aux 2 ou 3 points principaux. Le coaché ne doit pas répondre, afin d'éviter les justifications. Le but n'est pas de rentrer dans un débat.
- Dans la troisième partie, **l'appréciation positive pourra être plus générale**, sur la posture du coaché ou sur ce qu'il y avait de remarquable dans le rendu général.

À la fin du feedback, le coach interroge le coaché afin de vérifier que le message a été compris.

L'intérêt du feedback en sandwich

Souvent jugée par ses détracteurs comme complaisante, voire hypocrite, cette technique trouve au contraire toute sa puissance dans sa vocation à être totalement objective.

Elle permet notamment :

- un recadrage constructif évitant au coach de se focaliser sur les manquements et défauts du coaché ;
- de favoriser la progression du coaché : on apprend mieux sous endorphine (sensation de bien-être) que sous adrénaline (hormone sécrétée par le stress). Le coaché sera ainsi en mesure de savoir ce qu'il doit modifier et comment le faire.

Pour l'utiliser

- Adopter une posture assertive, c'est-à-dire dans le respect de soi et de l'autre (→ *cf. Outil 20*).
- Les éléments d'appréciation doivent être basés sur des faits observables. Les interprétations sur les faits sont à présenter sous forme d'hypothèses et non comme des vérités.

Le feedback en sandwich

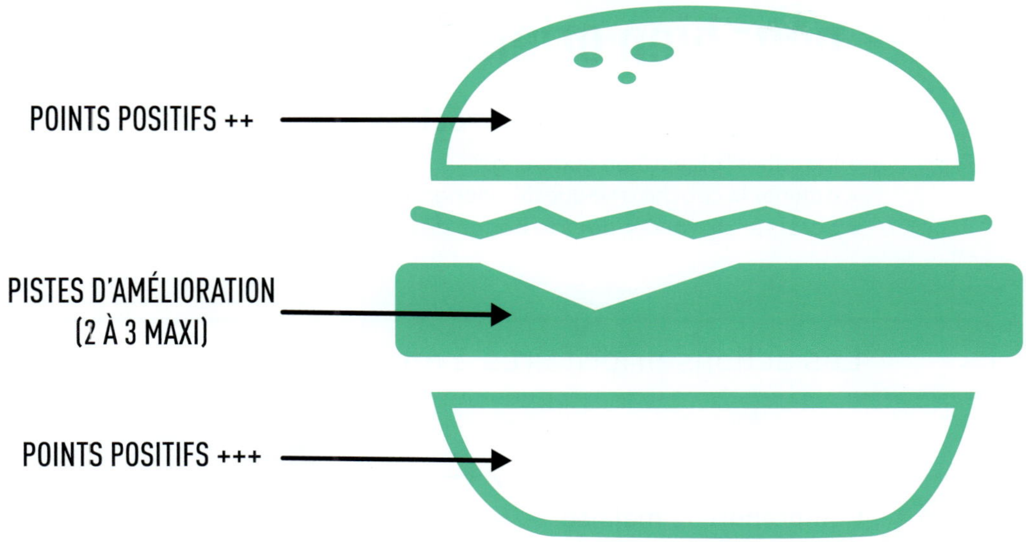

Un exemple d'application

Paul est chercheur en imagerie numérique, il a fait appel à Éric, coach, pour l'aider à préparer la soutenance orale de son concours pour devenir directeur de recherche. Au cours d'une simulation, Éric lui fait le feedback en sandwich suivant :

- Points positifs : « J'ai beaucoup apprécié la façon calme et confiante avec laquelle vous êtes entré dans la salle et avez salué les membres du jury, vous les avez regardés un par un en souriant. Votre accroche présentant une métaphore entre la photographie ancienne et les rendus avec le numérique a immédiatement intéressé l'auditoire, que vous avez réussi à faire sourire. »
- Pistes d'amélioration : « La diapo 15 était très dense et ne semblait pas apporter beaucoup d'éléments complémentaires à votre démonstration. Pourriez-vous l'alléger en retirant le 3e paragraphe ? » « Votre idée de montrer l'image avec un personnage sortant de la mer, puis une autre avec la personne en moins (le défaut corrigé) est très parlante. Vous pourriez même y ajouter une note d'humour. »
- Points positifs : « J'ai également apprécié votre posture, qui se voulait très carrée, avec une approche didactique, vous avez annoncé votre plan et vous y êtes référé tout au long de votre exposé. Votre débit était fluide et vous marquiez des pauses permettant à l'auditoire d'intégrer les concepts présentés. »

Les pièges à éviter

- **Aborder trop de points** ; il convient d'éviter la surcharge d'informations !
- **Insister sur les points négatifs** et déséquilibrer le feedback.
- **Donner des points positifs trop généraux.**

Plan d'action

Analyser le malaise d'un manager pour bien orienter le coaching

Les bénéfices de ce plan d'action

- Identifier l'objectif du coaching.
- Amener le coaché à se questionner grâce au feedback qu'on lui donne.
- S'assurer d'avancer dans la bonne direction.

Les actions prioritaires à mettre en œuvre

- Comprendre le malaise du manager (voir ci-dessous)
- Éclaircir la demande de coaching (voir p. 42-43)

Comprendre le malaise du manager

Pourquoi ?

La réussite d'un coaching commence par une compréhension fine de la problématique du coaché.

- Parce qu'une mauvaise compréhension au départ amènerait à mettre en œuvre des actions inutiles ou inadaptées.
- Parce que les coachés n'ont pas toujours conscience eux-mêmes de tout ce qui se joue pour eux à travers leur demande.

Avec quels interlocuteurs ?

Le principal interlocuteur ici est le coaché, mais compte tenu de la problématique abordée (le malaise), il sera important de la traiter par rapport à tout son environnement :

- Comment interagit-il avec son N+1 ?
- Comment se positionne-t-il vis-à-vis de ses pairs ?
- Ses collaborateurs sont-ils un soutien ou un frein pour lui ?
- La structure et l'organisation dans laquelle il évolue sont-elles propices à un épanouissement professionnel ?
- Les contextes familial et privé ont-ils eu des incidences sur ses ressentis professionnels ?

Avec quels outils ?

Dans cette phase exploratoire, le principal outil du coach est le coach lui-même, par sa présence au coaché et en utilisant les outils suivants :

- l'écoute active → *cf. Outil 7* ;
- l'écoute interne et externe → *cf. Outil 8* ;
- les positions de perception → *cf. Outil 45* ;

Comment mettre l'action en œuvre ?

Commencer par laisser le coaché s'exprimer pour réguler ses émotions, puis poser des questions « en entonnoir » en allant du plus général vers le spécifique.

- Ajuster sa posture de coach, accueillante, bienveillante, sans jugement.
- Pratiquer **l'écoute interne et externe** car les **premiers moments de la rencontre** sont chargés en émotion.
- Écouter, en soi-même, la façon dont les mots résonnent et quelles émotions ils font émerger afin de vous en inspirer pour construire votre questionnement.

Une fois la première phase de « décharge émotionnelle » passée :

- Utiliser **l'écoute active** avec la **reformulation** afin de s'assurer que l'on a bien compris les messages. Poser des **questions ouvertes** suscitant des réponses étayées. « Si j'ai bien compris, vous ressentez un malaise depuis plusieurs mois ? Comment se manifeste-t-il ? Y a-t-il eu des événements déclencheurs ? »
- Étudier l'environnement du coaché par rapport à sa problématique **avec les positions de perception** en demandant au coaché de se mettre tour à tour à la place de son N+1, de ses pairs, de ses collaborateurs, des membres de sa famille.
- Aborder les questions autour des protagonistes : « Comment M. X vit-il la situation ? », « En quoi le maintien de la situation actuelle est-il intéressant pour l'équipe ? »
- Observer un éventuel recadrage de sens chez le coaché au vu des points abordés lors de l'exercice. Ce qu'il prenait pour une vérité peut se trouver contredit par les nouvelles perceptions ou points de vue examinés.

Point de vigilance

✓ Une application rigoureuse de ce plan d'action vous assurera de ne pas passer à côté d'une demande implicite et non conscientisée du coaché. Ce temps d'exploration de la demande est du temps gagné sur la suite du coaching.

INFO +

Les différents types de questions à poser

- **Question fermée** : « Ai-je répondu à votre question ? »
- **Question ouverte** : « Comment comptez-vous vous y prendre ? »
- **Question alternative** : « Entre les plans d'action A et B, lequel est le moins risqué ? »
- **Question de clarification** : « Qu'entendez-vous par "..." ? »
- **Question projective** : « Quel effet cela produira-t-il sur vos collaborateurs ? »
- **Questions informatives** : « Savez-vous que... ? »
- **Questions miroir** : répéter interrogativement ce que l'interlocuteur vient de dire.

CONSEIL DE PRO

Les mots ont un sens !

Il est important de s'attacher aux mots employés, car ceux-ci renferment des informations importantes sur la clé de résolution de la problématique.
Par exemple, « Je ressens un malaise ***depuis plusieurs mois*** » semble indiquer qu'il y a eu **une période où il ne ressentait pas de malaise**. Il est intéressant de se pencher sur cette période, car on peut supposer que c'est là que peuvent se trouver les ressources que nous recherchons.

Éclaircir la demande de coaching

Pourquoi ?

Le coach doit s'assurer que ce qui s'est exprimé lors de la phase exploratoire correspond bien à la demande du coaché.

- Parce que des demandes inconscientes peuvent se cacher derrière une définition de la problématique (un train peut en cacher un autre !).
- Parce que si on se fie aux seuls mots utilisés par le coaché, sans interroger ce qu'il y met, lui, avec son cadre de référence qui lui est propre, on risque de passer à côté de sa demande réelle qui représente souvent la face cachée de l'iceberg.

Avec quels interlocuteurs ?

Le principal interlocuteur ici est le coaché, mais compte tenu de la problématique abordée, le malaise, il sera important de l'aborder par rapport à tout son environnement et, le cas échéant, d'orienter votre coaché vers des interlocuteurs externes à l'entreprise.

- Son N+1.
- Ses collègues.
- Ses collaborateurs.
- La structure, l'organisation dans laquelle il évolue.
- Le contexte familial et privé.

Le cas échéant :

- Un confrère coach.
- Un psychologue ou psychiatre.
- Le médecin du travail.

Avec quels outils ?

Votre observation doit se baser sur des éléments précis.

On utilisera :

- le cadre de référence → *cf. Outil 13*.
- le Métamodèle → *cf. Outil 11*.
- le CQQCOQP → *cf. Outil 10*.
- le programme officiel/non officiel → *cf. Outil 14*.
- les 8 zones de questionnement → *cf. Outil 9*.

Comment mettre l'action en œuvre ?

Avant d'entamer la démarche d'accompagnement sur plusieurs séances, il est important de cerner la demande du coaché et vous assurer d'être la bonne personne pour l'accompagner.

- Examinez la situation à la lumière de son **cadre de référence :** quelle est sa logique d'analyse de la situation ?
- Questionnez-le avec le **Métamodèle** pour comprendre le modèle du monde du coaché.
- Utilisez les questions du **CQQCOQP** : « Qu'est-ce qui ne va pas ? Comment cela se traduit-il ? Qui est concerné ? Depuis combien de temps ou combien de personnes cela concerne-t-il ? Pourquoi souhaitez-vous que cela change ? Quand le problème a-t-il commencé ? Quelles mesures comptez-vous mettre en place ? Qu'avez-vous déjà tenté de faire ? », etc.
- Vérifiez la réelle motivation du coaché à résoudre sa problématique en décodant le **programme officiel et le programme non officiel :** est-il possible de les faire converger vers une résolution du problème ?

Une fois la phase d'approfondissement de la demande passée, vous devez appréhender vos marges de manœuvres en tant que coach :

- Utilisez **les 8 zones de questionnement** pour vous assurer d'être la bonne personne pour ce coaching.
- Vérifiez si le contexte dans lequel évolue le coaché est propice à l'atteinte de l'objectif.
- Assurez-vous que l'histoire du coaché n'ait pas une trop forte résonance sur des événements que vous avez vous-même vécus, pour éviter le risque d'amalgame.

Points de vigilance

✓ Si vous accompagnez déjà dans l'entreprise une personne concernée au premier plan dans la problématique du coaché, il est préférable de confier l'accompagnement à un confrère.

✓ Si l'état psychique du coaché vous paraît inquiétant, vous devez renoncer à l'accompagner et l'orienter vers un professionnel comme un psychothérapeute ou un psychiatre.

CONSEIL DE PRO

Soyez honnête avec vous-même !

En tant que coach, votre rôle est d'intervenir dans l'intérêt du projet. L'objectif doit être commun à tous, il est important d'être totalement transparent.

Par exemple, si le commanditaire du coaching a un intérêt caché, comme celui d'inciter le coaché à donner sa démission et que le coaché veut travailler sur son bien-être, vous pouvez vous trouver face à un « double agenda ». Les deux projets ne sont pas compatibles. Il vous faudra renoncer à ce coaching.

Cas d'entreprise

Et le malaise devint un objectif

Ou comment un dirigeant parvient à transformer un sentiment de malaise en un objectif de progrès dans sa manière de percevoir son travail.

La demande initiale de Nicolas est de se sentir mieux dans son travail. Les différentes formes de questionnement ont permis de comprendre l'origine de son mal-être. Alors qu'il était pressenti comme futur directeur d'usine, le conseil d'administration a nommé un autre directeur.

Pendant 2 ans, Nicolas s'est vu attribuer des tâches inutiles, accessoires, sans relations extérieures.

Au départ du nouveau directeur, Nicolas a repris la direction de l'entreprise. Depuis, alors que tout se passe au mieux, il a besoin de tout contrôler. Le questionnement permet de comprendre qu'en réalité, il a peur d'être à nouveau « mis au placard ». À l'issue du coaching, il finit par se rendre compte des éléments suivants :

- sa peur est irrationnelle et n'est fondée sur aucun fait objectif puisque les résultats chiffrés de sa réussite sont là ;
- il dispose de la totale confiance de ses collaborateurs et de son conseil d'administration ;
- il ne s'appuie pas assez sur ses collaborateurs : au lieu de tout contrôler, il doit faire plus confiance et déléguer.

Son objectif est donc de reprendre confiance en lui et de faire confiance aux autres, ainsi que de prendre du recul par rapport à son travail pour l'aborder avec plus de sérénité.

Les critères de réussite de votre plan d'action

→ La confusion chez le coaché laisse place à la détermination.

→ Le coaché exprime avec congruence qu'il est apaisé par le fait d'avoir trouvé une direction à suivre et mis des mots précis sur un ressenti.

→ La décision de continuer l'accompagnement peut être prise en conscience, de part et d'autre, entre le coach et son coaché.

Objectif 3

Analyser les systèmes et les situations

À la différence de la logique cartésienne qui pense l'être humain en tant qu'entité séparée de ce qui l'entoure, l'approche systémique considère l'individu en interaction avec les éléments d'un ensemble complexe : le rapport de l'être humain avec lui-même, les autres et le monde qui l'entoure. Cette méthodologie porte un regard circulaire sur les relations et les différents processus interactionnels qui peuvent apparaître au sein d'une organisation. Elle met en lumière des actions où chaque comportement vient répondre à un autre, qui lui-même à son tour va en générer de nouveaux, dans une communication qui se trouve toujours en mouvement (boucle de rétroactions).

Dans des contextes de crises, conflits, réorganisations, blocages dans la communication, analyser les systèmes et les situations dans lesquels le coaché évolue est un exercice à la fois riche en informations, pour agir sur les systèmes en dysfonctionnement, et complexe, puisque toute tentative de changement aura des répercussions sur tout le système en relation avec le coaché. Le coach devra donc aider son coaché à trouver les clés pour affronter ses propres résistances au changement ainsi que celles de son entourage.

Les 5 outils présentés dans cet Objectif visent à apporter aux coachés des grilles d'analyse du contexte dans lequel ils évoluent pour comprendre les processus en action et pouvoir agir sur le contexte, à défaut de le faire sur les personnes (et aux coachs des clés de compréhension des contextes dans lesquels leurs coachés évoluent).

Pour pouvoir analyser les systèmes et les situations, il convient :

- ✓ D'appréhender l'être humain en ayant conscience de son unicité et de sa complexité.
- ✓ D'examiner les situations dans leur contexte en y intégrant tous les paramètres.
- ✓ De prendre du recul pour déceler les éléments invisibles et les non-dits qui contribuent à bloquer les rouages d'une organisation, ou à la maintenir en échec.

Les outils clés

Outil 13

Le cadre de référence

La façon unique dont chacun perçoit et interprète la réalité qui l'entoure.

p. 46

Outil 14

Programme officiel/ non officiel

Mettre en lumière la contradiction entre la demande du coaché et ce qu'il souhaite réellement.

p. 48

Outil 15

Le jeu des écrous

Un jeu pour observer les comportements et les stratégies au sein d'un groupe.

p. 50

Outil 16

Le reflet systémique

Explorer les émotions du coaché en utilisant celles ressenties par le coach lors de l'accompagnement.

p. 52

Outil 17

La matrice d'évaluation des situations

Un support à l'analyse permettant un éclairage sur les interactions au sein d'un groupe.

p. 54

Le plan d'action

Aider une équipe à décoder les conflits internes . . . . .p. 56

La première étape pour le coach est de **repérer les dysfonctionnements internes.** Il lui faudra pour cela poser et maintenir le cadre propice à la bonne expression de chacun, en n'intervenant que pour apporter son regard extérieur.

La seconde étape est d'**identifier des actions correctrices** à mettre en place : accompagner les membres de l'équipe dans la recherche de solutions et dans leur formulation en objectifs suivis de plans d'action.

13 Le cadre de référence

Présentation

Le cadre de référence agit comme un filtre au travers duquel chaque individu construit sa propre vision du monde : il interprète et donne un sens aux informations qu'il perçoit dans la réalité, dans son environnement géographique et historique, afin de les structurer dans sa représentation du monde.
La phrase d'Alfred Korzybski « La carte n'est pas le territoire » est un des présupposés de la PNL, qui signifie qu'il n'existe pas une manière unique de représenter le monde. Chaque individu se fait sa représentation au travers de son cadre de référence, qui se constitue dès la naissance et évolue durant toute sa vie.

Les principaux éléments constitutifs du cadre de référence

Ce sont l'âge, le sexe, le niveau de connaissance, l'histoire familiale, l'éducation reçue, l'histoire personnelle, l'expérience, l'environnement socioculturel, économique, professionnel, le métier, la situation familiale, le statut, le rôle et l'idée qu'on s'en fait, les valeurs morales, religieuses, politiques, les différentes cultures des groupes auxquels on appartient, le contexte géographique, le contexte social…
Tous ces éléments, et bien d'autres encore, influencent la perception du monde de chaque individus. Ils fonctionnent en permanence comme une sorte de dictionnaire qui permettrait à chacun de traduire dans sa langue ce qu'il vit et ce qu'il a vécu et ainsi de lui donner une ou des significations.

L'intérêt du cadre de référence

Cet outil apporte au coach des clés de compréhension des critères qui poussent le coaché à agir ou à raisonner d'une certaine façon. Car, de la même manière que le cadre de référence permet au coaché de se faire une représentation du monde, c'est à travers et en fonction de cette représentation qu'il va répondre aux sollicitations et agir.

Pour l'utiliser

Cet outil peut être utilisé :
- en coaching individuel ou collectif (le groupe pris dans son ensemble peut s'être constitué une vision commune à travers les règles et coutumes de l'entreprise) ;
- en se mettant à la place du coaché pour adopter et comprendre sa logique, voir le monde de son point de vue ;
- dans une posture d'ouverture et de non-jugement, en gardant à l'esprit le fait que chaque individu est unique et qu'il peut avoir raison même lorsqu'il paraît avoir tort.

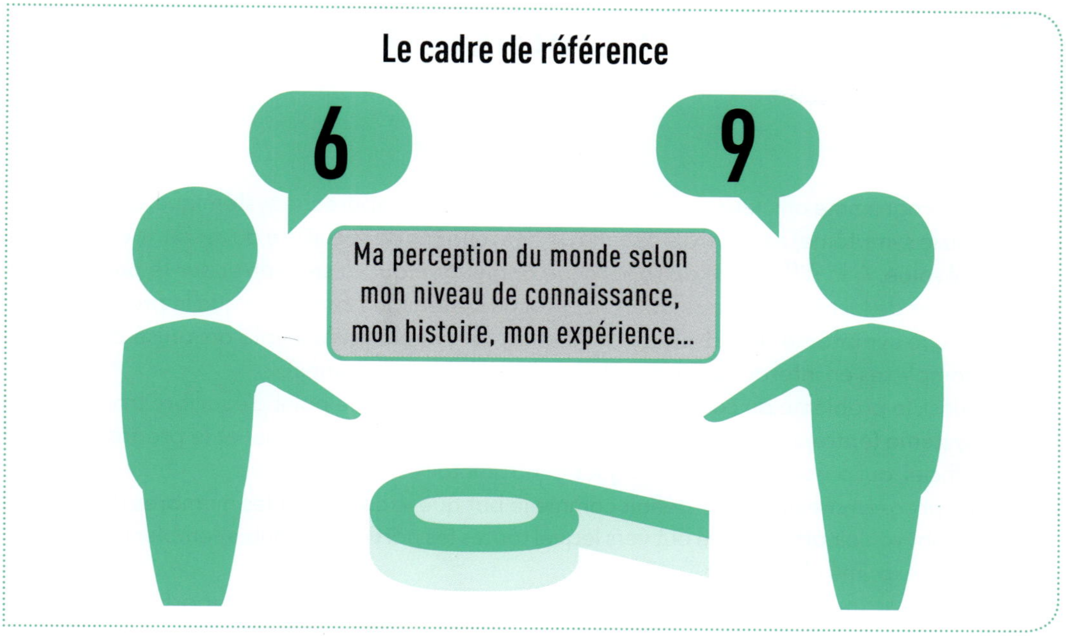

Un exemple d'application

Sophie est nouvelle adhérente d'une association professionnelle. Elle raconte à Paul, son coach, un épisode désagréable qu'elle vient de vivre : lors de la réunion de rentrée, le président a sollicité des volontaires dans l'assistance pour animer un atelier. Sophie s'est portée volontaire. Sa demande a été accueillie avec enthousiasme par le président, qui a précisé d'un air complice à Richard, un homme qu'elle ne connaît pas, assis au fond de la salle : « Tu inviteras Sophie au restaurant pour la former sur l'animation de l'atelier ? » Ce dernier a répondu « non », sans plus de commentaire. Sophie a décidé alors de ne jamais adresser la parole à ce grossier individu et demande à Paul pourquoi « tout le monde la rejette, même sans la connaître ».

D'après le cadre de référence de Paul, il est évident que Richard n'a pas rejeté Sophie puisqu'il ne la connaît pas, mais que dans le modèle du monde de Sophie, il y a eu rejet. La réponse de Richard n'avait pas de sens pour elle, elle en a donc créé un à travers son cadre de référence. Sophie, très empathique, a toujours besoin de se sentir aimée, c'est en réponse à ce besoin qu'elle analyse ce qui lui arrive. Plus tard, en faisant la connaissance de Richard, elle comprendra que le non ne s'adressait pas à elle mais au président, car Richard ne supporte pas qu'on lui dise ce qu'il a à faire.

Les pièges à éviter

- Dire au coaché que son interprétation de la situation est fausse sans s'efforcer de comprendre sa logique.
- Interpréter la pensée de son coaché sans valider auprès de lui si cette interprétation est juste.

14 Programme officiel/non officiel

Présentation

Le programme officiel/non officiel est un outil issu de l'approche systémique. Le problème (ou le symptôme) est analysé comme un des rouages de l'équilibre du système dans lequel il évolue. À la différence de l'approche analytique qui va se centrer sur le problème et tenter de lui trouver une solution, l'approche systémique considère que le problème n'est que le symptôme d'un dysfonctionnement du système (ensemble organisé d'éléments complexes en interaction vers un but qui évolue dans le temps).

Ainsi, le problème du coaché peut être examiné comme le point d'équilibre trouvé par le système (entreprise, service, équipe...) entre le programme officiel et le programme non officiel, qui présentent deux logiques contradictoires.

Le programme officiel se définit comme le but que le coaché et les membres du système disent vouloir atteindre, le but vers lequel toutes les parties prenantes semblent converger. Il est exprimé clairement.

Le programme non officiel est défini comme un ensemble de comportements individuels et d'interactions entre les personnes, développés à partir des cadres de référence ou modèles du monde de chacun (→ *cf. Outil 13*), chacun agissant conformément à ses croyances sur le travail, l'entreprise, la relation aux autres...

Ce programme non officiel participe à un équilibre global où chacun réussit tant bien que mal à « sortir son épingle du jeu ». Il n'est pas satisfaisant lorsqu'il s'éloigne trop du programme officiel. C'est cet équilibre qui maintient et entretient l'existence du problème. Souvent, les protagonistes souhaitent que la situation s'améliore tout en continuant à agir de la même façon, ils veulent agir sur le symptôme mais pas sur la cause.

L'intérêt du programme officiel/non officiel

Cet outil permet de comprendre et gérer les résistances au changement et de prendre de la hauteur pour observer des situations complexes en se focalisant sur **les relations entre les éléments** plutôt que sur les éléments eux-mêmes, dans une approche globale.

Pour l'utiliser

Cet outil peut être utilisé :

- en coaching individuel ou collectif ;
- en faisant émerger les contradictions entre le programme officiel (ce qui est voulu), le programme non officiel (ce qui est fait) et le résultat obtenu ;
- en faisant accepter que la demande est bien contradictoire.

Programme officiel/non officiel

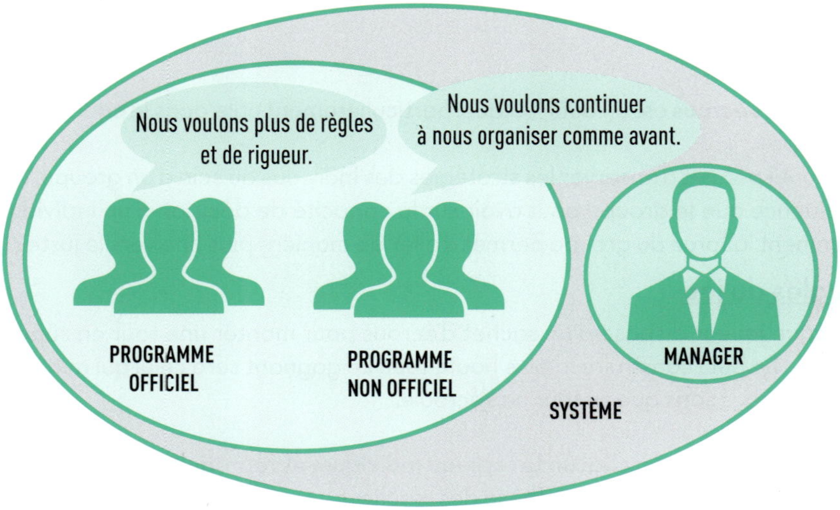

Un exemple d'application

Luc est à la tête d'une entreprise générale de bâtiment, qui regroupe tous corps de métiers : plomberie, électricité, maçonnerie, peinture... L'entreprise tourne bien, mais Luc a un problème avec Lise, l'assistante technique chargée de la coordination des plannings des intervenants sur les chantiers, car tout le monde se plaint de son comportement.
Il demande à Pierre, son coach, de l'aider à manager Lise. Pierre interroge Luc pour comprendre les différentes interactions au sein du système que forment les équipes dans leur contexte. Il apprend que Lise est la 4e assistante qu'il recrute sur ce poste. Le **programme officiel** des équipes pour ce poste est un besoin de coordination des plannings, le **programme non officiel** est pour chaque corps de métier de pouvoir s'organiser comme avant en toute autonomie, sans tenir compte des contraintes des autres équipes.

Pierre fait prendre conscience à Luc que le problème de Lise n'est que le symptôme d'un dysfonctionnement des équipes, qui maintient le système en équilibre entre les programmes officiel et non officiel. Le fait de se focaliser sur Lise permet aux équipes de continuer à travailler de façon anarchique. Le travail d'accompagnement devra porter sur la manière d'organiser le travail en faisant coïncider au mieux les deux programmes : coordonner les équipes en leur laissant un degré d'autonomie.

Les pièges à éviter

- Raisonner en apporteur de solutions.
- Se focaliser sur ce qu'il faudrait changer sans prendre en compte le fait que les personnes ont de bonnes raisons de faire ce qu'elles font.
- Porter des jugements sur les comportements des personnes.

15 Le jeu des écrous

Présentation

Le jeu des écrous est un outil ludique, particulièrement utile dans le cadre d'une cohésion d'équipe.
Cet outil permet d'observer les stratégies des individus au sein d'un groupe, de constater l'influence que le groupe peut avoir sur la capacité de décision d'un individu, et de voir comment la force du groupe permet d'aller de manière plus fine vers le juste résultat.

Règles du jeu

Chaque joueur dispose d'un sachet d'écrous pour monter une tour en superposant les écrous. Le but : construire la plus haute tour. Le gagnant sera celui qui aura superposé le plus d'écrous sans que sa tour ne s'écroule.

Les 5 étapes

Le coach distribue à chacun le tableau individuel et reproduit le tableau des scores au paperboard pour faire la synthèse des résultats.
Il demande aux participants d'indiquer dans la colonne 2 du tableau le nombre d'écrous qu'ils estiment pouvoir superposer. Les scores sont systématiquement reportés au paperboard.
Au vu des différentes réponses apportées par les participants, le coach leur demande de faire une nouvelle évaluation du nombre de boulons qu'ils pourront poser (colonne 3). Le coach chronomètre les joueurs pendant qu'ils construisent leur tour et comptabilise les écrous superposés à la fin du temps imparti. Les résultats sont reportés sur la colonne 4.
En colonne 5, ils évaluent leur prochain score avant de réaliser une nouvelle construction et indiquent leurs résultats en colonne 6.

À chaque étape, le coach observe et questionne le processus

- Quels enseignements peut-on tirer de ce jeu : les stratégies qui guident les actions, ce qu'on apprend du groupe, comment les réponses du groupe influencent nos objectifs… ?
- Quel est le mode opératoire de chacun : y a-t-il un temps de réflexion avant l'action ou se lancent-ils directement dans le jeu ? Quels sont les buts que chacun se fixe : gagner, éviter de se faire remarquer… ? Comment sont prises les décisions, selon quels critères : prudence, risque, envie, contrainte, peur d'échouer… ? Comment est vécue la compétition ?

Le coach observe la rapidité d'exécution, l'application de chacun, le niveau de stress, les changements d'attitudes face au jeu.

Pour l'utiliser

Cet outil peut être utilisé :

- en coaching collectif ;
- avec un sachet d'une centaine de petits écrous pour chaque participant ;
- en prenant le temps de faire émerger les remarques de tous les participants ;
- en se centrant sur le processus (ce qui se passe entre les participants) plus que sur le jeu en lui-même.

Le jeu des écrous

1. Tableau individuel					
Nom du participant	Estimation spontanée	Estimation après échange avec le groupe	1er essai	Nouveau challenge	Résultats

2. Tableau des scores					
Nom du participant	Estimation spontanée	Estimation après échange avec le groupe	1er essai	Nouveau challenge	Résultats
A					
B					
C					
D					

Complément numérique → lienmini.fr/proen19

Un exemple d'application

Léa est depuis peu responsable d'un centre de contrôle des opérations dans une compagnie aérienne. Un coaching d'intégration dans son poste lui a été proposé et elle demande à Tom, coach, de l'accompagner vers une meilleure répartition des tâches dans son équipe. Tom lui propose de la convier avec son équipe à jouer au jeu des écrous afin d'observer leurs comportements et surtout d'évaluer leurs aptitudes à prendre des décisions rapides et des risques mesurés dans des situations d'urgence, parfois en autonomie et souvent en concertation avec l'équipe.

Le jeu a permis à Léa d'observer un nombre important de comportements en un temps restreint, de mieux connaître chacun des membres en partageant un moment agréable et ludique, de s'intégrer elle-même dans l'équipe. À travers les comportements observés, elle a pu collecter des pistes de réflexion et commencer à se faire une idée des tâches qu'elle allait pouvoir confier aux uns et aux autres pour que chacun donne le meilleur selon ses aptitudes. Elle a également pu observer les jeux d'influence que certains des membres pouvaient avoir les uns sur les autres, et remettre en questions certaines croyances personnelles selon lesquelles… ce n'est pas forcément celui qui parle le plus fort qui a raison… et inversement ! La cohésion d'équipe a été renforcée par le constat qu'ensemble, on est meilleur que tout seul.

Les pièges à éviter

- Ne laisser s'exprimer que les « fortes têtes ».
- Omettre d'interroger les personnes réservées.
- Porter des jugements sur les comportements des participants.

16 Le reflet systémique

Présentation

Lorsqu'un coaché est en relation de confiance avec son coach et qu'il veut faire évoluer une situation qui lui pèse, il arrive qu'il reproduise avec son coach, de manière inconsciente, un scénario similaire à celui qu'il subit avec d'autres.
Cette résonance, aussi appelée reflet systémique, fait revivre au binôme coach/coaché les émotions que vit le coaché dans sa relation avec son environnement (collègues ou hiérarchie par exemple).

L'intérêt du reflet systémique

Lorsque le coach constate qu'au cours de son action de coaching il ressent des émotions récurrentes qui ne lui appartiennent pas, et que celles-ci sont liées à une action, une manière d'être ou des paroles du coaché, il doit pouvoir en identifier la nature et les rendre visibles aux yeux du coaché.
Au cours de l'accompagnement, il peut jouer son rôle de **miroir**, exprimer son ressenti et ce qui l'a déclenché. Il peut ensuite proposer au coaché de voir s'il est lui-même parfois envahi par ce ressenti ou s'il reconnaît la situation décrite dans les sujets mis en avant lors de l'accompagnement.
En émettant l'hypothèse que ce ressenti est un reflet systémique, et que le coaché peut en fait rejouer dans la relation de coaching quelque chose qu'il vit ailleurs dans son environnement, il ouvre la porte à un questionnement du coaché.
Cet outil permet :

- d'explorer les émotions du coaché en utilisant celles ressenties par le coach, et donc de les nommer, si le coaché ne parvient pas à le faire lui-même ;
- de valider ou d'invalider une intuition du coach par rapport à la situation et ce qu'elle provoque chez le coaché ;
- de (re)trouver entre le coach et le coaché un mode de fonctionnement plus simple, qui préfigure l'évolution de la situation entre la personne accompagnée et son environnement.

Pour l'utiliser

- Le coaché doit pouvoir naviguer entre sa posture d'écoute interne et externe (→ *cf. Outil 8*) et une position méta, c'est-à-dire d'observation de la dynamique entre son coaché et lui-même.
- L'écoute interne lui permettra d'identifier ses émotions, et la position méta de prendre du recul sur les déclencheurs et l'interaction au sein du binôme coach/coaché.
- C'est ce travail de navigation entre l'un et l'autre qui permettra ensuite de rendre le reflet visible.

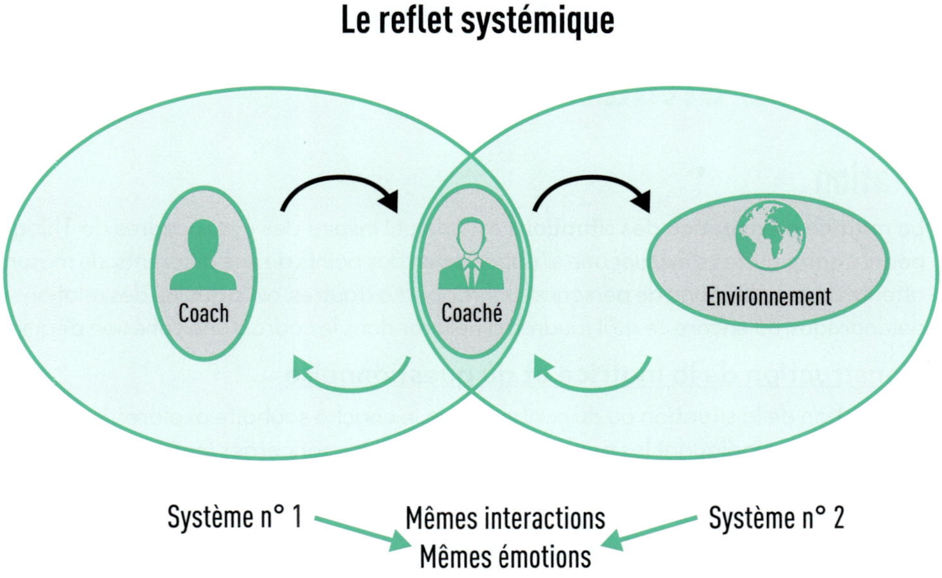

Un exemple d'application

Pierre, un coaché, se plaint que son responsable et ses collègues sont agressifs envers lui, sans raison. Il juge la situation injuste.
Or, depuis le début du coaching, son coach s'étonne d'être l'objet de remarques de sa part. Il se sent parfois remis en cause dans sa compétence et commence à ressentir de l'agacement envers son coaché, et l'envie de le remettre à sa place.
Étonné de cette réaction dont il n'est pas coutumier, le coach l'analyse alors sous l'angle du reflet systémique. Il se demande si sa réaction pourrait être similaire à celle de l'environnement du coaché.
Il choisit donc d'aborder le sujet lors d'une remarque, en restant factuel sur l'élément déclencheur : « Vous venez de me dire que les coachs pensent avoir la science infuse ».
Puis il dit à Pierre ce qu'il ressent face à cela : « Cela m'interpelle et m'agace. »
Enfin, il lui soumet une hypothèse, qu'il demande à Pierre de valider ou d'infirmer : « Serait-ce possible que certains de vos collègues ressentent la même chose que moi lorsque vous leur faites une remarque ? »

Le coach, en gardant ensuite sa posture de **miroir**, en laissant son émotion perdurer, a permis au coaché de réaliser l'impact de ses paroles sur les autres, et de s'ouvrir à l'idée qu'il pouvait avoir une part de responsabilité dans la réaction de son environnement.

Piège à éviter

- Vouloir convaincre le coaché qu'il vit un reflet systémique. En réalité, il peut avoir une résistance à avancer sur le sujet qui est mis au jour. Ou, tout simplement, l'hypothèse du coach peut ne pas se vérifier.

17 La matrice d'évaluation des situations

Présentation

La matrice d'évaluation des situations est un outil inspiré des « jeux cadres de Thiagi » qui permet entre autres d'évaluer une situation selon des points de vue différents, de mesurer les attentes d'une catégorie de personnel par rapport à d'autres, ou la qualité des relations entre des individus, ou encore ce qu'il faudrait améliorer dans le cadre d'une cohésion d'équipe.

Construction de la matrice et du questionnaire

En fonction de la situation ou du contexte que le coaché souhaite explorer, le coach trace la matrice en y indiquant les personnes ou les services concernés (comme dans le tableau ci-contre). Puis le coach et le coaché préparent les questions qui seront posées dans chaque case de la matrice :

- Quelle est la qualité des échanges d'informations ?
- Quelle est la nature du travail en commun ?
- Comment se passent les relations interpersonnelles ?
- Quelles sont les attentes du service concerné par rapport à l'autre ?

Ces questions devront être assorties de propositions d'améliorations.

Pour l'utiliser

- En coaching individuel, le choix des cases à traiter peut se faire dans l'ordre logique des chiffres, ou au choix du coaché.
- En coaching d'équipe, le coach formera trois groupes de taille équilibrée autour de la table.

Règle du jeu

À tour de rôle, un premier groupe sera constitué de « juges », l'autre de « joueurs » et le troisième de « challengers ».

Les joueurs choisissent une case de la matrice et répondent aux questions. Les juges attribuent 1 point s'ils valident les réponses. Les challengers peuvent lancer un défi aux joueurs en proposant leurs réponses. Si la réponse des challengers est retenue, ces derniers gagnent un point. Si c'est celle des joueurs qui est retenue, les joueurs gagnent un point et les challengers perdent un point. L'équipe gagnante sera celle qui aura obtenu le plus de points.

Dans la matrice, les cases 1.2 et 2.1 mettent en interrelation les mêmes services, il s'agira alors de répondre aux questions en ajoutant des éléments. Pour les cases de type 1.1 ou 2.2, les questions porteront sur les améliorations au sein même du service.

Le coach collectera toutes les réponses pour pouvoir les exploiter par la suite.

Cet outil peut être utilisé :

- selon ce que l'on veut explorer, en remplaçant les éléments en abscisse et en ordonnée par des prénoms, des valeurs ou des concepts à mettre en relation ;
- en incitant les joueurs à explorer les cases qui leur semblent les plus difficiles.

Un exemple de matrice d'évaluation des situations

Intitulé du service	Ressources humaines 1	Production 2	Administration des ventes 3	Commercial 4	SAV 5	Bureau d'études 6
Ressources humaines 1	1.1	1.2	1.3	1.4	1.5	1.6
Production 2	2.1	2.2	2.3	2.3	2.5	2.6
Administration des ventes 3	3.1	3.2	3.3	3.4	3.5	3.6
Commercial 4	4.1	4.2	4.3	4.4	4.5	4.6
SAV 5	5.1	5.2	5.3	5.4	5.5	5.6
Bureau d'études 3	6.1	6.2	6.3	6.4	6.5	6.6

Un exemple d'application

Alex est responsable de secteur dans l'agroalimentaire. Il contacte Anne, sa coach, car son équipe commerciale se plaint de perdre des ventes à cause des services annexes qui ne suivent pas. Anne propose à Alex d'examiner le problème à travers la matrice d'évaluation des situations. Ils définissent tous deux les services concernés par la matrice, et décident que l'équipe devra répondre pour chaque case à la question « Quelles sont les attentes du service concerné par rapport à l'autre, et comment améliorer la situation ? » Lors d'une réunion d'équipe à l'extérieur de l'entreprise, 3 groupes sont constitués qui seront à tour de rôle joueurs, juges et challengers. Sur la case 4.1 (commercial/RH), les joueurs indiquent : « Le service commercial attend plus de réactivité des RH dans le recrutement. » Sur la case 1.4 (RH/ commercial) : « Les RH aimeraient que le service commercial comprenne qu'étant en sous-effectifs depuis 6 mois, les recrutements tardent à se faire. » À la case 6.4 (bureau d'études/commercial), les joueurs perçoivent les contraintes de délais qui pèsent sur le bureau d'études. Ils constatent que le service commercial se met en difficulté en promettant aux clients des délais intenables.

Cet exercice aura permis à ce service de trouver des améliorations concrètes impliquant plus de concertation avec les services externes.

Les pièges à éviter

- Omettre de préciser dès le début du jeu qu'il doit se faire dans un état d'esprit constructif.
- Laisser le jeu se transformer en règlements de comptes entre équipes.

Plan d'action

Aider une équipe à décoder les conflits internes

Les bénéfices de ce plan d'action

- Libérer les tensions.
- Faire émerger les besoins de chacun.
- Donner à l'équipe une vision commune de ce qui pourrait améliorer la situation.

Les actions prioritaires à mettre en œuvre

Repérer les dysfonctionnements internes (voir ci-dessous)

Identifier des actions correctrices (voir p. 58-59)

Repérer les dysfonctionnements internes

Pourquoi ?

L'existence de conflits au sein de l'équipe perturbe l'exécution sereine du travail et provoque chez les individus des comportements inadaptés.

- Parce qu'il faut intervenir dès les premiers signes d'un conflit pour ne pas laisser la situation s'envenimer.
- Parce qu'il faut pouvoir mettre des mots sur ce qui ne va pas pour ne pas laisser la situation se cristalliser autour de non-dits.

Avec quels interlocuteurs ?

Le principal interlocuteur ici est l'équipe concernée par le conflit :

- le commanditaire du coaching ;
- le responsable de l'équipe ;
- les membres de l'équipe ;
- toute autre partie prenante impliquée dans le conflit.

Avec quels outils ?

Dans cette phase exploratoire, le principal outil du coach est le coach lui-même, de par sa présence au coaché et le recours aux outils suivants :

- les conversations externalisantes → *cf. Outil 28* ;
- le triangle dramatique → *cf. Outil 42* ;
- le programme officiel/non officiel → *cf. Outil 14*.

Comment mettre l'action en œuvre ?

Lorsque le conflit est avéré, aborder la question du conflit ouvertement peut susciter de la méfiance de la part des membres de l'équipe, qui peuvent se sentir menacés par l'intervention extérieure du coach.

- Réunir l'équipe dans un lieu neutre, si possible hors de l'entreprise, pour vous assurer de la totale disponibilité des participants.
- Poser le cadre du travail avec l'équipe en indiquant vos intentions et le but positif et régulateur de votre intervention.

- Faire un premier tour de table où chacun se présente, décrit ses fonctions et exprime succinctement les points qu'il lui semble **nécessaire** d'aborder concernant le conflit.
- Utiliser **les conversations externalisantes** pour favoriser la prise de distance de l'équipe sur la situation.

Inviter l'équipe à nommer ce qui se passe comme un objet extérieur, puis questionner sur les impacts du conflit sur le travail.

Une fois que tous les participants ont pu s'exprimer, le coach a pu se faire une première idée de la situation :

- Utiliser **le triangle dramatique** afin d'apporter un éclairage théorique sur ce qui se passe entre certaines personnes, et questionner le groupe pour faire exprimer en quoi sa situation se rapproche de ce modèle.
- Questionner les membres du groupe sur **le programme officiel/non officiel** : que veulent-ils ? Et que font-ils pour que cela ne fonctionne pas ? Comment peut-on concilier les deux programmes pour que le but commun soit satisfait ?

Point de vigilance

✓ Plus que dans toute autre situation, la posture du coach doit être haute sur le cadre et basse sur le contenu (voir définitions dans *Info +* ci-dessous). Il se doit d'être le facilitateur des échanges et de n'intervenir que pour réguler les débats ou apporter ponctuellement du contenu. Il convient de contrôler les temps de parole et de maintenir un climat d'écoute mutuelle et de respect des uns et des autres.

INFO +

Qu'est-ce que la position haute et la position basse ?

Ce concept est issu de l'analyse systémique. Une personne prend la **position haute** ou dominante lorsqu'elle donne une consigne, une explication ou fixe le cadre de l'entretien. La **position basse** ou dominée est adoptée lorsque la personne accepte de rentrer dans le cadre, écoute, suit les interventions. Dans une relation équilibrée, ces deux positions sont adoptées alternativement par les interlocuteurs et permettent des échanges constructifs. Il peut y avoir dysfonctionnement lorsque les protagonistes se figent dans l'une des positions, ce qui compromet la fluidité des échanges.

CONSEIL DE PRO

Sachez parer les attaques et rebondir

En coaching d'équipe, il se peut que, lors d'un débat au sujet d'un conflit, vous vous trouviez pris à partie, en tant que coach, par un des coachés, pour quelque motif que ce soit. La prudence dans ce cas consiste surtout à éviter de répondre directement ou de tenter de vous justifier. Au contraire, saisissez cette occasion comme une opportunité de renvoyer la personne vers le processus en décrivant ce qui est en train de se passer, et en demandant au groupe en quoi cette remarque apporte une information sur sa problématique.

Identifier des actions correctrices

Après avoir mis au jour des dysfonctionnements, il pourrait être tentant de vouloir chercher des responsables, mais la demande la plus positive et constructive est de chercher « comment faire ».

Bien souvent, sans que cela soit forcément conscientisé, une problématique bien définie porte déjà en elle la solution et les actions correctrices qui en découlent.

Pourquoi ?

- Parce que par simple déduction de ce qui ne va pas, on peut trouver ce qu'il convient de faire, ou ce qui manque pour que le conflit trouve une issue heureuse.
- Parce que chaque individu a déjà une idée plus ou moins précise de ce qui pourrait être fait pour aller mieux : la confronter au groupe permettra de trouver des solutions acceptables pour tous.

Avec quels interlocuteurs ?

Les principaux interlocuteurs, dont ici les membres de l'équipe concernée par le conflit, mais aussi :

- le commanditaire du coaching ;
- le responsable de l'équipe ;
- toute autre partie prenante impliquée dans le conflit.

Avec quels outils ?

Pour permettre l'émergence de solutions et d'actions correctives, on utilisera :

- les positions de vie → *cf. Outil 20* ;
- le triangle gagnant → *cf. Outil 43* ;
- la matrice d'évaluation des situations → *cf. Outil 17* ;
- la détermination de l'objectif → *cf. Outil 5*.

Comment mettre l'action en œuvre ?

Le coach doit créer les conditions favorables à la co-construction.

- Utilisez **les positions de vie** pour définir vos attentes par rapport aux relations à entretenir entre les membres de l'équipe : la parole de l'un a autant de valeur que celle de l'autre.
- Transformez les éléments qui sont apparus à l'aide du triangle dramatique de l'action 1 en actions et postures du **triangle gagnant** : vulnérabilité, affirmation de soi et bienveillance empathique.

Une fois la juste posture adoptée par les participants, il est temps de construire le plan d'action.

- Utilisez **la matrice d'évaluation des situations** en indiquant en abscisse et en ordonnée les noms des personnes concernées par le conflit.
- Collectez les propositions d'amélioration.
- Facilitez l'intégration de ces informations en divisant le groupe en deux : le premier dessine au paperboard une représentation de la situation conflictuelle, le second fait de même pour la nouvelle situation.
- Invitez les participants à définir l'objectif en utilisant les questions de **la détermination d'objectif** en insistant bien sur les efforts que chacun est prêt à faire pour sortir du conflit.
- Déclinez les objectifs en plans d'action assortis d'indicateurs de résultats.

Point de vigilance

✓ Veillez à accorder un temps de parole à tous les participants, et particulièrement à ceux qui auraient tendance à se mettre en retrait. Il s'agit de faciliter et de rendre possible l'expression de chacun. Le silence est aussi une forme de communication. En tant que coach, il est important de faire émerger les « non-dits ».

CONSEIL DE PRO

Que faire avec les personnes qui monopolisent la parole ?

Dans les situations de conflit qui ont duré un peu trop longtemps avant d'être traitées, l'occasion de pouvoir s'exprimer enfin peut susciter chez certains coachés un besoin irrépressible de parler… quitte à répondre à la place des collègues, à leur couper la parole pour reformuler ou se lancer dans de longs monologues. Le coach peut ainsi se trouver confronté à des besoins contradictoires entre laisser la parole s'exprimer, rester maître du cadre et ne pas couper la parole du coaché. N'ayez pas d'états d'âme ! Le respect du cadre est primordial, et votre crédibilité est en jeu. Avec beaucoup d'assertivité et de fermeté, vous pourrez sans difficulté réguler les débats.

Cas d'entreprise

Un conflit dans une entreprise du secteur paramédical

Le problème : la communication entre les services est réduite à son minimum, chaque service travaille indépendamment, chacun se pensant plus professionnel que l'autre.

La demande des salariés, après que le coach a fait le tour des services : le directeur doit être plus ferme et trancher.

La situation : un triangle dramatique est à l'œuvre. Des services sont successivement les victimes et persécuteurs des uns et des autres, en quête d'un sauveur en la personne du directeur qui, en refusant de prendre position, devient à son tour persécuteur…

Avantage de la situation : pendant que tout le monde s'acharne sur le « bouc émissaire » (= le directeur), les services peuvent continuer à travailler tranquillement comme ils le souhaitent. L'absence de changement rassure…

Réflexions sur l'issue du conflit : bien que la demande initiale soit justifiée, elle ne sera certainement pas suffisante, car si le directeur se met subitement à faire preuve de fermeté, il risque d'être confronté à la résistance de ceux qui s'accommodent bien de son « laxisme ». Ces derniers se mettront à lui reprocher son excès de fermeté. Le changement de posture du dirigeant devra être couplé avec un accompagnement des équipes afin que ces dernières prennent conscience du processus qui s'est installé entre elles et qu'elles puissent respectivement s'engager sur les actions à mettre en place pour contribuer à la résolution du conflit.

Les critères de réussite de votre plan d'action

- → Tous les membres de l'équipe ont pu s'exprimer sereinement.
- → Les mécanismes conscients et inconscients qui permettaient au conflit de perdurer ont été cernés par tous.
- → L'équipe a défini des objectifs avec des indicateurs de résultats et les plans d'action afférents.

Objectif 4 Aider le coaché à mieux se connaître

La connaissance de soi est un préalable à tout travail en coaching. C'est une aventure dans laquelle chacun peut s'engager à son niveau. Cependant, lorsque les premiers freins se font sentir, l'aide d'un professionnel de l'accompagnement peut faire gagner du temps, donner une perspective différente et faciliter l'exercice.

Cet accompagnement est au cœur du métier de coach. C'est pourquoi les outils proposés ci-après sont utilisables dans toute démarche de coaching ou de développement personnel et professionnel.

Utilisés généralement dans les débuts du coaching, ils permettent d'explorer le cadre de référence, c'est-à-dire l'ensemble des éléments qui composent la « carte du monde » du coaché, et qui font qu'il communique, réagit, vit des émotions, et agit comme il le fait.

Et comme la découverte de soi est une activité sans fin, ces exercices peuvent ensuite être revisités pour constater l'évolution tout au long du parcours.

Pour aider vos coachés à mieux se connaître il vous faut :

- ✓ Choisir des activités introspectives, qui s'appuieront sur des situations vécues pour prendre conscience des situations qui conviennent ou ne conviennent pas au coaché.
- ✓ Lui proposer quelques apports théoriques sur les grands thèmes de la connaissance de soi.
- ✓ Favoriser un travail de transparence, rendu possible par l'accueil inconditionnel que le coach fera des réflexions du coaché et par la confidentialité qu'il garantit.
- ✓ Mettre des mots sur les émotions, en chercher les origines, les facteurs déclencheurs et les messages qui se trouvent derrière leur manifestation.
- ✓ Laisser au coaché le temps de prendre conscience de ce qui compte vraiment pour lui une fois qu'il est débarrassé de ses habitudes, du masque social qu'il porte et de ses croyances.

Les outils clés

Outil 18

Le portrait chinois

Une approche simple et ludique de la découverte de soi par les comparaisons et les images.

p. 62

Outil 19

Les états du moi

L'analyse, vue sous l'angle de l'analyse transactionnelle, des relations humaines.

p. 64

Outil 20

Les positions de vie

Un moyen de prendre du recul sur sa propre perception et celle que l'on a des autres.

p. 66

Outil 21

Le schéma d'identité

Un modèle pour explorer les mécanismes qui, depuis l'enfance, font l'adulte que nous sommes aujourd'hui.

p. 68

Outil 22

La roue des émotions

Un outil d'introspection et d'analyse des émotions.

p. 70

Outil 23

Le test du 360°

Un test qui permet de s'auto-évaluer et de connaître le regard que l'entourage porte sur le testé.

p. 72

Le plan d'action

Explorer une situation de perte d'emploi .p. 74

Pour franchir cette étape de vie importante, voici un plan d'action en plusieurs temps, qui consiste d'abord à aider le coaché à faire le bilan de l'expérience passée et à **rebondir après l'annonce du licenciement**, tout en cherchant à en comprendre les raisons.

Une fois cette première étape franchie, il pourra **faire le point sur ses forces** et ses points d'amélioration pour ensuite **imaginer son futur** en relation avec ses attentes et se projeter dans un nouveau métier.

18 Le portrait chinois

Présentation

Le jeu du portrait chinois date de plusieurs siècles. Aussi appelé jeu des énigmes ou jeu du portrait, il ne viendrait pas de Chine, comme on pourrait le penser, l'adjectif chinois désignant ici juste la relative complexité de l'exercice.
C'est un jeu littéraire qui consiste à **associer une personne à une représentation imagée** d'elle-même, afin de mieux connaître des éléments de sa personnalité, de découvrir ses préférences ou ses aversions.
Les catégories utilisées pour dresser le portrait sont au choix du créateur du questionnaire. On pourrait avoir, par exemple : « Si j'étais un animal, je serais un aigle, car j'aime être seul et prendre de la hauteur sur les choses. » Cet exercice a des allures presque enfantines. Et pourtant, replacé en contexte de coaching, il révèle toute sa puissance.

L'intérêt du portrait chinois

C'est une activité très adaptable, que vous pourrez décliner en fonction de vos besoins. Elle ne demande aucun matériel, et peut être réalisée à l'oral, à l'écrit, sous forme de texte ou à l'aide de dessins.
Cette activité est idéale en starter d'un coaching individuel ou de groupe. Elle permet de faire connaissance de manière ludique et finalement très approfondie, tout en stimulant la créativité du ou des participants.
Étant concentrés sur le jeu que constitue cet exercice, ils se sentent libres de livrer des éléments personnels et d'aborder leurs préoccupations.

Pour l'utiliser

En coaching, mais aussi en situation d'animation de réunions, de démarrage de formation ou même d'entretien de recrutement. Il peut être utilisé plusieurs fois en variant les thèmes. Il permet :

- De proposer au coaché les premiers sujets de conversation de manière anodine et ludique, tout en le mettant en situation de travail. Et comme l'exercice est basique, il se trouvera forcément en situation de réussite, et donc de confiance.
- Aux personnes créatives de mobiliser cette faculté, de faire des associations d'idées et de prendre plaisir à explorer certaines parties d'elles-mêmes.
- Aux plus timides de s'ouvrir de manière indirecte, puisqu'ils pourront focaliser leur explication sur l'objet.
- Au coach de récupérer de précieuses informations sur la perception que les participants ont d'eux-mêmes, et de mieux comprendre leurs aspirations.
- Au coach de trouver des sources de questionnement et de rebondir sur d'autres activités.

Le portrait chinois

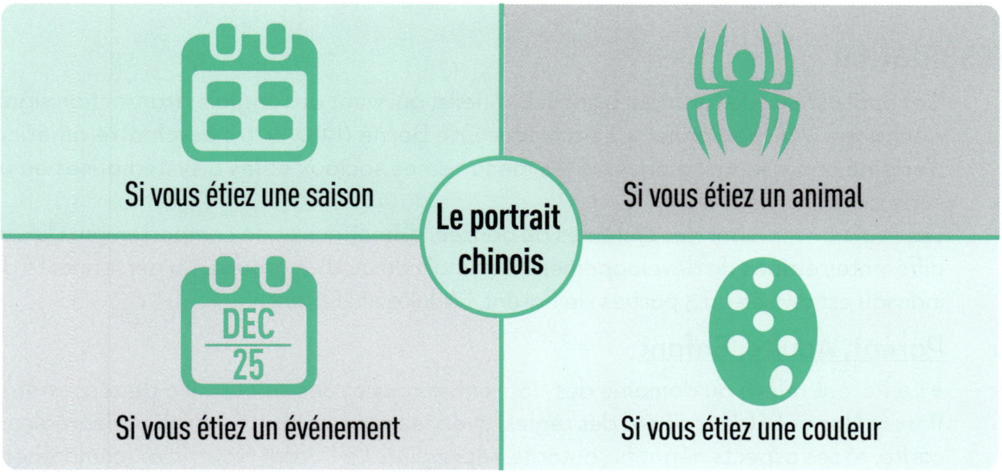

Un exemple d'application

Lors d'un coaching individuel, vous décidez de proposer l'exercice du portrait chinois en starter de la séance.
En consultant une liste de thématiques, vous choisissez de sélectionner 4 catégories, qui devraient tenir en 10 minutes : si vous étiez un animal, une couleur, une saison et un événement.
La coachée vous indique qu'elle serait volontiers un chat, pour le côté solitaire et autonome. Qu'elle serait la couleur grise, qui correspond bien à son état d'esprit du moment. Si elle était une saison, elle aimerait être le printemps pour refleurir, mais elle a du mal à voir comment. Et si elle était un événement, elle serait la chute du mur de Berlin, parce que cet événement symbolise le rétablissement de la justice et de la liberté.

En tant que coach, vous avez collecté de nombreuses informations, qui, selon votre sensibilité, pourront être exploitées tout au long de la séance : l'envie de solitude et d'autonomie, la mélancolie passagère de la coachée, sa volonté de changer d'état, son sens de la justice. Les réponses au portrait chinois vous donneront ensuite l'occasion de rebondir sur le thème de votre accompagnement par une question du type : « En quoi ce portrait chinois est-il en lien avec notre accompagnement ? »

Les pièges à éviter

- Ne pas s'assurer, en groupe, **que le cadre a bien été posé et omettre de rappeler que la bienveillance est de mise.**
- **Négliger de demander aux participants de commenter leurs choix.** L'intérêt de l'exercice réside autant dans l'explication du choix que dans la réponse elle-même.

19 Les états du moi

Présentation

Cet outil est issu de l'analyse transactionnelle, qui vient de l'anglais : *transaction* signifie « échange interpersonnel ». Le docteur Eric Berne (1910-1970), psychiatre américain d'origine canadienne, a observé les mécanismes sociaux et les a systématisés en une série de grilles de lecture.
Les **états du moi** sont des systèmes de pensée, d'émotions et de comportements liés aux différentes étapes de développement d'un individu ou d'un groupe. La personnalité d'un individu est divisée en 3 parties : le Parent, l'Adulte et l'Enfant.

Parent, Adulte, Enfant

- **Le Parent** relève du domaine des **apprentissages** et des **valeurs**. Il a deux sous-états : **Parent Normatif** (dépositaire des règles) avec ses aspects positifs : fixation des règles, du cadre, et ses aspects négatifs : autorité, répression. Le **Parent Nourricier** (compréhensif, qui vient en aide) est positif lorsqu'il aide à devenir autonome, négatif lorsqu'il fait à la place de l'enfant et entretient la relation de dépendance.
- **L'Adulte** appartient au monde de la **réflexion** et des **faits**. Il est neutre.
- **L'Enfant** représente l'univers des **émotions**, la **création**, la **sensibilité**. Il a quatre sous-états : **Adapté Rebelle** s'il a quelques difficultés avec l'autorité, **Adapté Soumis** s'il se conforme aux règles, **Créateur** ou petit inventeur s'il est source d'innovation et d'intuition, et **Spontané** ou **Libre** s'il extériorise ses besoins et ressentis sans contrainte.

Au cours d'une même journée, nous passons d'un **état du moi** à l'autre : Enfant Spontané pour blaguer lors de la pause café, Adulte lorsque nous réfléchissons, planifions, Parent lorsque nous proposons notre aide. De même, nous adaptons nos états du moi à ceux de nos interlocuteurs. Par exemple, si une personne nous accuse injustement (« Parent »), le premier réflexe sera de répondre en « Enfant ».

L'intérêt des états du moi

Cet outil permet :
- de mieux se connaître et comprendre ses réactions et celles de son entourage ;
- d'identifier l'état du moi qui est aux commandes dans nos interactions et de décider de communiquer avec un état du moi plus adapté à la situation ;
- de résoudre ou désamorcer des conflits.

Pour l'utiliser

Cet outil peut être utilisé :
- en coaching individuel ou collectif ;
- comme grille d'analyse d'une entreprise : le parent représentera les normes, les valeurs, le règlement.

Les états du moi

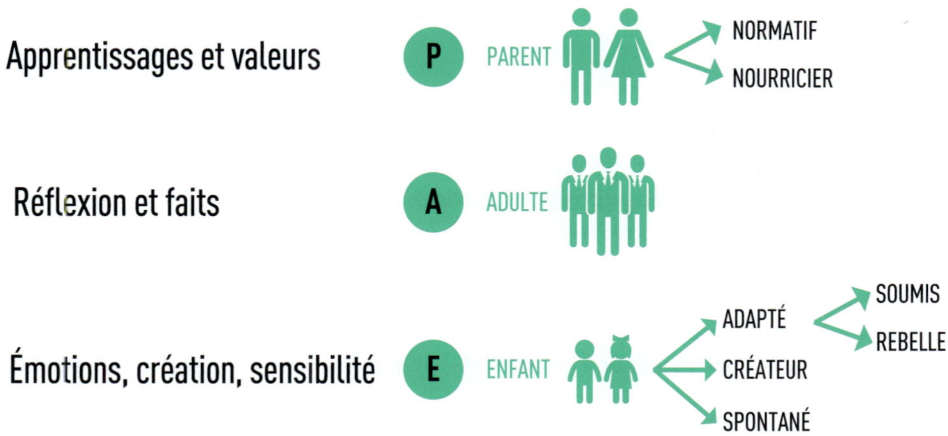

Un exemple d'application

Alain est responsable des ressources humaines, il vient de succéder à un DRH très apprécié de l'équipe en place et demande à Agnès, sa coach, de l'aider à résoudre le conflit latent qui l'oppose à Alice, une jeune et ambitieuse juriste en droit social.
Pour analyser la relation entre Alain et Alice, Agnès lui demande de décrire le conflit : les mots échangés, le ton employé et les postures. Elle interroge également le contexte : le style d'Alain est-il très différent de celui de l'ancien DRH ? Il s'avère que leurs styles de management sont très opposés : Alain aime contrôler, vérifier, alors que son prédécesseur était très déléguant.
Alain se rend compte qu'Alice peut être frustrée de devoir rendre des comptes alors qu'elle était habituée à travailler en autonomie. Dans leur relation, Alain se comporte en Parent Normatif négatif : il contrôle trop et Alice, en réaction, se comporte en Enfant Rebelle. Agnès demande à Alain de choisir un état du moi qui serait plus aidant pour communiquer avec Alice. Alain a plusieurs possibilités : utiliser le Parent Normatif positif en lui fixant la règle et les délais, tout en lui laissant l'autonomie nécessaire, ou simplement l'Adulte en utilisant des questions purement factuelles du type : « Où en êtes-vous ? » « Comment allez-vous vous y prendre ? »

En ayant choisi la première option, Alain observe chez Alice un changement radical d'attitude, elle se sent comprise, Alain lui fait confiance, elle peut à nouveau s'épanouir dans son travail et prendre des initiatives.

Les pièges à éviter

- Poser un diagnostic rapide **sans permettre au coaché de cheminer seul.**
- **Apporter la solution qui paraît évidente** pour le coach.
- **Être trop intrusif** dans le choix des questions et orienter les réponses dans le sens qui arrange le coach.

20 Les positions de vie

Présentation

Eric Berne, médecin psychiatre américain, fondateur de l'analyse transactionnelle, a décrit la façon dont nous percevons les personnes qui nous entourent et nous-mêmes à travers 4 positions qu'il a nommées « positions de vie existentielles ».

Suivant les opinions que nous avons de nous-mêmes et des autres, nous interprétons les situations de façon plus ou moins positive et nous interagissons avec les autres en prenant une position qui va influencer la qualité de la relation.

Pour Eric Berne et d'autres analystes transactionnels, nous naissons « Prince » ou « Princesse », « j'ai de la valeur » (je suis OK+) et « l'autre a de la valeur » (l'autre est OK+).

En grandissant, les circonstances de la vie, l'environnement familial, l'école... amènent l'enfant à reconsidérer la position fondamentale et à y introduire la notion d'« OK- » pour lui et/ou les autres. Il s'inscrit alors dans une position de vie négative.

En tant qu'adultes, nous changeons fréquemment de position de vie.

Décryptage des 4 positions

- OK+/OK+ : voir le réel côté positif de soi et de l'autre pour être efficaces ensemble. Il ne s'agit pas d'idéaliser la relation en ne voyant que l'aspect positif, mais plutôt d'avoir une opinion lucide et réaliste de ce qu'il est possible de mettre en commun de façon positive.
- OK+/OK- : la personne ne voit en elle-même que les aspects positifs et regarde l'autre à travers un filtre négatif. Son regard manque d'objectivité.
- OK-/OK+ : ici, le filtre négatif est porté sur la personne elle-même, qui se positionne comme inférieure à l'autre, supposé systématiquement plus fort et supérieur.
- OK-/OK- : cette position est la plus rarement adoptée. Elle pourrait être le signe d'un état dépressif qui consiste en une généralisation : tout dévaloriser, soi-même et les autres.

L'intérêt des positions de vie

Cet outil permet :

- d'analyser une situation qui pose problème ;
- de rééquilibrer la relation lorsque l'on identifie que son interlocuteur ou soi-même adopte une des 3 positions de vie négatives.

Pour l'utiliser

Cet outil peut être utilisé en coaching individuel ou collectif :

- en questionnant les attitudes des protagonistes (*Quelles sont les différentes positions de vie adoptées et quelles en sont les incidences sur la relation ?*) ;
- en invitant le coaché à revenir vers une position OK+/OK+ s'il s'avère qu'il a lui-même opté pour une position de vie négative, ou dans le cas où c'est son interlocuteur qui est en position de vie négative, en incitant le coaché à le ramener vers plus d'objectivité.

Les positions de vie (E. Berne)

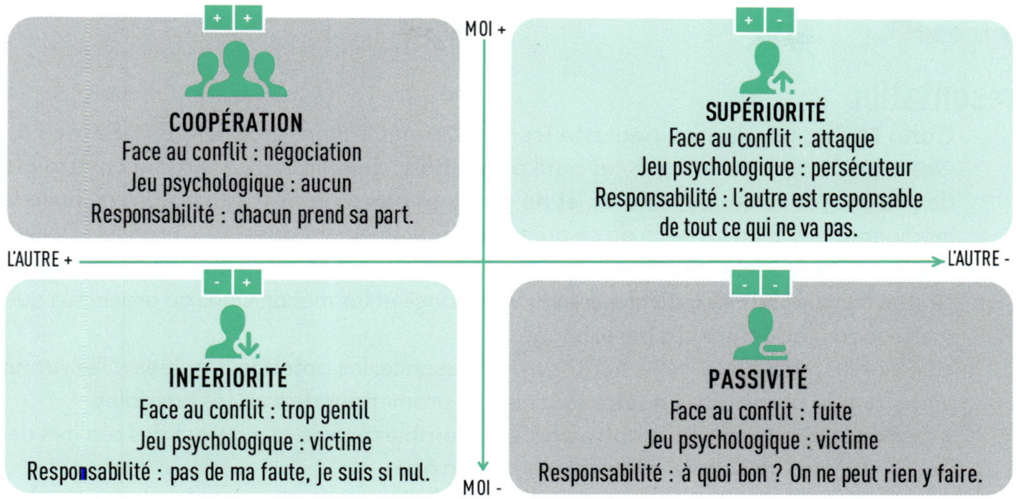

Un exemple d'application

Stéphane, membre du comité de direction de son entreprise, se sent intimidé par le directeur, or il a besoin d'une information qu'il a égarée et craint de la demander à nouveau.
Sylvie, son coach, va l'amener à prendre conscience de la position de vie OK-/OK+ qu'il adopte dans cette situation en le questionnant sur ses peurs (peur du ridicule, de la réprimande, de passer pour un incompétent, de se faire mal voir...) et sur ce qu'il risque à ne pas demander le document (dossier non rendu, recherche de prétextes, justifications...).
Sylvie incite Stéphane à reconsidérer la situation avec plus d'objectivité pour adopter une position de vie OK+/OK+ :

- Connaissez-vous quelqu'un qui n'a jamais égaré de document ?
- Votre directeur lui-même est-il totalement infaillible ?

Les réponses apportées devraient permettre à Stéphane d'aborder la situation avec réalisme. Il envisagera la relation dans un état d'esprit plus objectif et osera faire sa demande en tant que professionnel responsable.
Plus largement, Sylvie pourra demander à Stéphane de lister les personnes avec lesquelles il rencontre des difficultés relationnelles et de mettre en parallèle ses comportements avec la représentation qu'il se fait de la relation, pour l'aider, à l'avenir, à gérer positivement d'autres situations.

Les pièges à éviter

- Penser que les positions de vie sont un état permanent.
- **Apporter la solution qui paraît évidente** pour le coach.
- **Être trop intrusif** dans le choix des questions et orienter les réponses dans le sens qui arrange le coach.

21 Le schéma d'identité

Présentation

Carlo Moïso, psychiatre, analyste transactionnel italien, proche d'Eric Berne (→ *cf. Outils 19 et 20*), a développé cet outil permettant d'expliquer « pourquoi un être plein de promesses se coupe les ailes et ne parvient pas à réaliser son potentiel, ou le fait médiocrement, bien en deçà de ce qui serait objectivement possible ». François Délivré a retravaillé ce modèle et l'a développé. Le schéma d'identité présente les personnages qui se sont formés chez les individus pendant l'enfance et les mécanismes ou processus qui se mettent en place entre ces personnages.

- Le Prince représente notre héritage de naissance, les potentialités liées à l'environnement familial et social. Il est l'être tout neuf et prometteur de tous les possibles.
- Le Prince blessé constitue notre partie vulnérable révélée au contact des réalités de la vie ; l'enfant les traduit avec les moyens de son âge.
- Le Crapaud est le système de croyances archaïques négatives sur soi, les autres ou le monde que l'enfant blessé s'est construit.
- Le Masque : pour cacher notre crapaud, nous arborons un masque ou jouons un rôle en société.
- Le Héros : à l'âge adulte, nous rêvons de redevenir Prince et de tomber le Masque, nous rêvons d'une gloire tellement éclatante qu'elle protègerait notre Crapaud. À ce stade, 3 voies sont possibles : 1) devenir réellement un héros par l'aboutissement d'un accomplissement personnel comme certains grands hommes, 2) tenter maladroitement d'échapper à son Crapaud, qui tôt ou tard refera surface (c'est l'itinéraire de droite du schéma) ou 3) trouver son identité réaliste, le Prince accompli, qui vit en paix et en équilibre avec son Crapaud, son Masque et son Prince (c'est l'itinéraire de gauche du schéma).

L'intérêt du schéma d'identité

Cet outil permet :

- au coach d'adopter une **posture aidante** en valorisant le prince du coaché ;
- au coaché de comprendre les **comportements** qu'il adopte parfois « malgré lui » ;
- de trouver des **pistes de travail** avec des coachés qui sous-estiment ou surestiment leur potentiel, ou ont du mal à savoir ce qu'ils veulent vraiment.

Pour l'utiliser

Cet outil peut être utilisé :

- en coaching individuel **uniquement** ;
- en expliquant le fonctionnement du schéma tout en restant attentif aux réactions et observations du coaché face à la description des personnages et aux mécanismes qui les font interférer entre eux.

Le schéma d'identité

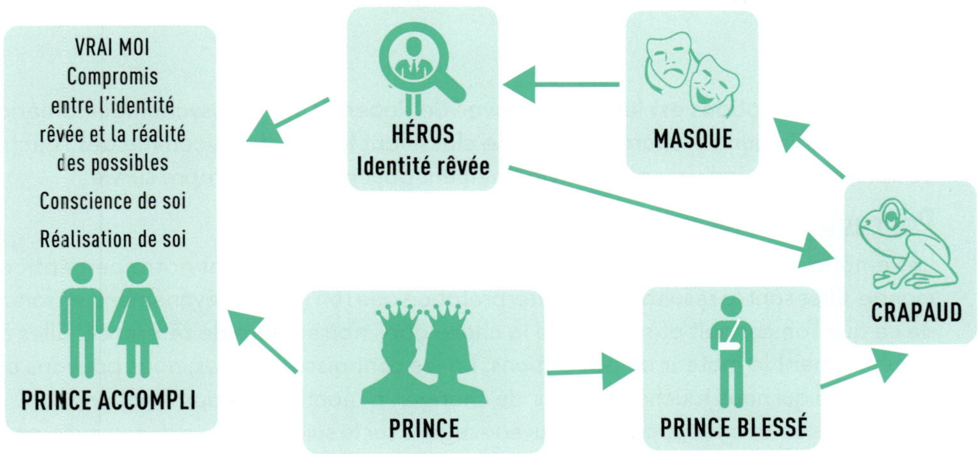

Un exemple d'application

Éric vient d'intégrer un poste de créatif dans une agence de publicité. Ses études informatiques l'ont jusqu'ici conduit à des travaux laissant peu de place à l'imagination, il a toujours rêvé de faire un travail nécessitant créativité, fantaisie et aisance rédactionnelle. Alors qu'il a toutes les raisons d'être satisfait de son sort, il se trouve en manque total d'imagination pour aborder sa prochaine campagne.

La découverte du schéma d'identité a une forte résonance chez lui : il raconte qu'enfant, il voulait être animateur de clubs de vacances et que ses parents ont désapprouvé ce projet en lui précisant que « le travail c'est sérieux », que « dans la vie, on ne fait pas toujours ce qu'on veut » et « qu'il faut travailler dur pour y arriver ». Constatant cela, le coach laisse Éric cheminer seul dans sa réflexion, il est juste l'oreille témoin de la connexion que le coaché est en train de faire. Éric comprend comment il a construit son Crapaud, pourquoi il a porté un Masque de sérieux sa vie durant et en quoi son crapaud l'empêche aujourd'hui de se laisser aller à faire ce qu'il a toujours rêvé de faire.

Éric pourra ensuite décider de changer cette croyance limitante pour se permettre de se réaliser et devenir un Prince accompli.

Suite à cette décision, le coach choisit, parmi les outils permettant de changer les croyances, celui qui est le plus approprié à la situation.

Les pièges à éviter

- Dépasser les limites de sa compétence **en confondant le coaching et la psychothérapie**.
- **Raisonner « problème » plutôt que « solution »**.
- Passer **trop de temps dans l'exploration du passé** du coaché.

22 La roue des émotions

Présentation

La roue des émotions est le fruit du travail de Robert Plutchik, psychologue américain contemporain qui a élaboré une théorie classifiant les émotions comme des réactions adaptatives d'un individu à son environnement pour assurer sa propre survie.

Pourquoi étudier les émotions ?

Les émotions sont des repères importants, car elles manifestent notre perception du monde. Elles sont la résultante de l'interprétation que l'on fait d'un événement, en fonction de ce que l'on connaît et ressent de la chose dans notre cadre de référence. Elles sont généralement le moteur de nos actions. En les connaissant mieux, nous pouvons comprendre ce qui nous touche et choisir de changer la réaction liée aux émotions.
La roue des émotions apporte un nouveau regard sur le sujet. Avant sa découverte, **on limitait souvent les émotions majeures à 4 :** la joie, la colère, la tristesse et la peur. R. Plutchik y a ajouté la surprise, le dégoût, l'anticipation et la confiance. Puis il a défini un degré inférieur pour chacune d'entre elle, ainsi qu'un degré supérieur. Enfin, il a élaboré des combinaisons pour obtenir au total **32 variations d'émotions** (voir ci-contre).
L'auteur tend à prouver que chaque émotion est le résultat d'une stratégie inconsciente de défense d'un individu face à une situation non désirée.

L'intérêt de la roue des émotions

Cet outil permet :

- d'explorer les **ressentis possibles** face à un événement, ainsi que leur degré ;
- de prendre l'habitude de **nommer les émotions** ;
- de **comprendre l'événement** qui est à l'origine du ressenti.

Pour l'utiliser

C'est un outil à garder à portée de main en situation de coaching. Il est utile lorsque :

- le coaché a du mal à nommer ce qu'il ressent dans une situation donnée. On peut alors lui proposer de parcourir la roue et d'identifier ce qui semble correspondre à la situation exprimée ;
- le coaché a tendance à minimiser ou exagérer l'expression de ses ressentis. La roue permet alors de vérifier si l'intensité supérieure ou inférieure pourrait s'appliquer à la situation vécue ;
- l'objectif du coaché est de changer de point de vue et de ressenti sur une situation. Il peut alors visualiser le chemin à parcourir pour passer d'un état à un autre.

Il est aussi un excellent starter de votre session de coaching ou de votre réunion si vous êtes en présence de personnes qui sont à l'aise avec l'outil. Vous pourrez alors leur proposer de partager leur météo émotionnelle, avant de démarrer toute autre activité.

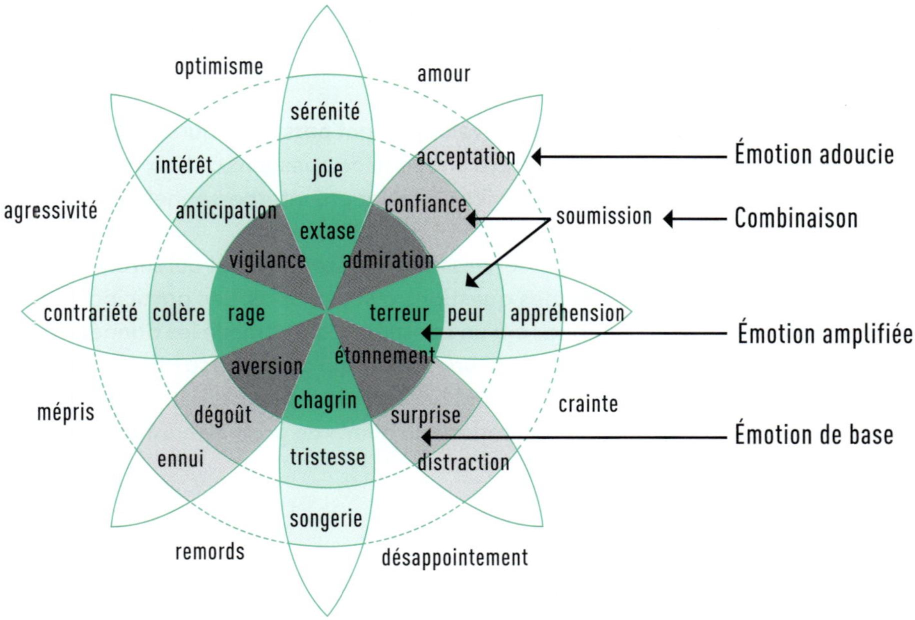

Un exemple d'application

Un groupe projet dans une entreprise de services a du mal à faire avancer un projet de mise en place d'un nouveau logiciel. Le PDG décide donc de programmer un coaching d'équipe. Deux grandes roues des émotions ont été imprimées pour l'occasion, l'une représentant le présent, et l'autre la situation idéale.

Chaque participant reçoit **deux pions à positionner sur la première roue** puis **deux pions pour la seconde**, en réponse à la question « **Que ressentez-vous** lorsque vous pensez à ce projet ? » Ainsi, le groupe a pu matérialiser les émotions de chacun et analyser l'image globale.

Le coach a proposé ensuite à ceux qui le souhaitaient d'expliquer leur positionnement en parlant en leur nom propre. Le groupe avait pour consigne d'accueillir ce qui était dit sans chercher à répondre ou à se justifier. Puis il a proposé à chacun de positionner deux autres pions sur l'autre roue, celle de l'idéal du projet.

À partir des deux images, il a proposé aux participants de réfléchir aux chemins à prendre pour passer de l'une à l'autre. Une fois les grands axes identifiés, une activité de type méthode Disney (→ *cf. Outil 29*) a permis de dresser un plan d'amélioration du travail collaboratif.

Les pièges à éviter

- **Avoir une approche trop contraignante** : pour certains coachés, il n'est pas simple de parler de ses émotions, le coach devra donc être encourageant.
- **Demander au coaché de ne choisir qu'une émotion.** On ressent souvent plusieurs émotions simultanément. La partie intéressante du coaching consiste à toutes les explorer.

23 Le test du 360°

Présentation

Le test 360° est un **questionnaire de développement personnel** qui se déroule en plusieurs temps. Tout d'abord, le coaché répond à une série de questions à choix multiples le concernant (personnalité, compétences, qualité des relations interpersonnelles, comportements professionnels).
Puis il désigne un ensemble de personnes le connaissant bien et qui seraient susceptibles de donner leur avis sur les mêmes questions à son propos. Les participants qui le souhaitent retournent le questionnaire à un consultant qui compile les données de manière anonyme. Le participant reçoit ensuite un rapport qui compare sa propre perception à la moyenne des perceptions de ceux qui ont accepté de répondre. Lorsqu'il y a convergence dans les perceptions de chacun, on parlera de points de prise de confiance, à l'inverse on parlera de points de réflexion.

L'intérêt du test 360°

- Cet outil permet de mettre le coaché en situation d'auto-évaluation, il doit donc se poser un ensemble de questions et y répondre de manière objective.
- La synthèse est une excellente base de discussion entre le coach et le coaché.
- Les points convergents entre le coaché et son entourage peuvent être utilisés pour consolider la confiance du participant en lui-même. S'ils représentent une proportion importante, cela laisse penser que le coaché a une perception juste de lui-même.
- L'étude des réponses divergentes permet de voir si le participant a une estime surévaluée ou dégradée de lui-même.
- Chaque question est en elle-même une piste de travail pour le coaché.

Pour l'utiliser

- De nombreux cabinets RH mettent à disposition des animateurs formés et qualifiés pour gérer l'administration du test.
- Les tests digitaux sont très simples à administrer car ils sont envoyés en toute confidentialité aux contacts désignés par le coaché. Un système de rappels automatiques et de compilation des données permet d'obtenir le rapport synthétique comparé aux résultats du participant. C'est la forme qu'il vaut mieux privilégier.
- Le coach retranscrira le test en accordant une grande vigilance à la formulation.
- Il devra ensuite être débriefé avec le coaché pour lui permettre de prendre le recul nécessaire sur les résultats,
- Le coach pourra ensuite l'interroger sur les points les plus marquants et lui proposer de réfléchir aux changements de posture qui l'aideront à atteindre les objectifs qu'il s'est fixés lorsqu'il a initié la démarche.

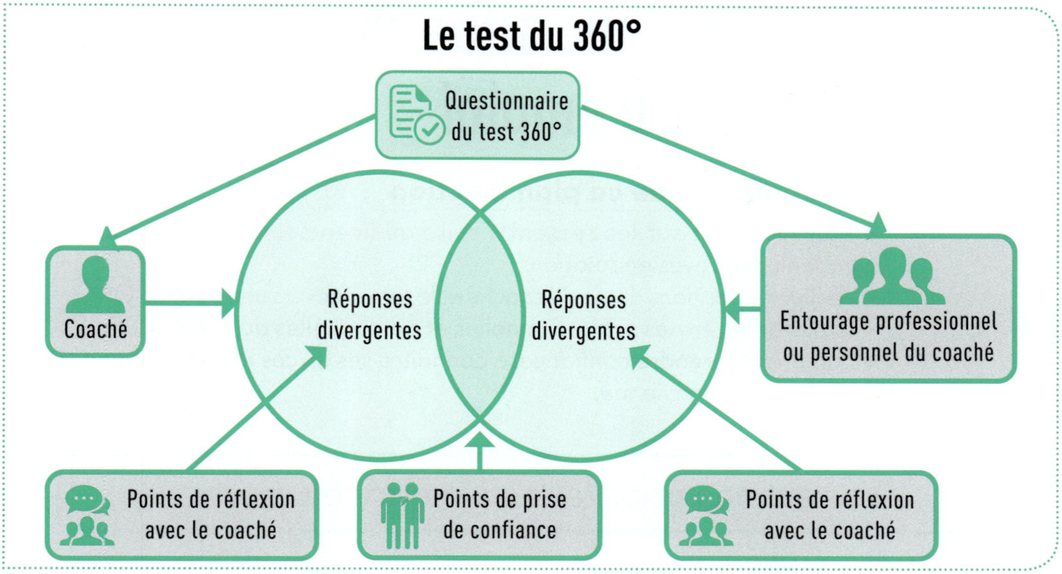

Un exemple d'application

Vous constatez que votre coaché est un homme très intelligent, peu bavard, et plutôt apprécié par son entreprise, malgré les difficultés qu'il rencontre dans le management de son équipe. Vous voyez qu'il a une faible image de lui-même et qu'il pense ne pas être apprécié au sein du groupe dans lequel il travaille, alors que rien de factuel n'a été évoqué. Vous pouvez proposer ce test, ce qui aura deux bénéfices :

- Le faire réfléchir à sa propre perception de lui-même et de son rapport aux autres. A-t-il envie de savoir ce que les autres pensent ? Qu'en espère-t-il ? Quelles sont ses éventuelles inquiétudes ? En a-t-il besoin ? Pourquoi ?
- S'il souhaite effectuer un 360°, les résultats lui permettront de prendre conscience de l'appréciation de son entourage, de l'aider à voir ses forces et à accepter ses points d'amélioration, de le guider dans sa démarche de coaching s'il peine à identifier ses axes de progrès.

Les pièges à éviter

- Oublier de s'assurer **que le participant est à l'aise avec la démarche** avant de démarrer. Par sa nature, le test implique que tous les participants soient informés de la volonté de développement personnel de votre coaché.
- Travailler sur **une base de travail insuffisante** pour être représentative. Même si l'anonymat est la règle de base de ce test, lorsque l'environnement professionnel du participant est limité, il peut se sentir remis en cause par ses proches, ce qui peut générer des tensions.

Explorer une situation de perte d'emploi

Les bénéfices de ce plan d'action

- Faire le point sur les ressentis suite au licenciement, purger les émotions négatives en relation.
- Vérifier les positions de vie du coaché et le ramener vers une position OK+.
- Explorer les envies professionnelles et personnelles du coaché.
- L'amener à prendre confiance, à connaître ses forces et à choisir une activité qui lui convienne.

Les actions prioritaires à mettre en œuvre

- Rebondir après l'annonce du licenciement (voir ci-dessous)
- Faire le point sur ses forces et imaginer son futur (voir p. 76-77)

Rebondir après l'annonce du licenciement

Pourquoi ?

Un coaché en reclassement vient à vous après dix ans au sein de la même entreprise. Il se dit prêt à chercher un poste, mais son non-verbal laisse penser qu'il a besoin de prendre du recul.

- Une carrière qui s'arrête brutalement est un traumatisme qui doit être pris en charge pour faciliter le deuil de la situation précédentes, et envisager la suite.
- La confiance en soi doit être restaurée pour que le coaché puisse envisager une nouvelle carrière professionnelle.

Avec quels interlocuteurs ?

- Le coaché uniquement.

Avec quels outils ?

On utilisera :

- Le schéma d'identité d'après Carlo Moïso → *cf. Outil 21*
- Les positions de vie → *cf. Outil 20*.

Comment mettre l'action en œuvre ?

- Présentez-lui le **schéma d'identité** puis faites-lui décrire son propre schéma.
- Explorez comment les différents personnages du schéma sont affectés par la perte d'emploi.
- Proposez-lui de se reconnecter à son Enfant « Prince » afin de faire émerger ses aspirations profondes.
- Aidez-le à cheminer pour qu'il parvienne à concilier ses idéaux et sa réalité.
- Proposez-lui de faire un diagnostic de ses **positions de vie**.

L'objectif est qu'à la fin de cette phase, il ait repris suffisamment confiance pour se lancer dans une démarche de reconstruction professionnelle.

Point de vigilance

✓ À ce stade du coaching, le participant peut être fragilisé. On veillera à respecter son rythme avec bienveillance mais sans complaisance.

CONSEIL DE PRO

Positivez le temps de chômage

Pour qu'il reprenne confiance et occupe la période de transition tout en valorisant son temps, vous pouvez inciter votre coaché à prendre des responsabilités extra-professionnelles : associations caritatives ou sportives, mandats ou actions bénévoles sont autant de situations qui serviront de ressources au coaché pour voir qu'au quotidien, il est en position OK+. Elles lui permettront aussi de mettre à disposition ses compétences et de développer un réseau qui pourra lui être utile dans sa recherche d'emploi.

Cas d'entreprise

Aider un chômeur à rebondir

Jean est directeur général dans un groupe international depuis 4 ans. Il y a un an, les actionnaires se sont inquiétés de la baisse de ses résultats et le lui ont fait remarquer, ce qui l'a profondément vexé. Auprès de son coach, Jean met en avant l'injustice de la situation et l'incompétence des actionnaires. Il n'a pas compris que l'entreprise lui propose une rupture conventionnelle mais par fierté, il a préféré l'accepter.
Après quelques mois de recherches d'emploi infructueuses, il décide de travailler avec une coach pour assurer sa transition professionnelle. En travaillant le schéma d'identité (→ cf. Outil 21), il découvre que son crapaud le renvoie à sa peur de ne pas être à la hauteur, lorsque ses parents le rabaissaient du fait de ses notes à l'école et le comparaient à son frère. Pour cacher cela, il a pris un masque de super-héros intransigeant et dur, voire colérique.
Les positions de perception vont dans le même sens : en début de coaching, il est en posture : « je suis OK, les autres ne sont pas OK ».
En créant un dialogue entre le crapaud et le prince, le coaché a pris conscience que **sa posture le rendait malheureux et n'était pas en relation avec ce qu'il souhaitait vraiment**. Il a aussi admis que ses performances récentes et son attitude pouvaient inquiéter l'actionnariat, et est revenu à des positions de perception OK+. Cela lui a donné confiance en sa capacité à réussir, il a su choisir les postes qui lui convenaient réellement et a abordé plus sereinement les entretiens.

Les critères de réussite de votre plan d'action

- → Le coaché porte un regard objectif sur la situation passée, il est capable d'en voir les points positifs et les points d'inconfort, il reconnaît que le présent est porteur d'opportunités.
- → Il parvient à envisager l'avenir, fait part d'envies nouvelles, et entrevoit des options pour leur donner vie.
- → Il sait se reconnaître des atouts et se sent prêt à les mettre en avant auprès d'un futur employeur. Il admet aussi avoir des sujets à travailler.

Faire le point sur ses forces et imaginer son futur

Pourquoi ?

Lorsqu'une personne est privée d'emploi, elle peut être tentée de retrouver à tout prix un poste. C'est louable, mais pas forcément souhaitable, car si le nouveau poste est inadapté, éloigné de son domaine de compétences clés ou ne correspond pas à ses attentes, une seconde rupture de contrat peut être particulièrement traumatisante. Il vaut donc mieux l'inviter à :

- prendre le temps de faire le point sur ses forces, pour savoir les mettre en avant avec confiance dans un poste qui en aura besoin ;
- identifier en toute objectivité les situations professionnelles qui favoriseront la réussite du coaché et celles qui lui conviendront moins bien ;
- lui permettre de définir le type de poste et d'entreprise dans lesquels il pourra s'épanouir.

Avec quels interlocuteurs ?

Ce travail est avant tout personnel. Cependant, le coaché pourra aussi solliciter d'autres personnes en mesure de lui apporter un retour sur lui-même :

- d'anciens collègues avec qui il a gardé de bonnes relations ;
- un conseiller d'insertion ou le consultant d'un cabinet de reclassement si ce dernier le connaît suffisamment ;
- des fournisseurs ou partenaires avec qui il travaillait dans son ancienne entreprise ;
- toute personne évoluant avec lui dans le milieu associatif.

Avec quels outils ?

On utilisera :

- le test du 360° → *cf. Outil 23* pour lui donner l'opportunité de s'auto-évaluer et de solliciter les réponses de son réseau ;
- une analyse de ses besoins via une pyramide de Maslow → *cf. Outil 30* ;
- le portrait chinois, qui pourra être utilisé pour définir son nouveau poste idéal → *cf. Outil 18* ;
- les techniques de visualisation pour créer de la motivation et aider à l'appropriation du projet.

Comment mettre l'action en œuvre ?

- Pour commencer, vous pourrez proposer au coaché le **test du 360°**, en lui exposant ce qu'il implique : s'auto-évaluer de manière objective et demander à d'autres d'en faire de même.
- À réception des résultats, vous lui proposerez d'identifier les zones de concordance entre sa perception et celle des autres. Quel que soit le résultat, ce travail représente le point d'ancrage de son bilan, les points sur lesquels tout le monde est d'accord. En est-il satisfait ? Identifie-t-il des axes de travail sur lesquels il veut avancer ? Si oui, pourquoi ?
- Puis vous pourrez le faire travailler sur les thèmes pour lesquels sa perception est meilleure ou moins bonne que les répondants. En est-il étonné ? À quoi attribue-t-il cet écart ? Que signifie-t-il à ses yeux ? Est-il victime de croyances qu'il pourrait faire évoluer ? Si tel est le cas, vous pourrez explorer avec lui **la marelle des croyances** → *cf. Outil 38*.
- Pour terminer, vous pouvez proposer au coaché de dresser le **portrait chinois** de son nouveau poste → *cf. Outil 18*. Par métaphores, vous définirez les points important du poste.
- Au regard des réponses au test du 360°, vous pourrez le challenger sur l'adéquation entre ses attentes et les aptitudes qui lui sont reconnues.
- En utilisant la **visualisation** → *cf. Outil 39*, vous permettrez au coaché de s'imaginer dans sa nouvelle configuration et vérifierez avec lui que cela lui convient bien.

Points de vigilance

✓ Lorsque le coaché est en phase de décision d'une nouvelle orientation, vous pourriez être tenté de le conseiller, d'être inductif. Pensez à vous mettre en position méta à intervalles réguliers et à formuler vos questions pour qu'elles soient les plus ouvertes et neutres possibles.

✓ En situation de fragilité ou de reconstruction, le risque de dépendance du coaché envers le coach est important, car celui-ci représente un interlocuteur du monde de l'entreprise qui a une attitude bienveillante envers lui. Attention cependant à garder la distance nécessaire pour ne pas prendre de posture de sauveur ou favoriser cette dépendance.

CONSEIL DE PRO

Le travail continue après la séance de coaching

Vous pouvez aider le coaché à confronter son projet professionnel à la réalité en l'incitant à faire un travail en intersession : recherche sur les métiers et les entreprises qu'il envisage, rencontre avec des experts de la profession ou du secteur, réflexions sur les qualités nécessaires pour le poste, lectures sur le métier...
Tout ce travail peut être fait en dehors du coaching, pour venir alimenter la discussion, mais ce n'est pas votre rôle de l'accompagner sur cela. Pour rester dans votre rôle de coach, vous pouvez l'orienter vers un conseiller en insertion, un cabinet d'outplacement ou de bilan de compétences qui mènera, en parallèle ce travail plus concret, et qui pourra ensuite lui donner le soutien logistique et technique dont il aura aussi besoin pour décrocher le poste.

INFO +

Connaître et accepter sa part de vulnérabilité

L'une des clés de la réussite de ce plan d'action est de faire le point à la fois sur les atouts mais aussi les points vulnérables du coaché, même si cela est parfois douloureux. Pour explorer les forces que représente l'acceptation de sa propre vulnérabilité, vous pourrez lire les ouvrages de Brene Brown, et en particulier ***Le Pouvoir de la vulnérabilité*** (cf. bibliographie) qui fait aussi l'objet d'un TED Talk très remarqué.

Les critères de réussite de votre plan d'action

→ Le coaché accepte les résultats du 360°, il en tire des axes d'amélioration et élabore des plans d'action.
→ Il a défini des domaines d'activité, des métiers et des environnements de travail qui semblent lui convenir.
→ Il parle de la manière dont il peut passer à l'action.

Objectif 5 Recourir à la créativité

Si le questionnement reste la base de l'activité du coach pour analyser et explorer les situations, les pratiques créatives permettent d'imaginer la construction de solutions, c'est pourquoi elles ont toute leur place en coaching, qu'il soit individuel ou collectif.

Ces outils font appel à des ressorts différents : ils nécessitent souvent de manipuler (des cartes, des pièces de bois, des Post-it…), de produire un nombre conséquent d'idées en lâchant prise sur le résultat, éventuellement de passer par le jeu ou l'imaginaire, les couleurs et les formes, pour ensuite se rattacher au réel et devenir un véritable levier de performance.

Le coach aura recours à la créativité pour rendre les coachés acteurs de leur transformation, puisqu'ils découvriront par eux-mêmes les solutions qui leur correspondent le mieux.

Mais surtout, ces outils laissent des traces du chemin parcouru, des tours et détours que les coachés ont empruntés pour arriver à leur résultat, des valeurs qui les ont guidés, et des expériences qu'ils ont menées pour construire le changement opéré.

Pour aider les coachés à recourir à la créativité :

- ✓ Les préparer à se lancer dans des activités inhabituelles par des starters ludiques et décomplexants.
- ✓ Proposer des activités créatives simples, ne nécessitant pas de compétences particulières ou d'outils qui pourraient rebuter les moins familiers.
- ✓ Valoriser tout autant le processus créatif que le résultat.
- ✓ Faire formaliser les résultats sous un format synthétique.
- ✓ Rendre visible le lien entre l'activité et l'univers des coachés afin que l'activité prenne tout son sens.

Les outils clés

Outil 24

Les stratégies de succès

Une modélisation de la manière dont nous nous y prenons pour réussir, transposable dans toutes les situations.

p. 80

Outil 25

Le brainstorming

Une méthode simple et très efficace pour produire un maximum d'idées nouvelles grâce à la dynamique de groupe.

p. 82

Outil 26

Le mind mapping

Une manière graphique de formaliser une situation, qui aide à organiser les idées et à prendre du recul.

p. 84

Outil 27

Le photolangage

Une activité qui utilise la symbolique afin d'exprimer les concepts complexes et les idées nouvelles au travers d'images.

p. 86

Outil 28

Les conversations externalisantes

Une prise de distance intéressante sur les problèmes pour en comprendre le fonctionnement et pour en réduire l'impact.

p. 88

Outil 29

La stratégie créative de Walt Disney

Un jeu de rôles qui permet de considérer une situation suivant des points de vue multiples, afin de faire émerger une solution nouvelle.

p. 90

Le plan d'action

Aider une entreprise à implanter un nouveau service . . . . .p. 92

L'entreprise évolue et souhaite se réinventer alors qu'elle change de locaux. Mais pour se donner toutes les chances de réussir, elle souhaite que les salariés soient partie prenante dans ce changement.

En utilisant des outils permettant de développer la créativité, le coach aura un levier puissant pour :

- **faire émerger idées et bonnes pratiques** pour l'organisation du lieu tout en les confrontant à la réalité du terrain et de l'activité ;
- **impliquer les équipes dans la mise en œuvre du projet**, en utilisant les ressources internes comme piliers de ce mouvement.

24 Les stratégies de succès

Présentation

Issu de la PNL, le travail sur les stratégies de succès est une méthode de décryptage des processus inconscients que nous mettons en place pour réussir. Il montre que, quel que soit le domaine évoqué (sport, business, création artistique...), nous utilisons une méthodologie identique pour nous conduire au succès. Il s'agit d'un outil de modélisation.

1. Le sujet choisit trois exemples de succès dans ses expériences passées.
2. Les succès sont décrits, détaillés et analysés à travers la grille suivante :
   - déclencheur : décision d'entreprendre ;
   - préparation : organisation du lancement de l'action ;
   - déroulement : comment l'action est vécue ;
   - bouclage : les critères de fin et de réussite ;
   - bénéfices : matériel, relationnel, intellectuel, psychologique ou autre.
3. Les 3 succès sont ensuite analysés, comparés entre eux, étape par étape, en listant les similitudes. Ils sont formulés de façon générale pour s'appliquer aux trois situations. Il faut rester concret et précis : phrases courtes, directes et affirmatives.
4. Les points communs des trois succès à chaque étape seront mis en lumière lors de la rédaction du modèle.
5. Le coaché valide le modèle rédigé et révise au besoin certains points pour une parfaite appropriation.
6. Le modèle sera ensuite appliqué à des situations futures en utilisant un objectif que le coaché souhaite atteindre. Pour ce faire, le coach lit lentement la stratégie de succès au coaché afin qu'il puisse, les yeux fermés, ou ouverts en fixant un mur blanc, vivre la procédure comme s'il assistait à un film dont il est l'acteur principal. Le coaché se visualise en train de réaliser son objectif en s'associant aux émotions décrites.

L'intérêt des stratégies de succès

Cet outil permet de :

- découvrir comment nous nous y prenons pour réussir ;
- constater que nous suivons un mode opératoire identique dans toute situation qui mène au succès ;
- reproduire et recréer les conditions et les actions qui conduisent au succès de façon consciente.

Pour l'utiliser

Cet outil peut être utilisé **en coaching individuel** :

- quelle que soit l'origine du succès : lointaine ou récente, en rapport ou non avec l'objectif ;
- en s'appuyant sur des succès qui n'ont aucun rapport entre eux ;
- à condition que le coaché garde un souvenir précis des succès vécus, pour pouvoir s'associer aux émotions du moment.

Les stratégies de succès

ANALYSE SUCCÈS n°1	CONTEXTE	RESSENTIS	RESSOURCES	RÔLE DES AUTRES	ACTIONS, ORGANISATION CHRONOLOGIQUE	OBSTACLES	CRITÈRES DE FIN
DÉCLENCHEUR							
PRÉPARATION							
DÉROULEMENT							
BOUCLAGE							
BÉNÉFICES							

COMPARAISON/ POINTS COMMUNS	SUCCÈS 1	SUCCÈS 2	SUCCÈS 3	MODÈLE
DÉCLENCHEUR				
PRÉPARATION				
DÉROULEMENT				
BOUCLAGE				
BÉNÉFICES				

Un exemple d'application

Irène souhaite connaître ses stratégies de succès, pour animer ses réunions d'une façon innovante et ludique. Elle choisit les 3 succès suivants : Succès 1 : examen d'entrée dans une grande école ; Succès 2 : apprentissage du crawl en natation ; Succès 3 : obtention de la mention « très bien » à son mémoire.

L'analyse des processus et leur comparaison aboutissent au modèle suivant :

1. « Au démarrage, il me faut l'envie de relever un défi, jugé réaliste, qui me permettra de me dépasser. »
2. « L'envie de réussir, de me faire plaisir et la croyance "sois toi-même et tu seras excellente" me donneront la motivation à l'élaboration du plan d'action. »
3. « Pendant l'action, j'ai besoin de me sentir appartenir à un groupe qui me ressemble. Je suis le plan d'action dans le calme, la puissance, le plaisir de faire de mon mieux. »
4. « Au moment de finir l'action, je ressens de la puissance (notion d'inébranlabilité) qui me stimule. »
5. « Les bénéfices de l'action me donnent le sentiment que tout est possible. Mes croyances positives sont renforcées et m'apportent de nouvelles ressources sur lesquelles m'appuyer lors d'un prochain défi. »

À chacune des étapes, le coach accompagne le coaché dans la description de chaque point, en reformulant et en l'amenant à affiner ses propos pour aboutir à des descriptions précises et synthétiques.

Les pièges à éviter

- **Donner trop de détails**, faire des phrases composées avec plusieurs actions.
- **Utiliser des formules négatives,** comme « ne pas » ou « essayer de ».
- **Écrire au passé.**
- Introduire des **jugements** : « c'est mal de... ».

25 Le brainstorming

Présentation

Le brainstorming, qui se traduit en français par « tempête de cerveau » ou « remue-méninges » est une création d'Alex Osborn. En 1939, il est vice-président de l'agence de publicité BBDO et élabore une méthode qui a pour objectif de permettre la génération d'idées nouvelles pour les clients de son activité publicitaire. Ensuite élargie à d'autres secteurs, la technique est aujourd'hui utilisée pour favoriser l'émergence d'idées au sein d'un groupe.

Sa mise en place aisée en a fait un outil plébiscité dès les années 1950. Cependant, au fil du temps, il a parfois été abandonné. En effet, malgré sa simplicité apparente, il obéit à quelques règles simples qui garantissent son succès.

C'est un incontournable de la boîte à outils du coach, et un excellent préalable à d'autres techniques comme le mind mapping (➜ *cf. Outil 26*), le World Café (➜ *cf. Outil 37*) ou la méthode Disney (➜ *cf. Outil 29*).

L'intérêt du brainstorming

Cet outil permet de :
- répondre à une question dont la solution nécessite des idées nouvelles ;
- libérer la créativité, de favoriser la phase de divergence créative ;
- permettre à chaque membre d'un groupe de pouvoir s'exprimer ;
- garantir l'égalité de traitement des idées ;
- sélectionner les idées les plus pertinentes et les plus créatives en fonction des données de départ et des attendus.

Pour l'utiliser

- Prévoir un grand espace pour écrire (pages de paperboard ou tableau blanc). Tous les mots ou idées doivent être visibles de tous.
- Fixer l'objectif au groupe : doit-il répondre à une question précise ou associer des idées à un mot, un concept ?
- Poser le cadre du travail : aucune idée ne mérite d'être censurée, chacun doit pouvoir s'exprimer, les propositions ne doivent pas être commentées ou jugées à ce stade de l'exercice ; la quantité est préférée à la qualité ; toutes les propositions sont notées.
- Pendant 20 minutes, noter toutes les propositions. Il est intéressant d'aller au bout de ce temps de réflexion, certaines idées novatrices n'apparaissant que tard dans le processus.
- Puis les classer en grandes catégories : éliminer celles qui sont similaires ou qui sont hors cadre.
- Analyser chaque ensemble au regard des attendus.
- Procéder ensuite à la sélection : réduire les grandes catégories pour ne retenir que la ou les idées valides pour le projet.
- Présenter le choix final au commanditaire de l'exercice.

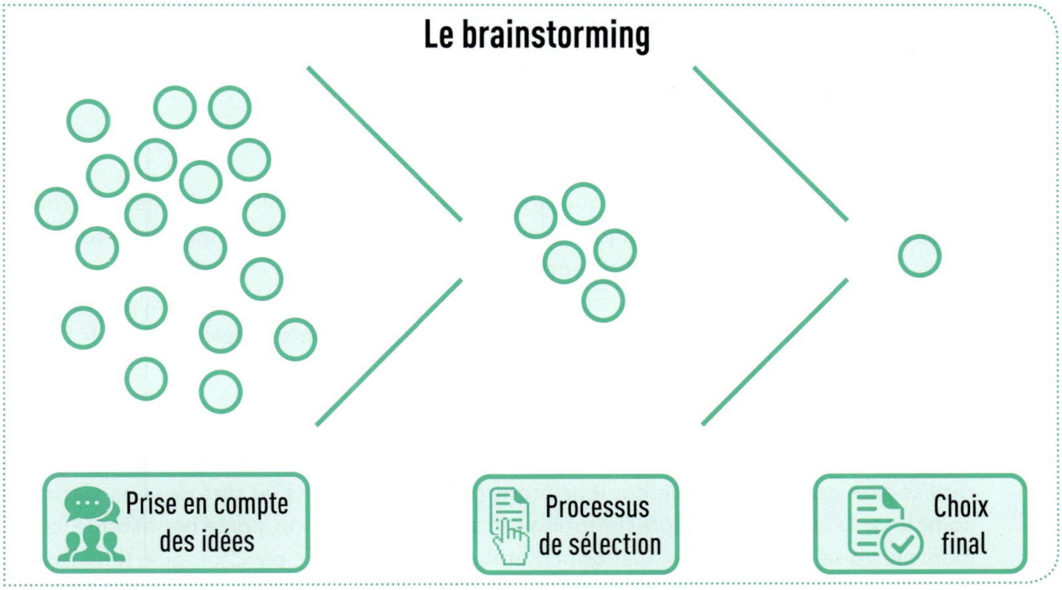

Un exemple d'application

Une start-up lance une nouvelle application et l'équipe ne trouve pas de nom commercial pour le produit. Devant son manque d'idée, le dirigeant propose un brainstorming. Il veut savoir comment les salariés et potentiels clients perçoivent l'application et ce qu'elle apporte, pour ensuite rechercher un nom en relation.

Il décide donc de leur poser la question suivante : « Quels sont d'après vous les bénéfices que nos utilisateurs pourront trouver en utilisant notre application ? »

Après une phase enthousiaste où tout le monde a proposé des mots, le groupe est devenu moins prolixe. Pour autant, il n'a pas arrêté l'exercice. Il a reposé la question en la modifiant légèrement : « Que loupent les personnes qui n'utiliseront pas notre application ? » Il a continué à enrichir sa liste pour obtenir environ 70 idées. Elles ont été regroupées en 7 grandes catégories (processus de sélection).

L'équipe a ensuite classé ses catégories par ordre d'avantage pour le client puis sélectionné les 3 premiers pour réfléchir au nom : choix final.

Les pièges à éviter

- Tomber dans **la communication non verbale** : même si le coach a rappelé les règles de liberté de parole en début de séance, les postures de certains participants peuvent mettre un frein à la spontanéité générale.
- Chercher le **« gain de temps » faux** : pour aller plus vite, on peut être tenté de noter les idées et de les regrouper en même temps. Or le fait de créer des grandes catégories pour regrouper démarre déjà le processus de convergence, ce qui limite la partie réellement créative.

26 Le mind mapping

Présentation

Le mind mapping est une technique qui consiste à représenter des idées sous forme graphique en indiquant le sujet principal dans un cercle ou un rectangle central, et les idées en relation sur des **branches partant du centre**. L'épaisseur des branches diminue lorsqu'elles s'éloignent du centre, ce qui signifie que les grosses branches supportent les idées principales, et les plus petites des sous-idées ou des points en relation avec le thème porté par la branche.

La personnalisation de la mind map

En plus d'indiquer des mots clés en relation avec l'idée centrale, la mind map est souvent réalisée en couleur, chaque couleur étant porteuse de sens, et des dessins viennent compléter le schéma. La représentation est appelée mind map, carte heuristique, carte mentale voire topogramme. Cet outil a été popularisé par le psychologue Tony Buzan, même si certains pensent que cette forme d'organisation des idées remonterait à Aristote !

L'intérêt du mind mapping

C'est un outil qui a de nombreuses utilisations, dont les plus courantes sont de :

- permettre de restituer des idées de manière intuitive en utilisant une représentation sous un format qui s'inspire de la façon dont le cerveau fonctionne ;
- prendre des notes et les synthétiser sous une forme graphique, facilement mémorisable, en identifiant les mots clés et en les illustrant pour favoriser leur restitution ;
- clarifier et prendre du recul sur une situation ou un concept.

C'est principalement dans ce dernier objectif que les coachs utilisent le mind mapping, lorsqu'ils souhaitent qu'un client puisse formaliser et analyser les différents aspects d'une situation.

Pour l'utiliser

- Prendre une feuille au format paysage, le seul format qui permette à l'œil humain de voir l'intégralité du contenu d'un seul coup d'œil.
- Proposer au coaché d'inscrire ou de dessiner, au centre de la feuille, le thème de la réflexion. Le thème pourra être entouré ou encadré.
- Pour chaque grand thème en relation, faire partir une branche épaisse du bord du cadre central vers l'extérieur. Utiliser des couleurs afin de bien distinguer les différentes branches qui porteront le nom du thème en capital.
- Pour chaque sous-thème, faire partir une branche plus petite sur laquelle le sous-thème sera inscrit.
- Illustrer les points clés par des dessins ou symboles.

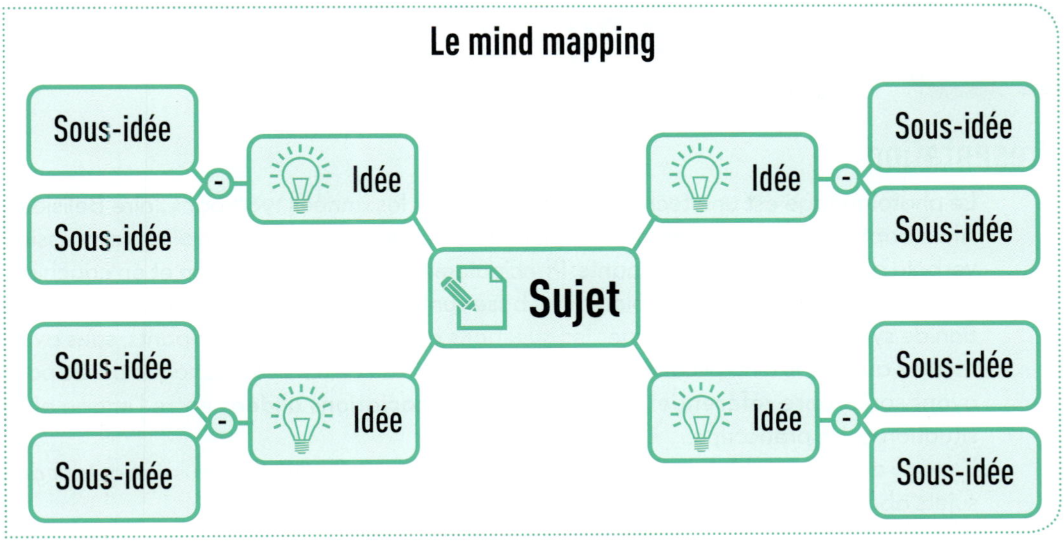

Un exemple d'application

Pierre est manager et occasionnellement chef de projet d'amélioration continue dans son service. Or il doute de sa capacité à réaliser ce projet car il se sent submergé par le travail et ne sait pas par où commencer.

Son coach lui propose de réfléchir à son projet sous forme de mind map. Il lui suggère donc de noter au centre d'une feuille le nom de son projet, « Amélioration continue », et lui demande quelles sont les grandes idées en relation avec le thème. Pour Pierre, le projet doit comprendre 3 grandes phases : l'identification des axes d'amélioration, la mise en place de changements et la mesure des résultats obtenus. Il décide de faire de ces 3 points les 3 grosses branches de sa carte.

Il les dessine et les nomme : identification, changement, mesure. Pour renforcer l'effet de l'exercice, il décide de dessiner des pictogrammes à côté de chaque thème : une loupe pour l'identification, deux flèches de sens opposé pour le changement, et un chronomètre pour la mesure.

Il explore ensuite les sous-étapes pour chaque point. Il trouve des idées en relation avec les thèmes et les indique sur des branches plus fines.

En fin de séance, il ne lui reste plus qu'à numéroter les idées par ordre de priorité. Il sent davantage qu'il maîtrise le projet, et arrive plus facilement à en visualiser le résultat final.

Piège à éviter

- **Trop intervenir dans la réalisation de la carte mentale du coaché**. En effet, celle-ci est la représentation graphique de sa manière de penser. Elle est donc par nature différente d'un individu à l'autre.

27 Le photolangage

Présentation

Le photolangage est une technique élaborée dans les années 1960 par Claire Belisle et Alain Baptiste, psychologues, qui ont choisi d'utiliser des images pour faciliter l'expression verbale d'un groupe de participants. Principalement utilisé en formation et en coaching, cet outil est facile à mettre en place. Il se base sur le principe que l'image permet l'utilisation de **symboles** qui font émerger les questions ou les idées des participants, sans avoir recours au mot ou à l'explication dans la première phase de l'exercice. Chaque participant ayant son propre **référentiel**, il peut faire des **associations d'idées** entre l'image et la situation qui le préoccupe.

L'image devient un **objet de questionnement indirect**, qui facilite la discussion autour des sujets abordés par le coach.

L'intérêt du photolangage

Cet outil est utilisable en groupe, en coaching individuel ou en formation, à toutes les étapes qui nécessitent qu'un participant prenne la parole. Il permet :

- de parler de soi ou de ses valeurs ;
- de présenter une personne, une entreprise ou une situation ;
- d'illustrer son propos par des images symbolisant le message ;
- de faciliter l'exploration du thème en utilisant l'image comme base de questionnement ;
- de décrire une situation existante ou d'imaginer une situation future à partir des éléments proposés par le coach ;
- d'illustrer un objectif, un idéal, une réussite, et d'en garder une trace visuelle qui servira d'aide-mémoire et d'ancrage.

Pour l'utiliser

- Sélectionner entre 40 et 80 images ou photographies à forte valeur symbolique. Le coach pourra utiliser des kits existants, collecter des photographies ou des cartes postales, voire découper des images dans des magazines ou imprimer des séries proposées sur Internet.
- Les disposer face visible sur une table ou à même le sol afin que chacun puisse les voir.
- Poser au groupe une question qui devra avoir pour réponse une ou plusieurs cartes de photolangage.
- Demander à chaque membre du groupe le choix d'une image représentative, selon eux, de la réponse à apporter à la question.
- À tour de rôle, leur demander l'explication de ce choix au groupe et au coach.
- Favoriser les questions d'approfondissement des autres membres du groupe pendant qu'une personne présente son choix de carte.

Le photolangage

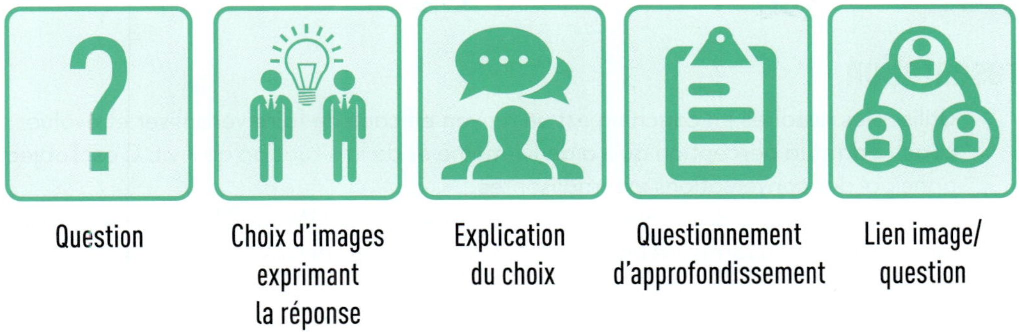

Un exemple d'application

Une entreprise vient de déménager. Les salariés vont devoir cohabiter au sein d'un open-space. C'est un grand changement de leurs conditions de travail.

L'entreprise a mandaté un coach pour favoriser l'acceptation du changement et la mise en place d'actions facilitant l'organisation et le travail au sein du lieu. Il propose aux membres de l'équipe concernée de travailler avec le photolangage.

Dans la première phase, le coach leur demande de choisir une seule carte représentant l'idée qu'ils se font du travail en open-space. Il recueille des symboles d'entassement, de bruit, d'exposition, de confinement, de tristesse. Et quelques images plus positives de partage et de convivialité.

Il les expose sur une table, puis propose aux participants de travailler collectivement pour recouvrir chaque carte problématique d'une seconde, qui en représente l'antidote.

Il obtient donc une seconde représentation, positive et enthousiasmante, qui lui sert ensuite de base pour imaginer des solutions de transformation de l'open-space afin de le rendre plus conforme aux attentes des participants.

Les pièges à éviter

- Laisser les participants prendre en main la carte qu'ils ont choisie car d'autres hésiteront à la choisir aussi.
- Considérer qu'une image est positive ou négative. Elles évoquent en chacun de nous des référentiels différents. L'explication de la carte est plus porteuse de sens que l'image elle-même. Il faut donc veiller à favoriser l'expression autour de la carte.
- Ne proposer qu'un seul étalage de cartes : il ne peut être considéré comme suffisant pour mener l'exercice à bien.

28 Les conversations externalisantes

Présentation

Utiliser les histoires en coaching est un moyen efficace de faire verbaliser et évoluer un coaché dans la perception qu'il a de lui-même et de la situation qu'il vit. C'est l'objectif principal des conversations externalisantes.

Cet outil est inspiré des pratiques narratives de Michael White. Thérapeute australien contemporain, il a formalisé une théorie et des pratiques professionnelles destinées principalement aux thérapeutes et aux coachs.

La conversation externalisante consiste à proposer au coaché de travailler sur **l'histoire de la situation** qu'il veut faire évoluer en **dissociant le problème de la personne** qui le subit, et de questionner le coaché sur le problème comme si ce dernier était un personnage dans une histoire (un monstre, un animal, ou un humain).

L'intérêt des conversations externalisantes

Par la narration d'une situation, le coaché peut prendre de la hauteur sur son vécu et :

- aborder des sujets complexes avec distance puisque le coaché est dissocié de ce qui le préoccupe ;
- nommer et comprendre le fonctionnement du problème en lui donnant une vie autonome ;
- analyser l'environnement et les circonstances dans lesquelles la situation a pu se développer ;
- faire évoluer les protagonistes afin de parvenir à un nouvel équilibre.

Pour l'utiliser

L'utilisation de cet outil obéit à une structure qu'il est important de respecter si l'on souhaite tirer les bénéfices de l'exercice. Le coach devra, dans l'ordre :

- aider le coacher à identifier et nommer la problématique, et la présenter à la 3e personne afin de renforcer ce sentiment de séparation entre le protagoniste et la situation ;
- aider le coaché à identifier les impacts de la problématique sur les différents domaines de sa vie (social, professionnel, émotionnel, personnel...) et sur lui-même ;
- demander au coaché d'avoir un regard critique sur la situation ;
- proposer de nommer le problème, avec la possibilité d'y ajouter un qualificatif ;
- explorer les différentes alternatives possibles face à cette situation ;
- rechercher des situations où le problème ne s'est pas manifesté (des exceptions) ;
- comprendre les conditions qui ont permis l'échec ;
- proposer un passage à l'action qui consiste à créer les circonstances d'échec du problème récurrent et à s'appuyer sur des personnes ressources.

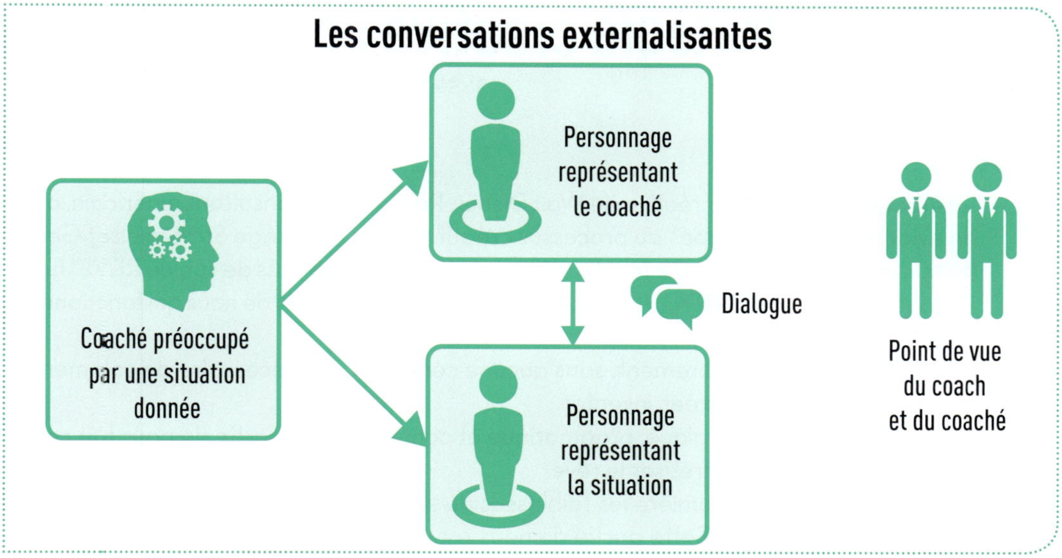

Un exemple d'application

Élise est stressée à l'idée de prendre la parole en public et se considère comme une oratrice ridicule. Afin de la dissocier du problème qu'elle rencontre, son coach lui a demandé de raconter l'histoire de ce qu'elle a nommé « la terreur du face à face ».

Élise explique que « la terreur du face-à-face » a toujours vécu à ses côtés, et que sa première apparition s'est faite en CP, alors qu'elle devait réciter une poésie, et que, depuis ce temps elle ne l'avait plus quittée.

Le coach questionne Élise en l'incitant à considérer sa problématique comme un objet extérieur à elle-même: « Quel impact a la chose sur vos domaines de vie, avec quelle graduation ? » La coachée répond.

Puis il interroge « la terreur du face-à-face » : « À quoi sert-elle, dans quelle situation s'épanouit-elle le mieux, quelle place tient-elle dans la vie d'Élise, quoi ou qui peut l'affaiblir ? » etc. La coachée répond en imaginant qu'elle prend le point de vue de la problématique.

Pour terminer, le coach aide la coachée à se projeter dans la recherche de solutions : « Y a-t-il des situations dans lesquelles Élise ne la laisse pas rentrer dans sa vie, et si oui, dans quelles circonstances ? »

Grâce à ces questions, Élise peut reprendre confiance en sa capacité à agir contre sa problématique, car elle a une meilleure connaissance de son fonctionnement.

Piège à éviter

- **Laisser le coaché démuni** face à un exercice qui demande à la fois une grande introspection et de la créativité. Le coach pourra matérialiser les protagonistes par des objets (stylos, pions, bonshommes en bois...) pour représenter le point de vue adopté.

29 La stratégie créative de Walt Disney

Présentation

En étudiant la stratégie créative de Walt Disney, Robert Dilts, consultant américain, a mis en évidence les trois étapes du processus créatif dans son ouvrage *Strategies of Genius* (1994). La stratégie repose sur l'exploration du sujet selon les points de vue du RÊVEUR, du RÉALISATEUR et du CRITIQUE, qui correspondent à des parties de nous qui fonctionnent très différemment.

Le RÊVEUR s'exprime librement, sans aucune censure. Il est nécessaire de commencer par rêver pour innover, créer, inventer.

Le RÉALISATEUR est logique, pragmatique et concret. Cette partie de nous fait ce qui est nécessaire pour concrétiser le rêve.

Le CRITIQUE : met en lumière les faiblesses du système. Il interroge les manquements, les éléments superflus. Cette partie de nous est centrée sur l'observation critique et la projection pour anticiper les inconvénients à venir.

La position « MÉTA » apporte une vision d'ensemble, du recul.

Les étapes

a. **Poser le décor** : le coach inscrit les mots RÊVEUR, RÉALISATEUR, CRITIQUE et MÉTA, chacun sur une feuille de papier qu'il installe sur le sol (cf. schéma ci-contre).

b. **Trouver les ressources** : le coaché se place sur l'espace MÉTA et se remémore un moment où il a été amené à rêver pour imaginer ou inventer (n° 1, 2 et 3 du schéma).

c. Il se place sur **l'espace RÊVEUR** (n° 4 du schéma), où le coach lui demande de s'associer à sa partie rêveuse, de se souvenir de son état d'esprit, des postures corporelles utilisées et des émotions ressenties (c'est ce que l'on appelle en PNL « faire un ancrage spatial »).

d. **En position MÉTA,** le coaché procède de la même façon (**b.** et **c.**) avec les mots RÉALISATEUR (n° 5 du schéma) et CRITIQUE (n° 6 du schéma).

e. **Appliquer le modèle au projet du coaché** (n° 7 du schéma) : dans les espaces RÊVEUR, le coaché imagine son projet, RÉALISATEUR, il élabore le projet et CRITIQUE, il observe et formule des améliorations. À chaque changement d'espace, le coaché repasse par la case MÉTA afin de se dissocier de l'émotion liée à l'espace qu'il vient de quitter.

f. **Réviser le projet au regard des critiques** : le coaché recommence l'étape **e.** pour améliorer son projet.

Pour l'utiliser

Cet outil peut être utilisé **en coaching individuel ou collectif** :

- dans l'espace, en marquant au sol les emplacements ;
- avec de la musique à l'étape finale pour dynamiser le processus.

La stratégie créative de Walt Disney

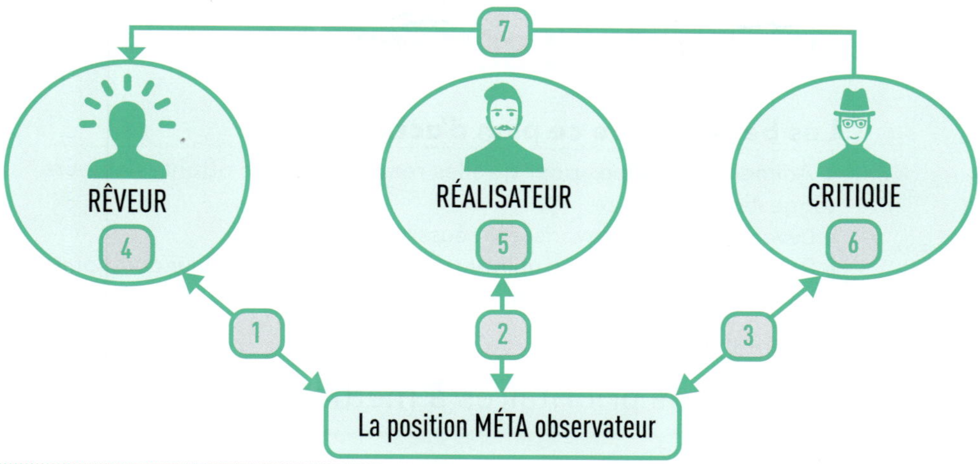

Un exemple d'application

Claude, manager, a pour objectif de renforcer la cohésion de son équipe.
À l'invitation de Nathalie, sa coach, Claude, en MÉTA, se remémore une surprise qu'il avait imaginée pour enterrer la vie de garçon d'un ami. Il revit cet état dans l'espace RÊVEUR. En MÉTA, il repense à la conduite d'un projet d'étude transverse. Il revit cet état dans l'espace RÉALISATEUR. À nouveau en MÉTA, il se souvient d'avoir fait partie d'un jury d'examen. Il revit cet état dans l'espace CRITIQUE.
Nathalie invite alors Claude à appliquer le modèle à son projet de cohésion d'équipe.
Dans l'espace RÊVEUR, les idées fusent : le match de foot, les bières, la boîte de nuit...
Dans l'espace RÉALISATEUR, il choisit le match, valide la date, le budget, le bus privatisé...
Dans l'espace CRITIQUE, il réalise que son équipe est en partie composée de femmes qui n'adhèrent pas forcément au football, et que sa soirée risque de ne pas être au goût de tous !
De retour chez le RÊVEUR, il imagine un voyage au Maroc.

Après avoir visité plusieurs fois tous les espaces, Claude finalise son projet qui se traduira par un week-end au Maroc, avec un jeu collectif pour la cohésion et des temps optionnels pour que chacun choisisse un moment de détente.

Les pièges à éviter

- **Oublier de vérifier à chaque étape** que le coaché se trouve émotionnellement associé à l'espace concerné.
- **Négliger la position MÉTA** qui permet de prendre du recul.
- **Perdre patience** lorsque le coaché n'arrive pas à s'associer.
- **Laisser le critique intervenir trop prématurément** et bloquer les idées du rêveur en cours de production.

Plan d'action

Aider une entreprise à implanter un nouveau service

Les bénéfices de ce plan d'action

- Animer ses équipes pour qu'elles remontent leurs attentes et leurs suggestions.
- Lever les freins et favoriser la réussite du projet.
- Permettre aux salariés d'utiliser toute leur créativité et leur autonomie pour mener à bien l'implantation.

Les actions prioritaires à mettre en œuvre

Faire émerger idées et bonnes pratiques (voir ci-dessous)

Impliquer les équipes dans la mise en œuvre du projet (voir p. 94-95)

Faire émerger idées et bonnes pratiques

Pourquoi ?

La direction souhaite créer des groupes de réflexion, ce qui permettra de :

- mieux comprendre les contraintes et attentes du terrain ;
- profiter du déménagement pour repenser les pratiques professionnelles ;
- rassurer les salariés face au changement ;
- permettre à ceux qui le souhaitent de s'investir dans un projet, donc de rompre avec le quotidien, et de développer leurs compétences.

Avec quels interlocuteurs ?

- Le CODIR travaillera avec le coach en amont, pour structurer les sessions de travail.
- Ensuite, les coachs d'équipe travailleront avec les équipes.
- Les membres du CODIR peuvent être présents en tant que facilitateurs.
- L'animation se fera idéalement avec tous les salariés concernés, pour les rassurer et recueillir un maximum de regards sur la situation.

Avec quels outils ?

L'objectif de cette phase est de faire apparaître de nouvelles manières de fonctionner et de se projeter dans la nouvelle organisation. Pour cela, le coach pourra suggérer des activités de type :

- photolangage → *cf. Outil 27* ;
- dessins ou modélisation de la situation future ;
- World Café → *cf. Outil 37*.

Comment mettre l'action en œuvre ?

Pour être efficace, l'action devra se dérouler sur une journée entière.

- Temps d'accueil et ice-breaker pour mettre le groupe dans la dynamique.
- Rappel du contexte de la journée, de la vision du manager sur le projet, et des livrables attendus en fin de journée.
- Mise en place d'une activité de **photolangage** en petits groupes (4 à 6 personnes) pour illustrer les contraintes de l'implantation actuelle et donc des points qu'il faudrait faire évoluer dans l'implantation future, puis partage au groupe.

- Après mélange des groupes, création d'un **wishboard** pour visualiser l'idéal dans l'atelier à implanter. Ce wishboard pourra être fait sur papier mais aussi sur ordinateur et projeté, ce qui permet d'intégrer des photos de l'atelier actuel. Le recours à un facilitateur graphique ou informatique permet de gagner en temps et en qualité.
- **World Café** autour des questions suivantes :
  - Quels services/partenaires seront impactés en amont et en aval de notre atelier ? Quels sont leurs impératifs ?
  - Qu'emporterons-nous de l'ancien atelier dans le nouveau ? De quoi nous séparerons-nous ? Que doit-on acquérir de manière indispensable pour bien fonctionner ?
  - Comment les flux (matières, produits finis, hommes, outils…) doivent-ils circuler dans notre atelier ?
- Dessinons notre atelier : par groupes de 4 ou 5, idéalement de fonctions différentes, on effectue une représentation graphique de l'atelier idéal.
- Présentation des différents projets au groupe entier.
- Clôture par le ou les coachs puis par le dirigeant. Cette dernière intervention aura été répétée en amont afin de s'assurer qu'elle sera enthousiaste, motivante et rassurante.

Point de vigilance

✓ La clôture de la journée est un exercice délicat. Le coach devra faire réfléchir son coaché à l'importance d'être transparent sur l'utilisation qui sera faite de leur travail, afin d'éviter toute déception.

CONSEIL DE PRO

Le bon endroit pour faire émerger la créativité

Les coachings d'équipe de type créatif, tel que celui qui est proposé dans ce plan d'action, nécessitent un cadre propice à la réflexion et à la discussion. Des espaces bien délimités, ou de petites salles favorisent la discussion de groupe.

La convivialité est essentielle pour que les participants aient plaisir à s'attarder à chaque table de travail. N'hésitez pas à disposer biscuits et bonbons à proximité, la forme permettant de créer les conditions pour l'émergence du fond.

INFO +

Susciter la créativité

Nous sommes tous créatifs au quotidien, et pas uniquement à travers des productions artistiques. Maslow disait : « Un excellent potage prouve plus de créativité qu'une médiocre peinture. »
Pourtant, en tant que coach, vous serez probablement confrontés à des personnes qui vous diront « ne pas être créatives ».

Cette croyance peut les empêcher de se libérer. Vous aurez donc probablement à faire tomber des croyances autour de la créativité en proposant, en starter, un temps simple de créativité, accessible à tous (réalisation d'un dessin, d'un pliage en papier par exemple), qui vous permettra de lancer l'élan créatif du groupe.

Impliquer les équipes dans la mise en œuvre du projet

Pourquoi ?

En cas de déménagement, l'entreprise devra faire appel à des experts. Cependant, en choisissant d'intégrer des salariés dans la réalisation de certaines tâches, elle pourra :

- s'assurer de la bonne transmission des attentes et valeurs de l'entreprise ;
- s'assurer que les décisions prises pour le nouvel emplacement sont pertinentes pour les personnes de terrain ;
- faire émerger des leaders au sein du personnel, et donner à certains l'occasion de s'impliquer dans de nouvelles activités et donc de retrouver une nouvelle motivation.

Avec quels interlocuteurs ?

- Des membres de la direction qui auront un temps dédié pour travailler sur les différents projets.
- Des salariés choisis pour leur connaissance de l'entreprise et de leur métier. Et qui sont volontaires pour avancer sur les sujets. Eux aussi devront avoir un temps dédié pour réaliser ces projets.
- Les représentants élus du personnel : délégués du personnels, membres du CHSCT qui ont un avis à donner sur les conditions de travail.

Avec quels outils ?

On utilisera :

- des groupes de codéveloppement → *cf. Outil 58* ;
- la méthode Disney → *cf. Outil 29* ;
- des réunions périodiques ;
- des suivis de plans d'action.

Comment mettre l'action en œuvre ?

En amont de l'action de coaching, l'entreprise :

- définira les grands ensembles d'actions à réaliser pour mener à bien le projet ;
- choisira les prestataires nécessaires et les salariés qui pourront être impliqués, valider avec leurs managers qu'ils auront le temps pour travailler sur d'autres missions.

Le coach pourra ensuite intervenir pour :

- Lancer puis animer les **groupes de codéveloppement** sur les différents sujets portés par les salariés. Sur cette activité, il aura une posture de garant des règles.
- Animer des temps de travail suivant la **méthode Disney** pour creuser des sujets qui n'ont pas encore été suffisamment étudiés, afin de définir le cahier des charges du prestataire par exemple.
- Faciliter les discussions, faciliter la gestion des tensions si nécessaire et apporter une vision méta sur les **réunions périodiques** de projets.
- Questionner sur **l'avancement des plans d'actions** et lever les freins en cas de besoin.

Un tel projet peut faire émerger des résistances au changement. Plus les salariés se sentiront impliqués, plus le projet aura des chances d'aboutir et d'avoir des conséquences positives pour l'entreprise.

Point de vigilance

✓ Là encore, le coach n'est pas chef de projet. Son action se concentrera sur la dynamique du groupe, la facilitation des échanges, et éventuellement la médiation. Il n'interviendra pas sur les plans d'action en tant que conseil.

CONSEIL DE PRO

Délimitez les cadres d'intervention !

Dans ce type d'intervention, le coach doit pouvoir travailler main dans la main avec le chef de projet.
Pour éviter tout sentiment de concurrence, le cadre doit être posé très clairement avec lui avant le début de la prestation. C'est le chef de projet qui donnera les orientations du coaching d'équipe, en concertation avec la direction. Le coach devra s'assurer qu'il y a bien une demande de ce dernier avant d'intervenir.
Il devra aussi rester très ferme sur son obligation de confidentialité s'il est sollicité par la direction.

QUOI DE NEUF ?

Le coaching interne

Lorsqu'une entreprise a un projet de grande envergure à mener et qu'elle souhaite accompagner le changement en mode coaching, elle peut aussi choisir de former certains de ses managers, responsables RH ou chefs de projets au coaching interne. Ils peuvent alors être chargés d'animer des coachings individuels et d'équipe, et donc être impliqués dans la mise en place du changement.
Si l'idée est séduisante, car elle permet de faire monter en compétence des collaborateurs, de les outiller sur le long terme avec des techniques et une posture transposables à d'autres situations, il y a cependant quelques précautions à prendre.
Tout d'abord, l'entreprise devra prendre soin d'en former un nombre suffisant pour permettre le travail en binôme, car il est encore plus délicat de garder une distance de coach quand on est techniquement compétent pour le projet sur lequel on assure le coaching.
Elle devra choisir une formation adaptée, et sur le long terme, afin d'ancrer la posture spécifique du coach auprès des collaborateurs. Elle proposera aussi une supervision adaptée.
Enfin, elle veillera à définir clairement les missions de ces coachs, à leur accorder un espace et un temps dédiés pour exercer leur mission.
Les coachs, de leur côté, auront tout intérêt réaliser et soumettre à leur direction une charte de coaching, qui posera le cadre de l'exercice de leur fonction, en insistant sur les aspects de confidentialité de leur action et sur les limites du travail qu'ils peuvent réaliser avec leurs propres collaborateurs.

Les critères de réussite de votre plan d'action

- Le manager a fait produire à ses équipes un travail de qualité qui conduit à des actions pratiques pour implanter l'atelier.
- Le manager constate que les équipes adhèrent au projet et souhaitent être acteurs dans sa mise en place.

Objectif 6 Aider le coaché à trouver ses sources de motivation

Motiver vient du latin *movere* qui signifie mettre en mouvement, mais aussi « susciter l'émotion ». Lorsqu'on parle de motivation en entreprise, on entend généralement le fait de faire faire une action à une personne, de lui donner l'envie d'agir, de s'impliquer.

Il faut distinguer la motivation de la volonté. La volonté est un exercice mental, une contrainte mentale pour faire quelque chose. Elle peut amener un individu à réaliser un acte donné. Mais au prix d'un effort important. C'est une orientation « cérébrale ».

La motivation, elle, vient du corps et du cœur. C'est l'émotion qui donne envie d'entrer en action, de manière légère et agréable, sans effort, et sur la durée. La personne devient alors sa propre source de motivation.

Le coach a la fonction de connecter son coaché à son émotion pour trouver ce qui lui donne envie d'être en mouvement, dans le rythme qui lui est propre. Il doit permettre de questionner à la fois la tête, le corps et le cœur pour donner un sens aux engagements professionnels ou personnels de ses coachés.

Pour aider les coachés à trouver leurs sources de motivation :

- ✓ Leur faire prendre conscience de leurs besoins et de leur niveau de satisfaction actuelle, de leur capacité à les satisfaire et donc à être plus épanouis.
- ✓ Les aider à prendre du recul sur les motivations externes qui les poussent à agir, et vérifier qu'elles sont alignées avec leurs motivations internes (leurs valeurs, leurs aspirations…).
- ✓ Les faire réfléchir au sens qu'ils donnent à leur pratique professionnelle.
- ✓ Leur permettre de se connecter à eux-mêmes pour trouver, en eux et chez leurs collaborateurs, des sources de motivation durables.

Les outils clés

Outil 30

La pyramide de Maslow

Trouver les sources de motivation et les étapes à franchir pour avancer dans l'épanouissement.

p. 98

Outil 31

Les niveaux logiques

Mettre en évidence les freins à l'action afin de permettre de les lever, et renforcer la motivation en la rattachant à un bénéfice supérieur pour la personne.

p. 100

Outil 32

La matrice Hersey et Blanchard

Analyser les équipes en fonction de leur maturité, pour les inciter à mettre en place un leadership situationnel.

p. 102

Outil 33

Le SCOREA

Explorer l'objectif du coaché, le clarifier en profondeur pour identifier les outils permettant d'apporter les ressources nécessaires à l'atteinte de l'objectif.

p. 104

Outil 34

Le carré magique

Voyager au centre de l'objectif du coaché pour renforcer la motivation en y ajoutant un sens profond.

p. 106

Outil 35

Les métaphores

Apporter un regard différent sur la problématique et faire émerger des solutions nouvelles.

p. 108

Le plan d'action

Aider un manager à remotiver ses équipes . . . . p. 110

Lorsqu'un manager constate que son équipe est en perte de motivation, il veut pouvoir prendre du recul sur les raisons du changement, et mettre en place les actions pour redynamiser le collectif.

Le coach pourra l'amener à prendre du recul sur son équipe et à **diagnostiquer les besoins de chacun au sein de l'équipe** en matière de relationnel et de management. Il lui permettra de faire le point sur son implication dans la dynamique du groupe et sur sa part de responsabilité.

En ayant pris ce recul, il pourra ensuite l'amener à adapter son management pour créer les conditions de la performance et du développement des salariés. Il **permettra à chacun d'apporter sa meilleure valeur ajoutée**, quel que soit son niveau de compétences.

30 La pyramide de Maslow

Présentation

Le psychologue Abraham Maslow a développé une théorie selon laquelle l'homme est motivé par le fait de satisfaire ses 5 besoins fondamentaux, hiérarchisés et représentés sous forme d'une pyramide (cf. *Motivation and personality*, New York, Harper and Row, 1954). Cette représentation a fait et fait encore l'objet de nombreuses critiques, mais sa simplicité apparente et les nombreuses applications que l'on peut y trouver lui conservent encore beaucoup d'adeptes.

- **Besoins physiologiques**, à la base de la pyramide : ils sont nécessaires à la survie (manger, boire, dormir, avoir un toit, etc.). Dans nos sociétés, l'argent et le travail nous permettent d'y subvenir.
- **Besoins de sécurité** : garantir la pérennité de la satisfaction des besoins physiologiques (garantie de revenus, assurances, protection sociale…).
- **Besoins d'appartenance** : l'amour, l'affection, l'amitié, l'appartenance et l'identification à un groupe, la relation avec les autres.
- **Besoins d'estime** :
  - besoin d'**estime de soi** : satisfait par la conscience de ses propres qualités (se fixer un défi à soi-même) ;
  - besoin de reconnaissance **par les autres** : réputation, marques de statut social, signes de prestige…
- **Besoins de réalisation de soi** : rendre réelle l'image idéale que l'on a de soi. Se réaliser en faisant quelque chose qui donne du sens à notre vie, parvenir au sentiment d'apporter notre contribution au monde.

Pour Maslow, lorsque les besoins élémentaires sont satisfaits, l'individu cherche à satisfaire les besoins d'ordre supérieur pour alimenter ses motivations. Un besoin d'ordre supérieur ne peut être satisfait que si les précédents le sont. Les besoins fluctuent au cours de la vie en fonction de l'âge, de l'expérience acquise, des circonstances du moment.

L'intérêt de la pyramide de Maslow

Cet outil permet :

- de trouver ce qui motive le coaché pour déclencher l'action ;
- d'aider le coaché à identifier de quoi il aurait besoin pour se sentir mieux ;
- de prendre du recul sur le sens que le coaché donne à sa vie professionnelle et privée.

Pour l'utiliser

Cet outil peut être utilisé en coaching individuel :

- pour évaluer la pertinence d'une orientation professionnelle ;
- à titre de grille d'analyse et de recherche d'informations.

La pyramide de Maslow

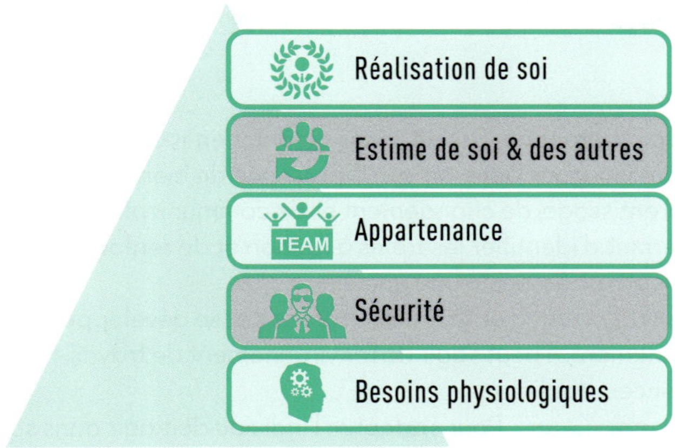

Un exemple d'application

Loïc, électromécanicien dans une entreprise de voirie, est motivé dans son travail, mais il culpabilise, car il considère qu'il devrait être heureux et pourtant… il ne sait plus pourquoi il se lève le matin.

Delphine, son coach, commence par questionner les besoins physiologiques : *Est-il satisfait de son niveau de salaire ?* Il considère que son salaire est correct.

Delphine aborde les besoins de sécurité : *A-t-il des inquiétudes sur la pérennité de l'entreprise, ou de son poste ?* Pas de d'inquiétudes particulières, la société se porte bien et son type de poste est très recherché.

Delphine passe alors aux besoins d'appartenance : *Qu'en est-il de ses relations professionnelles, est-il fier de travailler dans cette entreprise ?* Loïc ne rencontre pas de problèmes non plus dans ces domaines.

Au niveau des besoins d'estime, Loïc affirme être reconnu dans son travail comme un très bon spécialiste. Ses évaluations sont excellentes. En revanche, il avoue ne pas être très fier de lui, il considère qu'il n'a pas de mérite à bien faire son travail, puisque c'est ce pour quoi il est payé.

Quand Delphine demande à Loïc ce qui pourrait le rendre fier, il répond qu'il aimerait relever des défis qui l'obligeraient à se dépasser. Le sujet de travail est alors tout trouvé ; il convient d'aider Loïc à déterminer son objectif avec précision (→ *cf.* Outil 5). Sa coach pourra lui faire exprimer quel genre de défi il pourrait relever, quelles sont les ressources, les obstacles et la satisfaction qu'il pourrait en tirer.

Les pièges à éviter

- **Négliger d'explorer tous les échelons de la pyramide** en pensant qu'ils sont inutiles ou que la réponse est évidente.
- **Décider à la place du coaché** qu'il a un problème à un niveau de la pyramide.

31 Les niveaux logiques

Présentation

Robert Dilts, consultant américain, a mis au point en 1983 cet outil de PNL, en s'inspirant des travaux de Gregory Bateson sur la présence de hiérarchies naturelles dans les processus d'apprentissage, de changement et de communication (les niveaux logiques de la pensée). Il permet d'identifier les freins à l'action et de renforcer la motivation.

À chaque niveau est associée une question :

- **Environnement** : **Quand** et **Où ?** Pour survivre et se développer, l'individu doit s'adapter à son environnement. Il peut s'agir de l'environnement de travail, familial, du cercle d'amis, des circonstances, des lieux.
- **Comportement** : **Quoi ?** Pour s'adapter, l'individu doit agir dans son environnement.
- **Capacités** : **Comment ?** Pour cela, il faut savoir comment il le fait, quelles stratégies il met en place pour traiter son expérience.
- **Valeurs/Croyances** : **Pourquoi ? Pour quoi ?** Pour mettre en œuvre ces capacités, il faut qu'une raison impérieuse l'y pousse : croire que c'est bien, nécessaire.
- **Identité** : **Qui ? Quel rôle veut-il avoir ?** Au service de quelle mission ? Ces valeurs déterminent qui il est.
- **Appartenance** : **Avec qui ?** Le projet de vie prend son sens dans les groupes auxquels appartient l'individu. La ou les personnes avec lesquelles l'individu partage les grandes valeurs, une vision similaire du monde.

Lorsqu'une personne présente une difficulté, on va s'attacher à rechercher à quel niveau logique elle se situe.

Règle n° 1 : chaque niveau a pour fonction d'organiser l'information au niveau qui le précède. Ainsi, pour résoudre le problème à un niveau, il convient de s'attacher au niveau supérieur.

Règle n° 2 : un changement à un certain niveau entraîne des changements aux niveaux inférieurs, mais pas forcément aux niveaux supérieurs.

Règle n° 3 : les niveaux logiques sont dits « alignés » lorsque tous les niveaux sont en cohérence.

Règle n° 4 : chaque niveau est régi par des lois distinctes nécessitant l'utilisation d'outils adaptés.

Pour l'utiliser

Cet outil peut être utilisé :

- après avoir préalablement fait une détermination d'objectif (→ *cf. Outil 5*) ;
- dans le cas où une personne a besoin de renforcer sa motivation ;
- en coaching individuel ou collectif (on parlera alors d'identité de groupe) ;
- dans l'espace, en marquant au sol les 6 niveaux ;
- autour du schéma reproduit sur un paperboard.

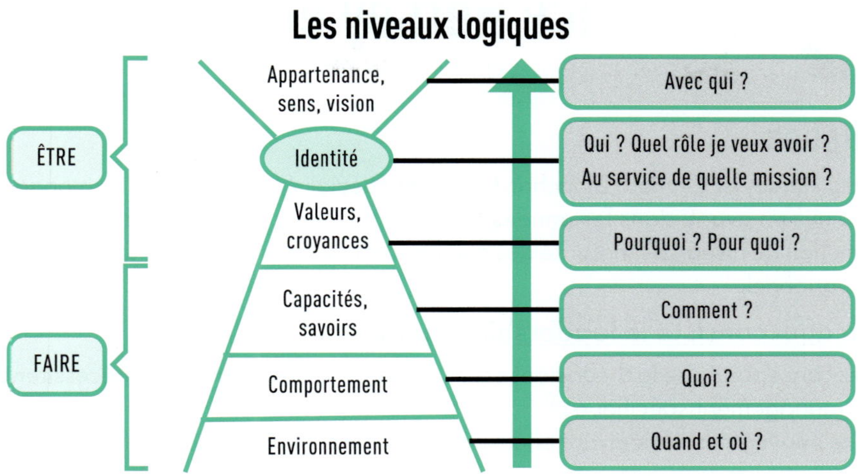

Un exemple d'application

Marie, enseignante dans une université, souhaite améliorer ses prestations orales en public. Noémie (coach) place au sol les feuilles de façon à marquer une progression comme représenté sur le schéma.

Pour identifier où se situe la difficulté éventuelle :

Elles se placent ensemble sur la feuille Environnement puis Comportement. Concernant les Capacités, Marie dit qu'elle *sait* ce qu'il faut faire mais qu'elle *n'y parvient pas*.

Noémie va devoir explorer le problème au niveau Valeurs et Croyances. Marie déclare qu'elle ne *peut pas* réussir. Noémie cherchera un outil pour l'aider à changer sa croyance.

Pour renforcer la motivation :

Faisons l'hypothèse que la problématique sur les valeurs a été résolue. Noémie et Marie explorent alors l'Identité et l'Appartenance. Marie voudrait ressembler à son enseignant d'histoire. Elles interrogent à nouveau chaque niveau logique en s'appuyant sur cette motivation.

Environnement : les étudiants sont novices et veulent apprendre. Comportement : je captive avec des métaphores. Capacités : j'ai les capacités suffisantes. Valeurs, croyances : je peux transmettre ma passion. Identité : je me réalise pleinement ainsi. Appartenance : je poursuis le chemin de ce grand professeur.

La motivation de Marie se renforce à chaque étape : Noémie lui fait visualiser dans le futur d'autres interventions en public afin d'ancrer le sentiment de réussite.

Les pièges à éviter

- **Laisser retomber l'émotion** créée par le niveau de **l'appartenance** avant de repasser par toutes les étapes.
- Laisser le coaché **faire dériver son sujet vers un autre niveau** que celui que l'on aborde.
- Tenter de résoudre **des problèmes qui relèvent de la psychothérapie**.

32 La matrice Hersey et Blanchard

Présentation

Paul Hersey et Kenneth Blanchard sont des spécialistes américains du management qui ont mis en avant, dans les années 1970, l'importance d'un management différencié en fonction du niveau de maturité des collaborateurs. Il en résulte leur théorie du leadership situationnel.

En quoi consiste le leadership situationnel ?

Les concepteurs de la théorie ont établi 4 catégories de salariés, qui nécessitent chacune un management spécifique :

- **Le nouveau** – salarié ayant encore peu de compétences mais une forte motivation – va nécessiter un style encadrant, avec de nombreuses explications pour donner du sens, des retours réguliers pour accompagner la montée en compétences et la valorisation. L'objectif est de le former et de maintenir sa motivation.
- **Le pilier** – très motivé et compétent – souvent grand oublié du management, car il travaille bien et ne fait pas de bruit, a besoin d'un style délégatif et de missions valorisant son expertise.
- Pour accompagner **le fardeau** – peu compétent et peu motivé –, un style directif permettra de s'assurer que les tâches confiées sont réalisées correctement.
- Pour **le démotivé** – compétent mais peu motivé –, le mode participatif permettra de recréer de la motivation et de mettre en valeur les compétences.

L'impact dans le quotidien du manager

Ce modèle implique que le manager ne voie plus son équipe comme un ensemble homogène, mais comme un regroupement d'individualités qu'il faut soutenir et accompagner de manière spécifique.

L'objectif ultime devient le développement de l'autonomie, des **compétences** ainsi que la **motivation** interne de chacun, qui vient s'auto-alimenter par l'intérêt et le sens donnés aux activités quotidiennes.

L'intérêt de la matrice Hersey et Blanchard

Cet outil permet de :

- faire le diagnostic d'une équipe en fonction du niveau de compétences et de motivation de chacun ;
- réfléchir à un management individualisé par salarié ;
- prioriser les actes managériaux en fonction du potentiel de développement des salariés ;
- suivre l'évolution de chacun des salariés de manière périodique, et donc de faire un point sur les impacts de son management.

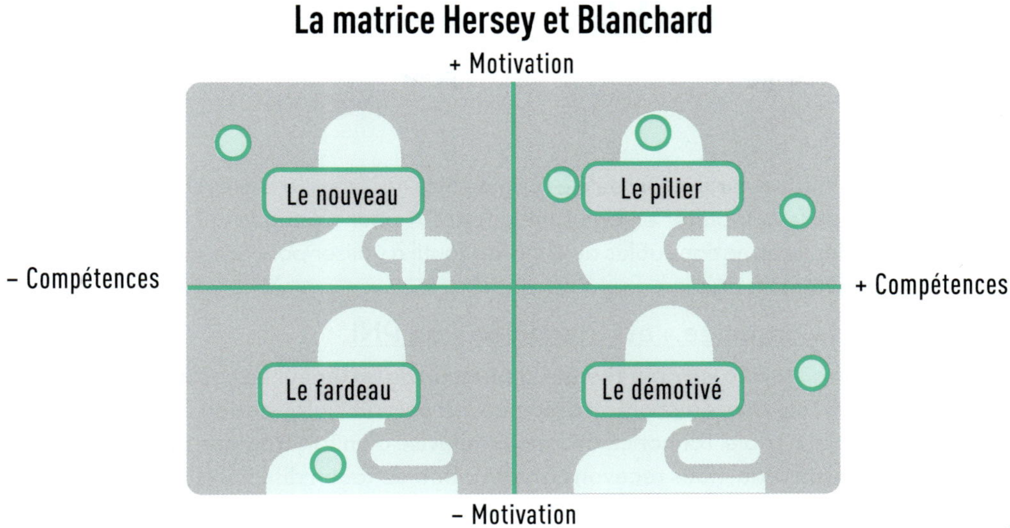

Un exemple d'application

Un manager vient d'arriver à la tête d'un service de 5 personnes. Il a très tôt voulu prendre les choses en main, il contrôle l'activité de son équipe et veut les former à sa manière de fonctionner. Mais il sent bien que tous ne sont pas enthousiastes. Il ne comprend pas que ses salariés, pourtant décrits comme performants et motivés, traînent les pieds.
Son coach lui a proposé de les positionner sur la matrice. Il a constaté que l'équipe se répartissait en 3 catégories :

- un pilier en perte de motivation – c'est la personne dont il est le plus proche ;
- trois démotivés – qui font leur travail, sans plus ;
- un fardeau – qui lui prend énormément de temps, car il fait beaucoup d'erreurs, et que le manager veut faire progresser.

En réalisant cela, le manager décide de revoir son plan de management. Il choisit alors de s'occuper plus et mieux de son pilier. Au lieu de lui donner régulièrement les tâches que personne ne veut, il choisit de lui proposer des activités plus complexes et pour lesquelles il est compétent.
Il propose à ses démotivés de participer à des projets, auparavant confiés au pilier. Et les valorise à chaque réussite.
Il passe moins de temps avec son fardeau, est très clair sur ses objectifs. Il lui propose des activités très simples, et le félicite si cela fonctionne, puis monte graduellement la difficulté.

Les pièges à éviter

- **Oublier que les salariés sont en évolution permanente** : il est donc nécessaire de réévaluer régulièrement leur positionnement,
- **Faire un plan d'action par groupe de salariés** : le principe du management situationnel est de réaliser ensuite un plan individuel.

33 Le SCOREA

Présentation

Issu de la PNL, cet outil est appelé à l'origine SCORE (sans la lettre A). Il nous est apparu opportun de le compléter en ajoutant la lettre A pour « Actions ». Il a pour fonction de recueillir des informations utiles au choix de l'outil à utiliser pour le coaching et de renforcer la motivation à agir.

Positions « associée » et « dissociée » en PNL

En position dissociée, on appréhende la situation de l'extérieur en s'attachant uniquement aux faits. À l'inverse, en position associée, on perçoit l'information émotionnellement. Par exemple, à table, l'annonce au journal télévisé d'un fait tragique ne nous coupe pas forcément l'appétit ; nous recevons l'information de façon dissociée. Si par contre cette information nous touche, nous ressentons une émotion et sommes ainsi associés.

Les angles d'approche SCOREA

Le SCOREA explore une problématique ou un objectif sous des angles différents :
S comme Situation ou **Symptôme** : ce que la personne connaît de la situation, ce dont elle est consciente.
C comme Cause : ce qui fait que la situation actuelle ne convient pas, son origine.
O comme Objectif : ce que la personne veut atteindre, obtenir...
R comme Ressources : ce dont la personne a besoin pour atteindre son objectif.
E comme Effets : les effets positifs de l'atteinte de l'objectif sur la personne et son entourage.
A comme Actions : les actions envisagées pour atteindre cet objectif.
Les éléments du SCOREA sont analysés en position associée. L'emplacement MÉTA sert à prendre du recul en position dissociée. Les numéros sur le schéma indiquent l'ordre d'exploration des différents angles.
Le cheminement ne se fait pas dans l'ordre exact des mots du SCOREA. Il est en effet préférable d'explorer les effets produits par l'atteinte de l'objectif juste avant les ressources. Être en contact avec les effets renforce la motivation.

L'intérêt du SCOREA

Cet outil permet :
- de clarifier une situation et de fixer un objectif motivant ;
- de convoquer tour à tour réflexion et sensations par l'alternance de positions « associées » et « dissociées ».

Pour l'utiliser

Cet outil peut être utilisé :
- en coaching individuel ;
- dans l'espace, en marquant au sol les 7 mots ;
- lors d'un coaching d'équipe, on reproduit le schéma sur un paperboard (→ *cf. Outil 37*).

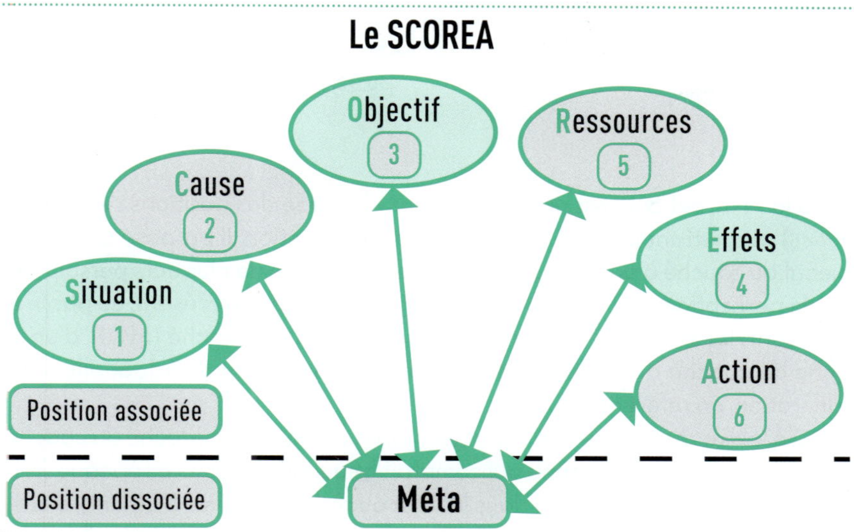

Un exemple d'application

Alice, assistante de direction, se sent débordée dans son travail. Elle a fait appel à Jérôme, coach professionnel afin d'y voir plus clair dans sa situation.

Jérôme place au sol les 7 feuilles comme présenté sur le schéma. Jérôme et Alice se placent ensemble sur la feuille Méta : il lui demande de décrire la situation. Dans cette position dissociée, Alice exprime sa difficulté à faire face à une charge de travail de plus en plus forte. Jérôme l'invite alors à se placer sur la feuille Situation et de ressentir ce qu'elle vient de décrire. Alice ressent de l'impuissance, elle ne voit pas d'issue à son problème.

De retour en Méta, Jérôme demande à Alice de s'intéresser à la Cause de cette impuissance. Alice « pense » que c'est parce qu'elle ne peut pas réduire sa charge de travail. Associée à la Cause, elle a peur de ne pas y arriver.

L'exercice continue ainsi, en Méta (dissociée) puis associée à l'Objectif, les Effets puis les Ressources.

Son objectif est de réguler sa charge de travail. Les effets attendus sont un bien-être lié à l'affirmation de soi. Ses ressources sont : savoir dire non, négocier des délais, gérer les priorités.

Jérôme sait quels sujets travailler pour aider Alice, il lui reste à choisir les outils. Il est dans ce cas prématuré d'explorer les actions à mener.

Les pièges à éviter

- Oublier de veiller à ce que le ou les coachés soient toujours « associés » lorsqu'ils sont sur le SCOREA.
- Demander au coaché ce qu'il « pense » de la situation alors qu'il est associé, ou ce qu'il « ressent » de la situation alors qu'il est dissocié.

34 Le carré magique

Présentation

Issu de la PNL, cet outil est une version plus élaborée des positions de perception (→ *cf. Outil 45*) permettant de déclencher le passage à l'action. Il propose une exploration de l'objectif du coaché à partir des positions de perception de plusieurs personnes. Ces positions de perception sont examinées sur la ligne du temps au **présent**, au **passé** et au **futur**.

Au présent, les positions de perception sont celles du coaché (MOI), d'une personne proche du coaché actuellement (M. X) et d'une personne pour laquelle il a beaucoup d'admiration, un référent ou un mentor (M. Y).

Au passé, celles du coaché (MOI plus jeune), d'une personne proche du coaché dans son passé (M. X), et d'une personne qui comptait beaucoup pour lui à l'époque (M. Y).

Au futur, celles du coaché (MOI dans le futur quand l'objectif sera atteint), d'une personne proche du coaché actuellement (M. X), et d'une personne pour laquelle il continuera à avoir beaucoup d'admiration dans le futur (M. Y).

Les personnes (M. Y) choisies par le coaché peuvent être vivantes ou décédées, réelles ou fictives, un acteur de cinéma, un personnage historique, une célébrité, un professeur…

Le procédé

Le coaché se place tour à tour dans chacune des cases du carré magique dans l'ordre indiqué par les chiffres du schéma :

- 1. MOI au présent : le coaché énonce son objectif.
- 2. M. X au présent : le coaché formule (d'après sa perception) ce que cette personne pense de son objectif.
- 3. MOI au présent : le coaché intègre l'information qui vient d'être dite en 2.
- De 4 à 17, la démarche est la même : le coaché formule ce que la personne pense de son objectif puis intègre l'information au présent. Au numéro 17, fort de toutes ces informations positives, le coaché formule à nouveau son objectif.

Lorsque le coaché a terminé tout le parcours, le coach l'invite à faire un pont vers le futur, c'est-à-dire à imaginer ce que la réalisation de cet objectif va lui permettre de faire ensuite, dans le futur. Cet outil permet de renforcer la motivation pour un objectif déjà déterminé.

Pour l'utiliser

Cet outil peut être utilisé :

- en coaching individuel après une détermination d'objectif (→ *cf. Outil 5*) ;
- dans un espace délimité au sol par des feuilles sur lesquelles le coach a écrit les mots PRÉSENT, PASSÉ, FUTUR, MOI, M. X, M. Y, placées comme sur le schéma ci-contre.

Le carré magique

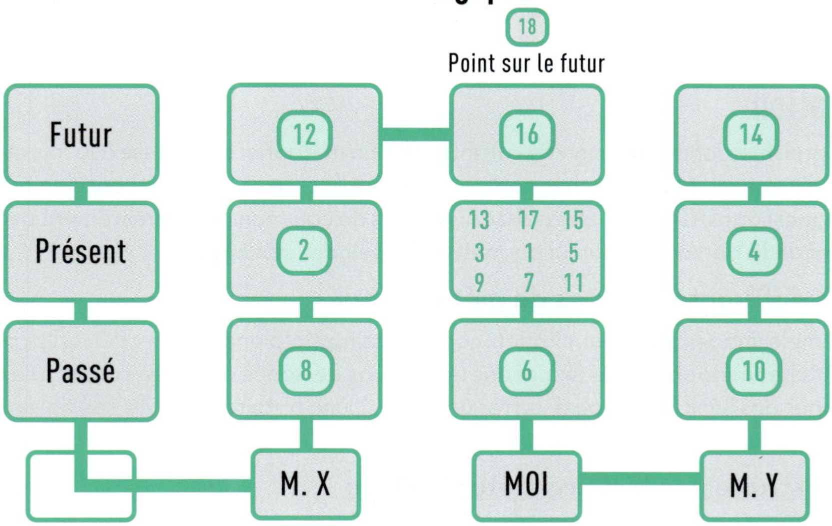

Un exemple d'application

Corinne est en cours de certification de coach ; elle doit rédiger son mémoire et s'adresse à Mickaël, son coach, pour la motiver.

Mickaël lui propose le carré magique. Corinne désigne les personnes qui représenteront M. X et M. Y au passé, au présent et au futur.

Elle se rend au centre du carré.

Au présent : **1. Corinne** formule son objectif ; **2. Caroline**, sa meilleure amie, lui dirait : « Tu as toujours su relever les défis. » ; **4. Le Dalaï-lama**, son référent, lui dirait « Il y a deux jours dans une année où l'on ne peut rien faire. Ils s'appellent hier et demain. Pour le moment, aujourd'hui est le jour idéal pour aimer, croire, faire et principalement vivre. »

Au passé : **6. Corinne jeune** lui dirait : « Accomplis ton destin. » ; **8. Sophie**, son amie de lycée, lui dirait : « Tu es douée, montre-le ! » ; **10. Son grand frère** lui dirait : « Fonce, c'est ta voie ! »

Au futur : **Corinne a atteint son objectif**, elle a obtenu sa certification ; **12. Esther**, sa mère, lui dit : « Bravo, je suis si fière de toi. » ; **14. Milton Erickson** (un demi-dieu pour elle !) lui dit : « Bienvenue au club des gens qui racontent des histoires aux gens à propos de leurs histoires. » ; **16. Corinne** se dit : « Je me sens comme le vilain petit canard qui rejoint le lac des cygnes. » ; **18.** Forte de tout ce qu'elle vient d'entendre, Corinne peut s'imaginer plus tard dans son cabinet en train d'exercer.

Les pièges à éviter

- **Passer trop vite d'une case à l'autre**, sans laisser le temps à la personne de ressentir les bienfaits de chaque mot.
- **Ne pas respecter l'ordre des numéros** : chaque étape doit renforcer la suivante.
- **Reformuler en minimisant** involontairement l'effet des propos tenus.

35 Les métaphores

Présentation

Du grec *metaphora*, qui signifie « Transport ». La métaphore s'adresse à la fois au conscient et à l'inconscient du coaché : consciemment, il écoute l'histoire, inconsciemment il reçoit des messages. Cet outil très puissant permet de communiquer directement avec l'inconscient de la personne pour lui permettre d'atteindre son objectif.

Les différentes formes de métaphores

Exemple imagé, anecdote, citation, conte, dessin, photolangage (→ *cf. Outil 27*), prescription de tâches métaphoriques (écrire une lettre à une personne décédée, couper une corde pour couper des liens, brûler ou enterrer un objet...), une histoire inventée spécialement pour le coaché, sur la base d'une trame préalable, mettant en scène son problème particulier.

Construire une histoire métaphorique

- **La méthode de David Gordon** (un des développeurs de la PNL en Californie dans les années 1970) consiste à faire un parallèle entre l'histoire de la personne et l'histoire métaphorique : le coaché sera ainsi le héros de l'histoire, sa situation sera le cadre de l'histoire, les personnes de son entourage concernées par la problématique seront les personnages de l'histoire, ainsi que les actions, le problème ou la question, et l'objectif à atteindre. Comme on ne connaît pas la fin de l'histoire, il s'agira de proposer une solution métaphorique ou de laisser planer le mystère de la méthode, ou encore de demander au coaché s'il a une idée de ce qu'a fait le héros pour réussir.
- **La méthode de Milton Erickson** (psychiatre, psychologue et hypnothérapeute, dont la pratique a été modélisée par John Grinder et Richard Bandler, fondateurs de la PNL) consiste à s'imprégner de la problématique de la personne afin de s'intéresser aux ressources qui lui sont nécessaires pour atteindre son objectif, et de construire une histoire ou un épisode de l'histoire pour chaque ressource.

L'intérêt de la métaphore

Cet outil permet de :
- communiquer directement avec l'inconscient de la personne en délivrant des messages que le conscient ne pourra pas freiner ;
- prendre de la distance, changer de point de vue, ouvrir le champ des possibles ;
- trouver les ressources pour franchir une problématique.

Pour l'utiliser

Cet outil peut être utilisé :
- après avoir fait une détermination d'objectif (→ *cf. Outil 5*) ;
- en libérant la partie artiste du coach pour créer une mise en scène, introduire du suspens, des émotions, varier le ton de la voix, le rythme.

Les métaphores

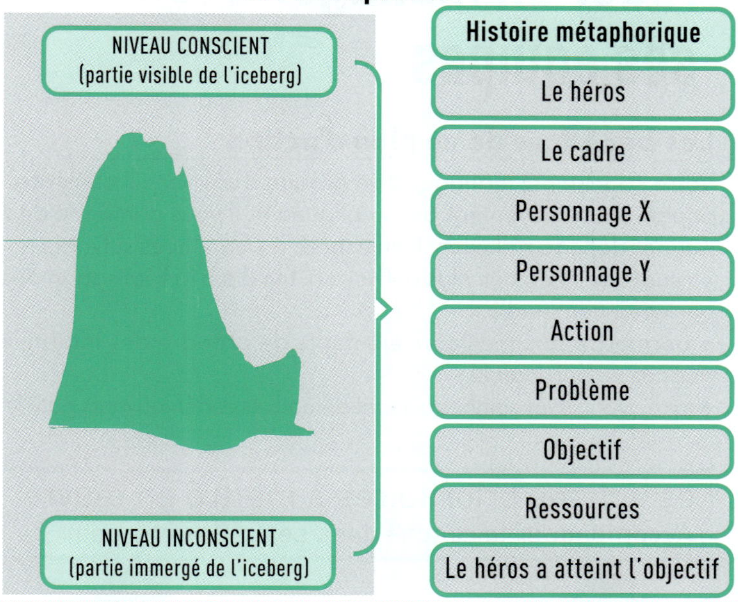

Un exemple d'application

La coachée est une petite fille de 7 ans nommée Lou. Ses parents font appel à Irène, coach, pour qu'elle trouve le goût de lire.

L'héroïne de l'histoire sera une colombe nommée l'oiseau lyre, car son chant ressemble à celui d'une lyre musicale.

Personnages : ses parents, son frère jumeau. Ils deviendront les parents colombes et l'oiseau jardinier.

Problème : Lou a de grosses difficultés dans l'apprentissage de la lecture et la concentration à l'école. Elle dit que c'est son imagination qui la déconcentre. Le problème de l'oiseau-lyre sera d'apprendre beaucoup de chansons pour nourrir son imagination, mais… comment faire quand on ne sait pas lire les notes de musique ?

L'objectif : trouver le goût et la motivation de lire. Irène lui raconte qu'à l'école des colombes, l'oiseau lyre se laisse aller à écouter les leçons pour savoir lire les notes et découvrir de nouvelles musiques.

Ressources : son imagination. Irène va s'appuyer sur le point fort de Lou et faire une association entre l'imagination et la lecture afin de lui faire prendre conscience que la lecture sera un moyen supplémentaire pour développer son imagination.

Les pièges à éviter

- **Expliquer les liens entre la métaphore et l'histoire** du coaché.
- **Attendre des résultats immédiats.**
- Raconter l'histoire sans marquer de **pause sur les temps forts**.

Plan d'action

Aider un manager à remotiver ses équipes

Les bénéfices de ce plan d'action

Votre coaché est manager d'un groupe d'ouvriers. Il constate que son équipe est relativement peu impliquée et il vous demande de l'accompagner dans sa réflexion. Il en espère les bénéfices suivants :

- rendre ses équipes plus enthousiastes dans la réalisation des tâches qui leur incombent ;
- permettre aux meilleurs éléments de prendre des initiatives et de gagner en autonomie ;
- faire avancer les salariés qui sont démotivés et démotivants pour le groupe.

Les actions prioritaires à mettre en œuvre

Accompagner le coaché dans ses réflexions pour :

- Diagnostiquer les besoins de chacun au sein de l'équipe (voir ci-dessous)
- Permettre à chacun d'apporter sa meilleure valeur ajoutée (voir p. 112-113)

Diagnostiquer les besoins de chacun au sein de l'équipe

Pourquoi ?

Grâce à cette première action, le manager pourra prendre du recul sur son équipe et faire une première photographie de l'implication et des compétences de chacun. Il pourra ensuite mettre en place un management adaptatif qui permettra de :

- proposer à chaque salarié un mode relationnel adapté à ses besoins, son niveau de connaissances, de compétences et d'autonomie ;
- trouver l'organisation optimale des équipes, qui favorise la performance ;
- rendre l'équipe plus motivée et force de proposition.

Avec quels interlocuteurs ?

Le coaché est généralement en capacité de réaliser le diagnostic seul. Cependant, s'il souhaite affiner son point de vue, il pourra échanger avec différents interlocuteurs.

- Un manager de niveau équivalent qui connaît bien l'équipe.
- Son propre manager.
- Les salariés eux-mêmes, pour clarifier les motivations et les besoins.
- Un cabinet spécialisé dans le conseil RH qui pourra réaliser un audit.

Avec quels outils ?

Le manager pourra collecter les informations sur les salariés de son équipe : entretiens individuels, notes hebdomadaires. Ils pourront l'aider dans l'analyse.

- La matrice Hersey & Blanchard ➜ *cf. Outil 32*.
- La pyramide de Maslow ➜ *cf. Outil 30*.

Comment mettre l'action en œuvre ?

Le coach proposera au manager d'entamer la réflexion seul, en réalisant la matrice Hersey & Blanchard hors du temps de coaching, puis il le challengera sur :

- le temps qu'il consacre au quotidien à chaque salarié ou chaque catégorie de salarié, en distinguant bien temps individuel et temps collectif ;
- sa compréhension du besoin de chacun ;
- le ratio contribution du salarié/temps consacré par le manager pour accompagner le salarié ;
- les raisons qui ont poussé des piliers à devenir des démotivés.

Le manager pourra ensuite situer ses salariés sur la pyramide de Maslow. Le coach l'interrogera sur la manière dont :

- il a diagnostiqué si le salarié a besoin de monter d'un niveau dans la pyramide ;
- il envisage de faire franchir cette étape si nécessaire ;
- il adapte les activités et les responsabilités en fonction de cela.

Point de vigilance

✓ Les salariés sont en évolution permanente, il est donc intéressant de réaliser cet exercice de manière régulière et d'indiquer l'évolution de chacun, que ce soit sur la matrice ou sur la pyramide.

QUOI DE NEUF ?

La génération Y est-elle moins motivée ?

Nés entre 1980 et 2000, on prête aux salariés de la génération Y une attitude au travail très différente des générations précédentes.

On les dit en particulier moins motivés. Or cette croyance se vérifie assez peu sur le terrain. L'implication des jeunes générations se traduit cependant d'une manière différente : ils aiment travailler en mode projet, de manière collaborative. Souvent rapides, ils avancent vite et aiment changer d'activité fréquemment.

Et si leur souci de préserver l'équilibre temps personnel/temps professionnel les amène à limiter les heures supplémentaires, leur efficacité au travail et leur capacité à inventer des solutions pour travailler mieux restent leurs atouts majeurs.

En tant que coach, vous pouvez amener les coachés qui managent des collaborateurs de la génération Y à prendre conscience de ces forces et des conditions qui créent la performance de cette génération : travail d'équipe, relationnel agréable et fluide avec le manager, environnement stimulant, perspectives d'avenir claires.

INFO +

La motivation regroupe deux réalités

- La motivation externe, lorsqu'un événement extérieur nous pousse à agir, une prime par exemple.
- La motivation interne (ou intrinsèque) qui trouve sa source en l'individu, par l'adhésion à un projet ou des valeurs.

On sait que l'efficacité de la première diminue dans le temps alors que la seconde se consolide au cours du temps.

Le manager a donc tout intérêt à partager ses projets et à donner du sens pour permettre la motivation interne.

Permettre à chacun d'apporter sa meilleure valeur ajoutée

Pourquoi ?

La responsabilité du manager en matière d'organisation de son équipe est primordiale. Le coach l'accompagnera dans cette tâche, qui lui permettra :

- de positionner les bonnes personnes sur le poste pour lequel elles seront au maximum de leur performance, quel que soit le niveau de chacun ;
- de favoriser l'autonomie individuelle, afin que chacun puisse se sentir acteur de la performance globale et force de proposition au sein du service ;
- de libérer du temps pour le manager grâce à ces deux actions, afin qu'il puisse continuer à prendre le recul nécessaire pour repenser son organisation à intervalles réguliers.

Avec quels interlocuteurs ?

- Le manager d'une équipe.
- Chaque membre de son équipe.
- Éventuellement le N+1 du manager qui est coaché.

Avec quels outils ?

Afin que chacun se sente à l'aise pour avancer dans sa fonction, le manager dispose d'outils simples mais très structurants :

- une fiche de poste, qui définira à la fois le savoir, le savoir-faire et le savoir-être, ainsi que les tâches à réaliser pour chaque métier du service ;
- un management individualisé → *cf. Outil 30* ;
- des temps d'échanges individuels avec les salariés, pour lesquels le coach pourra préparer son coaché ;
- une définition des niveaux d'autonomie proposée par le manager à son équipe, et des objectifs pour chacun ;
- un feedback régulier du manager aux équipes.

Comment mettre l'action en œuvre ?

Dans la gestion de ce plan d'action, le coach doit veiller à ne pas prendre de posture de conseil, mais à garder la hauteur nécessaire pour valider que le coaché sait collecter autour de lui les outils et informations nécessaires pour mener à bien son projet.

- Il proposera au coaché de collecter tous les documents et procédures qui définissent les tâches à réaliser par ses collaborateurs, vérifiera qu'il sait les porter à l'attention de l'équipe et transmettre ses attentes, tout particulièrement en matière de savoir-être. S'il rencontre des difficultés, des jeux de rôle permettront de renforcer sa posture.
- Il fera ensuite réfléchir son coaché sur sa capacité à différencier son management (directif, encadrant, accompagnant, délégatif) et à en mesurer les résultats.
- Il l'aidera à construire une boîte à outils en fonction des situations que son coaché rencontre dans le cadrage de l'activité et de la gestion de la performance individuelle et collective (point de 5 minutes, réunions hebdomadaires, feedback positif, recadrage, définition des limites d'autonomie, gestion de projets...)

Point de vigilance

✓ Les outils sont nombreux, mais un manager en transition dans son mode de gestion aura du mal à en appliquer un grand nombre du jour au lendemain. Mieux vaut privilégier un changement de posture et un ou deux outils simples qui correspondront exactement au contexte du coaché. Et s'assurer qu'ils sont utilisés et maîtrisés avant d'en introduire d'autres.

CONSEIL DE PRO

Les bénéfices de la délégation

Bien sûr, elle permet au manager de se dégager d'activités qui lui prennent du temps et de mieux répartir le travail. Mais c'est surtout un très bel outil d'autonomisation des salariés, si elle est encadrée. Vous pourrez rappeler à votre coaché que cet exercice nécessite :
- de choisir la bonne personne pour la tâche déléguée, c'est-à-dire celui ou celle qui dispose des connaissances et compétences pour mener la mission sans se mettre en risque d'échec ;
- de bien expliquer le contexte de la délégation, l'objectif final, les outils disponibles pour y parvenir, les moyens à déployer et l'échéance de réalisation ;
- de demander l'accord du salarié pour la délégation : même si certains managers trouvent cette étape inutile, la non-validation de ce point peut mener à l'échec de la délégation ;
- de suivre la délégation, soit régulièrement au cours de la réalisation, soit au moins à la fin, lors d'un rendez-vous dédié, qui permettra de prendre en compte le travail effectué, d'aider le salarié à progresser si nécessaire, et surtout de le féliciter de cette nouvelle initiative, ce qui renforcera sa motivation.

Pour être pertinente, la délégation devra porter sur des tâches récurrentes ou suffisamment longues pour pouvoir rentabiliser l'investissement en temps nécessaire en amont pour présenter la mission, pendant la mission pour le suivi et à la fin pour la clore.

INFO +

Les signes de reconnaissance

La reconnaissance non-monétaire est un moyen puissant pour valoriser les salariés. Elle peut prendre plusieurs formes : un simple merci, sincère et dissocié de tout autre commentaire, un temps avec le collaborateur (café, repas, participation à une réunion, un séminaire ou un déplacement) sont autant de moments de qualité que le coach peut suggérer à son coaché lorsque ce dernier voit les premiers résultats de son plan d'action aboutir, et qu'il souhaite renforcer les attitudes positives.

Les critères de réussite de votre plan d'action

→ Votre coaché a une idée claire des attentes et des besoins de son équipe.

→ Il constate des évolutions dans les comportements et la réalisation du travail.

→ Vous constatez que votre client met en place des actions managériales individualisées pour chacun des salariés de son équipe.

Objectif 7 Mettre le coaché en action

Le passage à l'action est une étape déterminante qui marque, chez le coaché, l'acceptation d'un changement. En tant que miroir du coaché, le coach sera amené à souligner ses atouts, les avantages de son passage à l'action et ses éventuels freins. Plusieurs facteurs peuvent influer sur une décision ou sur la réalisation d'un objectif que le coaché s'est fixé : on peut trouver chez le coaché des résistances naturelles telles qu'un manque d'énergie ou de motivation pour changer ses habitudes. Il peut y avoir aussi des facteurs que le coaché ne maîtrise pas de manière consciente, tels qu'un conflit de valeurs, un conflit interne entre une partie qui veut avancer et une autre qui a des motifs légitimes de s'y refuser. Ce peut être également une difficulté à se représenter l'objectif finalisé, une absence d'idées pour agir.

Comprendre les freins à l'action

Les 5 outils présentés dans ce chapitre ont pour objectif d'amener le ou les coachés à découvrir quels sont les facteurs qui font obstacle à l'action, à comprendre leur utilité, puis à transformer en forces ce que l'on pourrait envisager comme des faiblesses. L'incapacité à agir génère des déficits d'image de soi, de la culpabilité et de la démotivation. Amener votre coaché à comprendre la source des freins à l'action qu'il se met souvent lui-même inconsciemment lui permet de trouver en lui-même les ressources et la motivation pour déclencher l'action et la pérenniser dans le temps.

Pour mettre le coaché en action, vous pouvez :

- ✓ Repérer d'abord les éléments bloquants.
- ✓ Explorer les solutions alternatives permettant de lever les conflits internes.
- ✓ Définir les comportements et actions à entreprendre.
- ✓ Faire entrevoir à votre coaché les bénéfices dont il pourra profiter du fait de sa mise en action.

Les outils clés

Outil 36

Le recadrage en 6 points

Résoudre un conflit interne, lorsqu'une partie s'oppose à l'action, en identifiant la fonction positive d'un comportement indésirable.

p. 116

Outil 37

Le World Café

Technique d'animation de groupe permettant de faire émerger des idées dans un esprit collaboratif pour la conception d'un plan de route.

p. 118

Outil 38

La marelle des croyances

Se débarrasser d'une croyance limitante et la remplacer par une nouvelle, qui sera motivante et plus adaptée à la réalisation de l'objectif.

p. 120

Outil 39

La visualisation

Renforcer la motivation et déclencher l'action en se projetant virtuellement vers l'accomplissement de l'objectif.

p. 122

Outil 40

Le squash visuel

Résoudre un conflit interne entre deux valeurs qui s'opposent pour les amener à « collaborer » efficacement.

p. 124

Le plan d'action

La première étape est d'**identifier les freins et de les lever** en choisissant les outils adéquats. La seconde est de **poser des actions concrètes** en s'appuyant sur le propre style du coaché et en transformant les freins en ressources.

36 Le recadrage en 6 points

Présentation

Issu de la PNL, ce modèle trouve son origine dans l'ouvrage *Changing With Families*, co-écrit par Bandler, Grinder et Virginia Satir (1976). Le modèle issu de cet ouvrage est baptisé « modèle des parties ». On part du principe selon lequel plusieurs parties cohabitent au sein d'une même personne. L'utilisation du recadrage en 6 points est tout à fait pertinente pour un coach lorsqu'une seule partie de la personne prend le pouvoir : la phrase caractéristique prononcée est : « C'est plus fort que moi, je veux faire ou arrêter de faire... et je n'y arrive pas. » Cet outil peut être utilisé après avoir fait une détermination d'objectif (→ *cf. Outil 5*).

Protocole

1. Le coach met en lumière l'existence de deux parties en opposition : celle qui veut, et celle qui résiste. Il fait admettre au coaché que la partie qui résiste a une intention positive (→ *cf. Outil 51*) et qu'il peut y avoir plusieurs méthodes pour satisfaire une bonne intention.
2. Il lui demande de « s'adresser » à la partie qui résiste par le dialogue intérieur et de la « remercier » pour sa bonne intention, même si elle ne cautionne pas le comportement. Puis le coach demande au coaché si la partie accepte de lui dire quelle est son intention positive.
3. Si la partie est d'accord, le coaché énonce l'intention positive. Dans le cas contraire (plutôt rare), le coach aide le coaché à la formuler grâce à des questions.
4. Le coach demande au coaché d'interroger sa partie créative et d'inventer au moins **3 comportements** qui satisferont cette intention et qui seront faciles à mettre en œuvre (il n'aura pas à les mettre en place de suite).
5. Après avoir énoncé ces propositions, le coaché valide auprès de la partie qui résiste si elle est en accord avec les 3 propositions de la partie créative, et si elle accepte de les mettre en place. Si elle n'accepte qu'une des 3 propositions, le coach demande à la partie créative de faire de nouvelles propositions.
6. Le coach vérifie, en posant des questions, que l'ensemble des parties est en accord avec les différentes solutions et qu'elles sont en accord avec l'écologie (→ *cf. Outil 5*). Dans le cas contraire, il aidera par des questions le coaché à trouver de nouvelles solutions.
7. Le modèle sera ainsi appliqué à des situations dans le futur en utilisant des techniques de visualisation.

L'intérêt du recadrage en 6 points

- Identifier la fonction positive d'un comportement indésirable.
- Trouver une issue heureuse à un conflit interne.
- Lever les freins à l'action tout en se réconciliant avec soi-même.

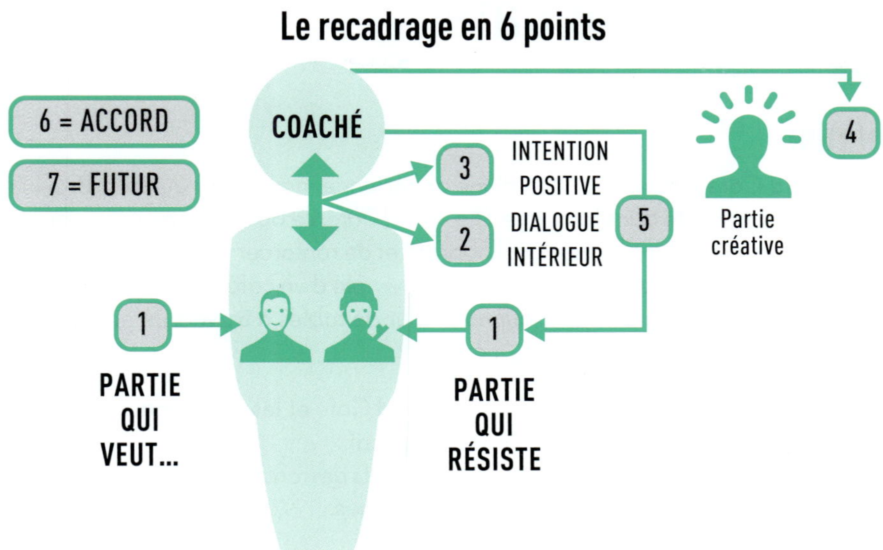

Un exemple d'application

Jean-Baptiste vient de suivre une formation en gestion du temps et, malgré cela, n'arrive pas à mettre en application les méthodes apprises. Son objectif est de s'organiser, mais il trouve toujours mieux à faire que de se pencher sur son agenda.
Elsa, sa coach, lui demande s'il peut admettre que différentes parties de lui sont en conflit et que la partie qui résiste lui veut à lui-même, paradoxalement, du bien.
Jean-Baptiste a du mal à admettre la dernière proposition, mais il a confiance en Elsa. Après introspection, il affirme que la partie qui résiste a peur qu'il travaille trop et qu'il n'ait plus de temps pour lui. Jean-Baptiste admet sa tendance à se noyer dans le travail et à s'oublier lui-même ainsi que sa famille. La partie qui résiste a pour intention positive de vouloir qu'il garde du temps pour lui.
Elsa demande alors à Jean-Baptiste d'interroger sa partie créative. Cette partie lui suggère de réserver des plages spéciales dans son agenda, dédiées au sport, à ses enfants... Il demande ensuite à l'ensemble des parties si elles sont d'accord pour adopter cette solution nouvelle. Elsa constate le grand sourire affiché sur le visage de son coaché quand celui-ci lui répond que tout le monde est satisfait. Elle valide ainsi la congruence entre le verbal et le non-verbal. Elsa invite alors Jean-Baptiste à visualiser les conséquences positives de la mise en place de ce **nouveau comportement** dans l'avenir.

Les pièges à éviter

- **Précipiter les choses**, être impatient.
- **Être dérangé** pendant l'exercice.
- **Omettre de vérifier la congruence entre le verbal et le non-verbal** du coaché.

37 Le World Café

Présentation

Le « World Café » est né en 1995 d'une expérience menée par Juanita Brown et David Isaacs et retranscrite dans l'ouvrage *The World Café*. Le but est d'amener un groupe à faire émerger des idées dans un esprit collaboratif et de renforcer le sentiment d'appartenance. Pour cela, le coach reproduit l'ambiance conviviale d'un café dans lequel les participants créent et échangent en petits groupes autour de tables à travers un processus cadré.

Avant de démarrer le World Café

1. Déterminer l'objectif à atteindre via le World Café et les personnes concernées.
2. Donner au Café un nom qui reflète son objectif.
3. Préparer les questions auxquelles les participants devront répondre pour atteindre leur but.
4. Organiser la salle par tables de 6 à 8 personnes.
5. Répartir les sujets sur les différentes tables :
   - soit toutes les tables traitent en même temps des mêmes questions et progressent ensemble vers la mise en œuvre d'actions concrètes ;
   - soit les différents thèmes de travail sont répartis suivant les tables, et, dans ce cas, plusieurs sujets peuvent être traités en même temps.
6. Poser le cadre :
   - expliquer l'objectif du World Café ;
   - poser les règles de fonctionnement entre les personnes : écoute, respect, droit au désaccord ;
   - préciser la logistique : le timing, le rôle du facilitateur (anime les débats de sa table, accueille les nouveaux venus, informe de l'avancée du travail et restitue à la fin).

Déroulement du World Café

Les participants sont regroupés de façon conviviale par tables avec à chaque table un facilitateur désigné au sein de l'équipe coachée.

- **Démarrage** : le facilitateur lance le sujet et prend des notes sur une feuille de paperboard posée sur la table en suivant les échanges.
- **Changement de table des participants** : au bout de 20 minutes, tous s'en vont, sauf le facilitateur, qui accueille un nouveau groupe et transmet un résumé des échanges précédents, puis relance le même questionnement, favorisant ainsi l'émergence de nouvelles idées et le partage d'une intelligence collective.

On recommence la même opération 2 fois ou autant de fois qu'il y a de thèmes.

- **Restitution** : à la fin du travail, les principales idées sont résumées et présentées par les facilitateurs en grand groupe. Les possibilités de suivi sont soumises à discussion.

Pour l'utiliser

Cet outil peut être utilisé :

- avec 12 à 30 personnes (jusqu'à 200 personnes dans un contexte hors coaching) ;
- dans un espace convivial : tables rondes et atmosphère accueillante.

Le World Café

Un exemple d'application

Alexis, responsable de secteur dans l'agroalimentaire, demande, à Olivia, sa coach, de l'aider à accompagner les 24 personnes de sa force de vente dans un défi inter-secteurs. Des billets d'avion « tour du monde » sont à gagner.

Olivia propose à Alexis un World Café à destination de son équipe pour préparer ce défi. Très vite, un nom s'impose : « Around the World Café ».

Pour le choix des questions à traiter, Olivia s'inspire du SCOREA (→ *cf. Outil 33*) :

1. Quelle est la situation de notre force de vente aujourd'hui ?
2. Qu'est-ce qui pourrait nous empêcher de gagner ?
3. Quel est notre objectif ?
4. Quels bénéfices allons-nous tirer de notre victoire ?
5. De quoi avons-nous besoin pour gagner ?
6. Quelles actions pouvons-nous entreprendre ?

Olivia prévoit 6 tables de 4 personnes et y dispose feuilles, feutres et bonbons. Les facilitateurs désignés, les règles du jeu affichées et expliquées, le premier tour commence, avec un changement de table toutes les 20 minutes. De retour en grand groupe, les facilitateurs restituent le travail de leur table.

Olivia constate, à la lumière de cette restitution, que ce travail a permis à chacun de s'approprier le challenge et d'échanger sur les contraintes des uns et des autres. La cohésion est renforcée, ils ont beaucoup ri, repartent avec les grandes lignes d'un plan d'action et surtout des idées que seule l'intelligence collective est capable de produire en si peu de temps.

Les pièges à éviter

- **Les digressions les questions fermées et les pertes de temps.**
- **Les termes techniques, flous ou négatifs.**
- Engager des réflexions vers une solution ou une **réponse déjà déterminée**.

38 La marelle des croyances

Présentation

Cet outil issu de la PNL a été développé par Robert Dilts. Son but est de remplacer une croyance limitante par une nouvelle croyance permettant le passage à l'action.
En PNL, les « **croyances** » sont des généralisations que l'on fait à propos de soi-même, des autres ou du monde, à partir de faits vécus émotionnellement. Conscientes ou non, elles font l'objet de règles qui régissent nos comportements.
Certaines croyances sont dites **limitantes**, car elles nous empêchent d'avoir des comportements souhaités. Il est possible d'y substituer des croyances plus aidantes.
Cet outil peut être utilisé en coaching individuel, après en avoir déterminé l'objectif (→ *cf. Outil 5*).

Préparation de la marelle

1. Aider le coaché à identifier la croyance limitante et la nouvelle croyance à adopter.
2. S'assurer que l'équilibre de l'individu sera préservé s'il décide de changer de croyance (→ *cf. Outil 5*).
3. Poser le décor : le coach inscrit chaque mot sur une feuille qu'il installe sur le sol pour former les cases de la marelle : croyance limitante, doute, croyance dépassée, croyance possible, croyance certaine. Hors de la marelle, la position « MÉTA » apporte une vision d'ensemble, du recul.

Trouver les ressources

Le coaché se place sur l'espace MÉTA et se remémore les moments où il a été amené à avoir un doute (ex. : douter d'une personne), une croyance dépassée (ex. : ne plus croire au Père Noël), une croyance possible (ex. : il est possible que la vie existe sur une autre planète), une croyance certaine (ex. : j'aime le chocolat). Les moments évoqués peuvent n'avoir aucun rapport entre eux, ni avec la croyance limitante.

Évoluer dans la marelle

Premier passage dans la marelle : ancrer les ressources dans l'ordre des numéros indiqués sur le schéma ; de 1 à 5 : dans chaque espace, le coaché s'associe aux émotions de ces moments (c'est ce que l'on appelle en PNL « faire un ancrage spatial »). Il retourne systématiquement à la case MÉTA entre chaque ancrage.
Deuxième passage dans la marelle : installer le changement ; associé aux émotions qu'il a ancrées sur chaque case, le coaché va utiliser ces dernières pour installer son changement de croyance dans un processus de pensée déjà connu ; il évolue sur les cases 6 à 11 indiquées sur le schéma pour remplacer sa croyance négative par sa nouvelle croyance.

L'intérêt de la marelle des croyances

Cet outil permet de :
- lever les freins à l'action ;
- provoquer le changement.

La marelle des croyances

MÉTA

POSER LE DÉCOR		PREMIER PASSAGE : ANCRER LES RESSOURCES		DEUXIÈME PASSAGE : INSTALLER LE CHANGEMENT
			11	PONT vers le futur
CROYANCE CERTAINE	5	« Je suis certain(e) que »	9	CROYANCE CERTAINE « Je suis certain(e) que »
CROYANCE POSSIBLE	4	« Il est possible que »	8	OUVERTURE au POSSIBLE « Il est possible que »
CROYANCE DÉPASSÉE	3	« Je ne crois plus que »	7	CROYANCE DÉPASSÉE « Je ne crois plus que »
DOUTE	2	« Je commence à douter de »	6	DOUTE « Je commence à douter de »
CROYANCE LIMITANTE	1	« Je crois que »	10	DÉSACTIVATION : le coaché réaffirme sa nouvelle croyance qui efface l'ancienne

= Croyance limitante = Nouvelle croyance

Un exemple d'application

Romain a été nommé responsable d'un projet informatique, mais il craint de manquer d'autorité. Il fait appel à Pauline pour l'aider à mener sa mission à bien.

Ensemble, ils définissent le manque d'autorité comme étant une croyance limitante et décident de la remplacer par une nouvelle croyance, plus aidante : « je sais coordonner le travail d'une équipe ». Après avoir évoqué et ressenti les situations des cases 1 à 5, il chemine de « je commence à douter de mon manque d'autorité » à « je ne crois plus que mes équipes refusent de me suivre », puis « il est possible que je sois un leader » et enfin « je suis certain d'avoir la capacité de coordonner une équipe ». En case 10, il se sent sûr de lui et tout à fait capable de conduire son projet. Il a changé de croyance. Et sur la case 11, il se projette sur un projet futur de plus grande ampleur avec sa nouvelle croyance.

Les pièges à éviter

- **Passer trop vite** d'une case à l'autre sans laisser le temps à la personne de ressentir les bienfaits de chaque étape.
- **Ne pas respecter l'ordre des numéros** ; chaque étape doit renforcer la suivante.

39 La visualisation

Présentation

La visualisation, aussi appelée visualisation créative ou créatrice, est une technique qui consiste à recourir à des images mentales positives dans le but d'influencer et de favoriser la réussite d'actions ou de projets.

Les premiers écrits sur le sujet sont attribués à Émile Coué qui a fondé la méthode éponyme. Ses travaux sont venus nourrir d'autres pratiques, en particulier les pensées positives.

La visualisation peut s'utiliser de deux manières en coaching :

- soit en proposant au coaché de visualiser une image d'une situation qui l'a mis dans un état agréable et qu'il souhaite retrouver – et dans ce cas, la visualisation se rapproche des techniques d'ancrage (→ *cf. Outil 50*) ;
- soit en accompagnant le coaché dans la création d'un film de sa propre réussite. Il se visualise alors en train de réussir ce qu'il cherche à réaliser. Le cerveau ne faisant pas la distinction entre une image fictive et une image réelle, il ressent les émotions en relation, qui deviennent alors vecteur de motivation et de prise de confiance (cf. schéma ci-contre).

Cet outil ne nécessite pas de matériel particulier pour être mis en œuvre. Le travail consiste à :

- identifier l'objectif du coaché, le formuler de manière positive, puis l'écrire, le dessiner ou le représenter par un collage ;
- expliquer au coaché le déroulé de l'exercice de visualisation. En lui proposant de fermer les yeux et de se visualiser en train de réaliser son objectif, étape par étape, avec un maximum de détails, il va ainsi créer le film de sa réussite. Lui suggérer de décrire ensuite comment il chemine vers le succès ;
- le questionner si son explication est succincte, afin qu'il détaille la manière dont il progresse vers la réussite ;
- lui demander de ressentir l'état émotionnel à chaque étape. Lever les freins si nécessaire et le faire cheminer jusqu'au succès ;
- lui proposer de refaire l'exercice sans réexpliquer le cheminement, revisualiser autant de fois que nécessaire pour qu'il se sente parfaitement à l'aise dans la réalisation.

L'intérêt de la visualisation

La réalisation d'un film de visualisation créative est intéressante dès lors que le coaché est clair sur l'objectif à atteindre, et qu'il est dans la phase de mise en action.

- Il vérifie que l'atteinte de l'objectif lui procure bien le résultat qu'il recherchait et que les émotions associées lui conviennent.
- Il expérimente sans risque les étapes à franchir pour réussir, et explorer ses éventuels freins. Dans ce cas, le film peut prendre différents chemins avant d'arriver au scénario idéal.
- Il est face à son stress, et donc le réduit par la visualisation d'un résultat positif.

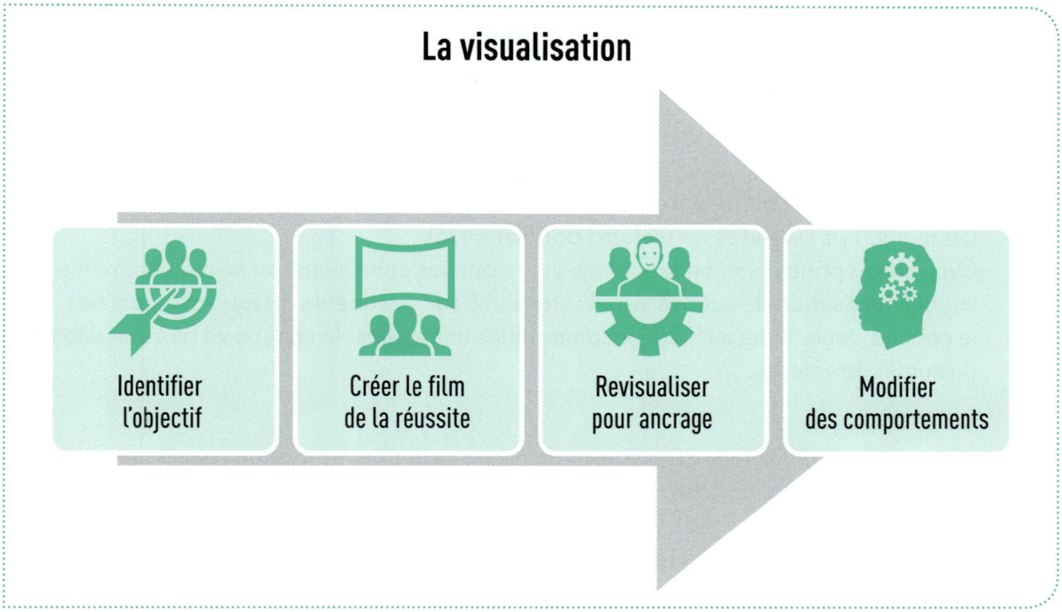

Un exemple d'application

Alex est un jeune ingénieur en recherche d'emploi. Il a décroché un entretien dans une entreprise qui le motive particulièrement, mais est très stressé à l'idée de se retrouver face à la DRH.

Son coach lui propose de visualiser sa réussite à l'entretien.

- Ils valident l'objectif : obtenir le poste.
- Alex se visualise en train de se présenter, de répondre aux questions de manière fluide et claire. Il ressent de la fierté, mais aussi de l'inquiétude, car pendant qu'il se projette le film, il se voit en train de trébucher sur des questions concernant l'entreprise.
- Le coach prend note de cette inquiétude et lui propose de visualiser qu'il est capable de répondre aisément à ces questions. Il continue sa visualisation : à la fin de l'entretien, le sourire de la DRH, les signes encourageants de réussite puis l'appel de la personne qui lui dit qu'il a été très professionnel et que l'entreprise souhaiterait l'embaucher.
- Le coach lui redemande son ressenti à ce moment-là : il ressent beaucoup de joie, de confiance et de sérénité.
- Alex tire les enseignements de cet exercice, il approfondira sa connaissance de l'entreprise puis **refera l'exercice de visualisation** seul, en prenant le temps de s'imprégner des sensations qui le traversent lorsqu'il réussit, afin de renforcer sa confiance et sa capacité à réussir l'entretien.

Piège à éviter

- **Choisir un objectif trop complexe**, fait d'un ensemble de sous-objectifs. Dans ce cas, vous prévoirez plusieurs visualisations pour chacun des objectifs.

40 Le squash visuel

Présentation

Issu de la PNL, ce modèle trouve son origine dans le « modèle des parties » de l'ouvrage *Changing With Families* de Richard Bandler (1976).

On part du principe selon lequel plusieurs parties cohabitent au sein d'une même personne. L'utilisation du squash visuel sera tout à fait pertinente lorsque deux parties, chez le coaché, veulent deux choses incompatibles entre elles ; le coaché vit alors un dilemme, un conflit de valeurs.

Le protocole

1. Le coach met en lumière l'existence de deux parties en opposition : choix 1 et choix 2.

2. Il fait admettre au coaché que les deux parties ont une intention positive (→ *cf. Outil 51*), qu'il lui demande d'indiquer. Chacune de ses mains portera le nom de l'intention positive. Le coach demande au coaché d'avoir dans chaque main la sensation de la présence de la partie et de s'en faire une représentation sensorielle. Le coaché regarde ses deux mains contenant chacune une partie de lui.

3. Le coach demande au coaché d'énoncer les qualités et les ressources de chaque partie. Puis il lui demande d'indiquer les qualités que les deux parties pourraient s'échanger mutuellement jusqu'à ce qu'il trouve la valeur commune aux deux parties.

4. Le coach demande ensuite au coaché s'il serait possible d'établir une collaboration entre les deux parties afin d'atteindre leur but commun, et de lui préciser de quelle manière. Le coaché tourne ses mains de façon à ce qu'elles puissent se regarder, puis il intègre l'information en rapprochant les mains sur sa poitrine.

L'intérêt du squash visuel

Cet outil permet de :

- réconcilier deux parties rivales au sein de l'individu, et les orienter vers un but commun ;
- apaiser une tension interne ;
- faciliter une prise de décision.

Pour l'utiliser

Cet outil peut être utilisé :

- en coaching individuel ;
- après avoir fait une détermination d'objectif (→ *cf. Outil 5*) ;
- en modulant le ton et le débit de sa voix et en laissant la place au silence pour faciliter l'introspection du coaché.

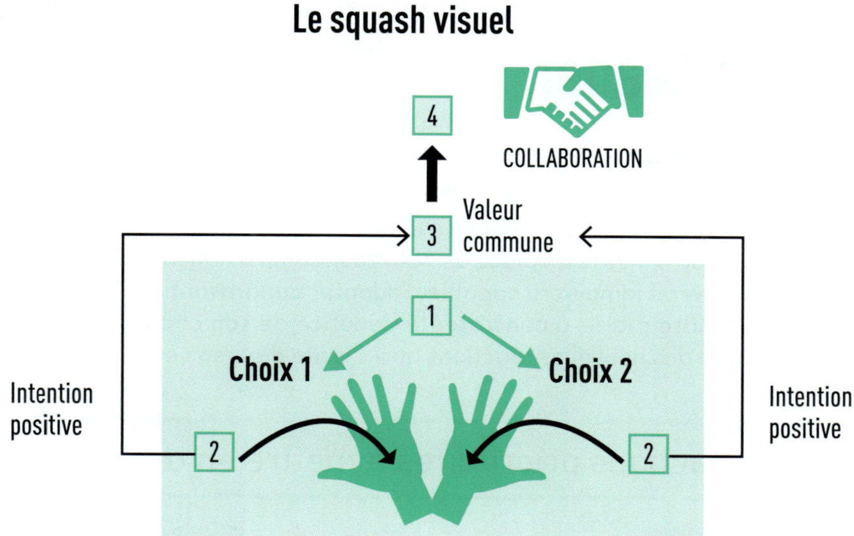

Un exemple d'application

Patrick est directeur d'une usine de production dans l'agroalimentaire qu'il veut réorganiser. Il doit pour cela faire passer des messages désagréables, mais cela lui est difficile car il ne veut pas décevoir. Cela lui pose un cas de conscience : comment être un bon leader si on est trop gentil ?

Ces deux parties sont représentées dans chacune de ses mains : le leader à gauche, l'homme de cœur à droite.

- En questionnant les valeurs du côté de l'homme de cœur, son coach Frédéric fait émerger l'empathie, l'écoute, la disponibilité et l'honnêteté : on ne peut pas construire sur du mensonge.
- Du côté du leader, les buts et les valeurs de Patrick sont le goût de la réussite et l'envie d'emmener ses équipes vers le sommet. Lorsque Patrick évoque cette partie, il se souvient être arrivé premier en haut d'une côte à vélo et d'avoir regardé ses amis s'essouffler plus bas... avant de poursuivre seul son chemin : « Au diable la bienveillance ! ».

Lorsque Frédéric lui demande **ce que ces deux parties peuvent s'apporter**, il comprend qu'il est un bon leader, et que son empathie lui apporte l'éthique. Un seul mot pour résumer l'apport de ses deux parties : équilibre. Cette prise de conscience permet à Patrick de communiquer sans culpabilité sur sa réorganisation. Il sait qu'il agira de façon juste.

Piège à éviter

- **Accepter les interférences entre les parties** : lorsque l'on interroge les valeurs sur une main, seule la partie concernée doit s'exprimer.

Plan d'action

Aider un coaché à se positionner en leader

Les bénéfices de ce plan d'action

- Se libérer d'anciennes habitudes de fonctionnement.
- Découvrir des possibilités de changement et en apprécier les bénéfices.
- Réussir à mettre en place de nouveaux comportements que le coaché ne se serait jamais cru capable d'adopter auparavant.
- Prendre plaisir à constater le bénéfice de son changement sur la qualité des nouvelles réactions qu'il suscite dans son entourage.

Les actions prioritaires à mettre en œuvre

- Identifier les freins et les lever (voir ci-dessous)
- Poser des actions concrètes (voir p. 128-129)

Identifier les freins et les lever

Pourquoi ?

Se positionner en leader va impliquer pour votre coaché un changement important de comportement.

- Les résistances au changement sont naturelles mais ne doivent pas devenir bloquantes.
- Pour accompagner une personne vers le changement, le coach doit accorder toute son importance à l'énergie que le coaché dépense à « ne pas agir comme il le devrait » pour l'aider ensuite à la transformer en une ressource.
- Attendre des actions concrètes sans vérifier qu'il est possible de les réaliser reviendrait à vouloir traiter le symptôme sans s'attaquer à la cause. Il est donc important de comprendre ce qui empêche le coaché d'agir comme il le voudrait avant de chercher des solutions.

Avec quels interlocuteurs ?

Dans un coaching individuel, le principal interlocuteur est le coaché, mais il sera intéressant de l'aborder de façon systémique :

- Comment interagit-il avec son N+1 ? Le N+1 a-t-il une réelle envie de voir le coaché réussir ? Rechercher les intentions cachées : quel bénéfice pourrait-il tirer pour lui-même de l'échec du coaché ?
- Se positionner en leader face à d'anciens collègues peut compliquer la tâche du coaché : y a-t-il des jalousies ? Des luttes de pouvoir ? Des conflits d'intérêt ?
- Ses collaborateurs peuvent avoir évolué dans un contexte particulier lié à l'histoire de l'entreprise, ce qui les a conduits à prendre des habitudes de comportement et à les pérenniser sans les remettre en question.

Avec quels outils ?

On utilisera :

- la détermination d'objectif ➜ *cf. Outil 5*.
- les niveaux logiques ➜ *cf. Outil 31*.
- le recadrage en 6 points ➜ *cf. Outil 36*.
- la marelle des croyances ➜ *cf. Outil 38*.

Comment mettre l'action en œuvre ?

Identifier les freins :

- La première étape pour repérer ce qui pourrait freiner le changement de posture est la détermination de l'objectif : plusieurs questions peuvent amener à détecter les freins du coaché vers l'atteinte de son objectif, notamment dans l'exploration de l'état désiré, par exemple la question : « Qu'est-ce qui vous empêche aujourd'hui de prendre une posture de leader ? » Puis les questions relatives à l'écologie : « Y a-t-il un avantage que vous risqueriez de perdre à l'occasion de la réalisation de votre objectif ? »
- Dans le cas où la première étape n'aurait pas suffi, utilisez les niveaux logiques. En faisant évoluer votre coaché à travers les différents niveaux, vous pourrez rapidement identifier les points de blocage, puis choisir les outils adaptés.
- Vérifiez par des questions si les freins viennent du coaché lui-même ou de son entourage.

Lever les freins :

- Il se peut que le coaché trouve lui-même les moyens de lever les freins au cours de la **détermination de l'objectif**. Exemple :à la question « Y a-t-il un inconvénient à atteindre votre but ? », il répond : « Oui, un des collaborateurs voulait le poste de leader car il se sentait plus légitime que moi. Il risque de refuser de collaborer avec moi si j'obtiens le poste. » Dans ce cas, votre question suivante sera : « Est-ce que vous pouvez le gérer ? » Réponse possible : « Oui, il a donné sa démission et quitte l'entreprise dans 4 mois, je peux faire en sorte d'organiser le travail en tenant compte de cela. »
- Si votre coaché vous dit : « Lorsque je décide de recadrer ce collaborateur, c'est plus fort que moi : à chaque fois que je suis en face de lui, j'écoute ses remarques mais n'arrive pas à lui faire d'observation... », vous pouvez utiliser **le recadrage en 6 points** ; cela qui vous permettra de mettre en lumière l'intention positive qui se trouve derrière ce comportement inapproprié, revalorisera sa propre estime et fera émerger une solution nouvelle pour agir autrement.
- Si les **niveaux logiques** ont décelé une **croyance** selon laquelle « il ne faut pas faire de vagues », vous pourrez l'amener à réaliser qu'elle est inappropriée dans cette situation précise, puis, avec la **marelle des croyances**, il pourra adopter une croyance plus aidante comme « Recadrer une personne permet d'améliorer la justice et la qualité du travail ».

Point de vigilance

✓ Cette partie du plan d'action est la plus délicate, car elle met le coaché en contact avec son côté sombre : le risque ici est que le coaché souhaite interrompre les séances par pudeur ou peur de se confronter à cette part de lui-même. Il est nécessaire que le lien de confiance coaché/coach ait eu le temps de s'installer.

CONSEIL DE PRO

Ne vous transformez pas en psy !

Dans certains cas, il se peut que l'on se trouve à la frontière avec le domaine de la psychothérapie ; le coach doit y être très attentif et connaître les limites de sa compétence pour orienter son coaché vers un psychothérapeute. Il n'y a pas *a priori* d'incompatibilité à ce que le coaché fasse parallèlement un travail avec un autre spécialiste. En ce cas, il sera judicieux de les informer tous deux de l'existence d'un travail en parallèle.

Poser des actions concrètes

Pourquoi ?

Changer de comportement doit passer par la réalisation d'actions concrètes.

- Parce que les premiers pas, aussi petits soient-ils, même si ce sont les plus durs à accomplir, permettent d'insuffler une dynamique positive et seront révélateurs du changement.
- Parce que les actions répétées permettent la création d'habitudes et qu'elles provoquent des réactions en miroir de la part de l'entourage du coaché… qui elles-mêmes suscitent de nouvelles actions dans une boucle vertueuse.

Avec quels interlocuteurs ?

Le coaché principalement, mais là encore, l'approche systémique sera intéressante car la réaction du N+1 et des collaborateurs aura, elle aussi, une incidence sur le changement du coaché. Elle lui permettra de mesurer les résultats et ainsi d'ajuster les comportements si nécessaire.

Avec quels outils ?

On utilisera :

- la visualisation (→ *cf. Outil 39*) ;
- les niveaux logiques (→ *cf. Outil 31*).

Comment mettre l'action en œuvre ?

Cette partie de l'accompagnement est la plus agréable, tant pour le coach que pour le coaché, car elle va s'attacher aux ressources du coaché et lui permettre de prendre la posture désirée, tout en s'appuyant sur son propre style.

- Une fois listées les différentes actions à mettre en place rapidement (ex. : différentes étapes d'un projet, réunions périodiques), **les niveaux** logiques pourront être utilisés afin de permettre au coaché de mesurer quelle incidence son changement de posture aura sur son identités, et sur le sens même de sa vie.
- Enfin, utilisez **la visualisation**. Pour ce faire, vous pourrez, dans un premier temps, définir avec le coaché en position « dissociée » les circonstances dans lesquelles il évoluera une fois l'objectif atteint (lieu, personnes et actions futures). Dans un second temps, demandez au coaché de « s'associer » à la situation, comme s'il y était et, alors qu'il a les yeux ouverts ou fermés, accompagnez-le par la voix dans la visualisation de ce futur ainsi construit. Vous décrirez d'abord le contexte, les lieux, les différentes étapes en insistant sur ses ressentis positifs, de façon à ce qu'il puisse se visualiser comme dans un film de sa propre réussite.

Point de vigilance

✓ Avant d'entamer l'étape du passage à l'action, vous devez vous assurer que tous les freins et les obstacles ont été levés. Cela se vérifie par l'observation du coaché. Les pensées et les émotions du coaché doivent être alignées avec congruence. Si ce n'est pas le cas, vous le constaterez à travers d'infimes mouvements du visage, ou des petites phrases de doute. Il faudra alors continuer à travailler sur les freins.

INFO +

21 jours pour changer : info ou intox ?

En 1960, le chirurgien esthétique américain Maxwell Maltz constate qu'il faut un minimum de 21 jours à ses patients pour s'habituer à leur nouvelle image. De là à affirmer que cette durée est applicable à toutes les situations, le raccourci serait exagéré ; tout dépend de la nature de l'habitude, de la personne concernée et du niveau d'éloignement de la zone de confort que cela implique. Les changements en profondeur peuvent ainsi nécessiter plusieurs mois. Cependant, se fixer un objectif sur 21 jours peut être stimulant, car cette durée est suffisamment courte pour accepter de soutenir un effort et assez longue pour pouvoir en apprécier les bénéfices.

Cas d'entreprise

Comment un cadre opérationnel, promu responsable de pôle, réussit à prendre sa posture de leader face à ses anciens collègues.

- **Ses forces :** il connaît parfaitement le contexte et l'organisation existante. Il est reconnu comme un bon professionnel dans son domaine, très organisé et perfectionniste.
- **Ses faiblesses :** ce n'est pas un grand communicant. Il a des difficultés à déléguer, préfère les réunions en comité restreint.
- **Son objectif :** s'imposer en arbitre et décisionnaire vis-à-vis de son équipe. Faire de ses chefs d'équipe des managers, donner de la cohésion au groupe.
- **Les freins** pour passer à l'action : très réservé, il n'aime pas se mettre en avant. À chaque fois qu'il doit organiser des réunions collectives, il procrastine et ne sait pas comment faire.
- **Les leviers** qui lui ont permis de prendre sa place grâce au coaching : il a transformé une croyance limitante : « On ne peut se mettre en avant que si l'on est parfait » en une croyance plus aidante : « Je suis légitime dans mon travail et dans ce poste, il est normal de se mettre en avant ».
- Il a compris que **l'intention positive** de la partie de lui qui résistait était justement de bien faire, et que ne rien faire du tout était pire que de faire quelque chose d'imparfait. Il s'est construit un plan d'action réaliste, à sa mesure, et a trouvé son style : n'étant pas un grand communicant lui-même, il s'appuie sur les personnes qui aiment se mettre en avant et les encourage dans ce sens.

Conclusion : il a trouvé sa posture de leader en valorisant ses équipes.

CONSEIL DE PRO

Soi-même en mieux !

Le principal écueil dans le changement de posture est, pour les coachés, de vouloir devenir quelqu'un d'autre, d'agir comme un autre alors que le modèle, c'est juste « soi-même en mieux ». Cette compréhension ouvre des possibilités plus exaltantes, car rester soi-même est plus réaliste et demande moins d'énergie que de se mettre dans la peau d'un autre. Il s'agit de prendre appui sur ses talents, ses forces et particularités, puis de commencer à entrevoir tous les bénéfices d'un tel changement.

Les critères de réussite de votre plan d'action

- → Le coaché a trouvé une posture dans laquelle il se sent à l'aise.
- → Les actions à mettre en œuvre lui demandent peu d'énergie, car il s'appuie sur ses propres ressources.
- → Il constate les bénéfices de sa nouvelle posture grâce au feedback positif de ses équipes.

Objectif 8 Aborder les conflits

Quels que soient les motifs de conflit : valeurs, personnalité, intérêts, rôles, besoins..., qu'ils concernent une relation interpersonnelle ou toute une équipe, ils ont tous un point commun : une absence de compréhension de l'autre, considéré comme l'ennemi... et on se laisse croire que le monde serait meilleur si seulement il pouvait voir les choses comme nous.

Les 6 outils présentés dans ce chapitre ont pour objectif **d'amener le ou les coachés à élargir leur point de vue face au conflit**. La prise de recul qu'ils apportent permet de changer son regard sur l'autre, de le regarder sous un angle positif, et ainsi d'admettre que s'il se comporte d'une façon qui nous dépasse, il le fait pour des raisons aussi légitimes que les nôtres.

Les conflits génèrent des émotions négatives, une perte d'énergie, des actions improductives et sont source de risques psychosociaux. Amener votre coaché à appréhender son quotidien sous un angle positif fait naître une énergie salvatrice pour son bien-être et celui de son entourage, qui se trouvera alors entraîné avec lui dans une spirale positive.

Pour aborder les conflits, il vous faut :

- ✓ Réguler les émotions engendrées par le conflit : votre posture d'écoute active, neutre et bienveillante sera ici un atout déterminant.
- ✓ Savoir alterner les moments où votre coaché est associé à ses émotions pour être à l'écoute de lui-même et les moments où il sera utile qu'il s'en distancie.
- ✓ Amener votre coaché à accepter de faire le deuil d'un certain mode relationnel auquel il était habitué pour pouvoir se remettre en cause.
- ✓ Apporter à votre coaché des clés de lecture, l'accompagner et le guider vers l'expérimentation de nouvelles habitudes relationnelles.

Les outils clés

Outil 41

L'échelle des comportements

Une grille de lecture pour analyser les comportements générateurs de conflit et rechercher des solutions.

p. 132

Outil 42

Le triangle dramatique de Karpman

Cerner la part de responsabilité du coaché dans la naissance et l'entretien d'un conflit.

p. 134

Outil 43

Le triangle gagnant

Aider le coaché à adopter les comportements efficaces pour une sortie de conflit gagnant/gagnant.

p. 136

Outil 44

La communication non violente

Faire formuler une demande de changement de comportement à son ou ses interlocuteurs dans le double respect de soi-même et de l'autre.

p. 138

Outil 45

Les positions de perception

Le coaché est invité à se mettre à la place de ses interlocuteurs pour comprendre leur mode de fonctionnement.

p. 140

Outil 46

La chaise chaude

Amener une équipe à exprimer des besoins et des demandes pour une meilleure fluidité dans les relations.

p. 142

Le plan d'action

Apaiser les relations au sein d'un comité de direction . . . . p. 144

La première étape est de centrer la réflexion des membres du CODIR sur ce qui les rapproche : **rechercher des valeurs communes**, des objectifs partagés, des projets communs. La seconde est de **créer ou recréer des liens 2 à 2**. Enfin, les membres sont invités à définir le cadre du changement.

41 L'échelle des comportements

Présentation

Nos comportements étant pour la plupart spontanés, lorsque nous sommes mis en défaut par autrui, nos réactions varient en fonction de notre personnalité, de notre expérience et du contexte. L'échelle des comportement d'Arnaud Tonnelé décrit les différentes attitudes possibles face à une situation qui ne nous convient pas et les classe en deux grandes catégories :

- **Les comportements orientés « problèmes » :** au bas de l'échelle, se situe le comportement le moins responsable, qui consiste à ignorer la situation. Viennent ensuite ceux qui restent centrés sur le sujet de la tension : nier, se justifier ou accuser. Ils laissent l'interlocuteur collé au problème et empêche les protagonistes d'envisager l'avenir (situation **Parent-Enfant** → *cf. Outil 19*).
- **Les comportements orientés « solutions » :** le préalable à la recherche de solutions est d'assumer qu'il y a un problème dans lequel on a une part de responsabilité. Dès lors les deux protagonistes sont en **position Adulte-Adulte** (→ *cf. Outil 19*). Ils peuvent avancer dans la recherche de solutions constructives, en palliant la situation inconfortable, en apprenant de ce qui s'est passé et en imaginant un futur dans lequel cette situation ne se reproduira plus.

L'intérêt de l'échelle des comportements

Lorsqu'un coaché se questionne sur ses réactions en général, la présentation de l'échelle des comportements permet d'aborder le sujet simplement. Cet outil peut apporter une grille de lecture intéressante pour les parties si un conflit a du mal à trouver une issue.

Pour l'utiliser

- **En individuel**, le coach pourra choisir d'aborder cette échelle lorsqu'il sent que le coaché a un **comportement orienté problèmes**, qu'il accuse ou justifie ses actes et qu'il manque de recul sur sa propre responsabilité dans la situation qu'il expose. Il procédera de la manière suivante :
  - il incitera le coaché à réfléchir sur les différents comportements possibles face à une situation donnée en partant d'une situation de la vie courante ;
  - le coach présentera ensuite l'échelle des comportements en se servant des réponses de l'exercice précédent pour illustrer chaque étape ;
  - puis il demandera en quoi cette analyse résonne avec la problématique objet du coaching et comment s'élever dans l'échelle pour atteindre un comportement orienté solutions.
- **En coaching collectif**, l'outil peut être exploré grâce à des jeux d'improvisation. Le coach peut préparer des fiches décrivant des situations où l'un des participants est mis en défaut ; faire jouer les scènes spontanément, et proposer d'analyser la réaction de chacun et l'impact qu'elle a eu sur l'autre ; présenter l'échelle et faire rejouer les scènes en montant dans l'échelle.

L'échelle des comportements

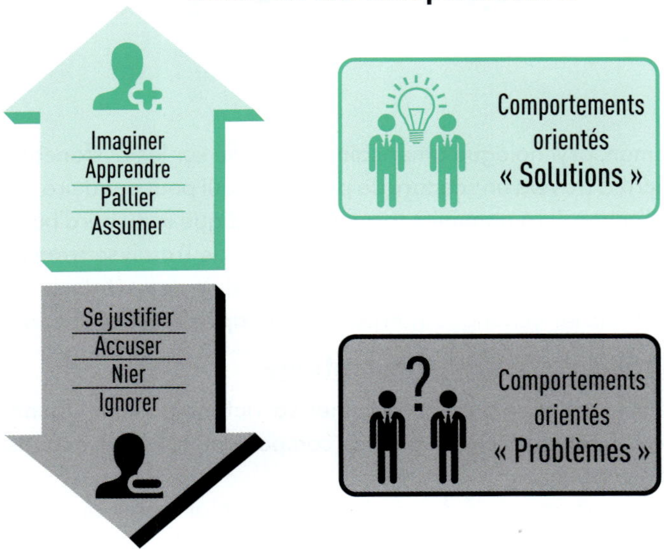

Un exemple d'application

Marc, chef de secteur dans l'édition, se plaint du manque de coopération de ses collègues et de leur incapacité la parution. Questionné sur ce qu'il a fait pour faire évoluer la situation, il évite la réflexion, accuse son manager et l'équipe et justifie son inaction. Il dit être dans une impasse.

Le coach décide donc de lui présenter l'échelle, comme sur le schéma, en insistant surtout sur l'exemple tiré de la vie de tous les jours, afin d'éviter que le coaché ne se sente jugé négativement dans sa posture actuelle.

Puis il lui propose d'imaginer des solutions aux différents freins qu'il rencontre sur le sujet :

- le responsable qui ne suit pas le projet ;
- les collègues qui travaillent sans le tenir informé ;
- les documents qu'il attend d'autres services.

En fin de séance, le participant a pris conscience de sa capacité à agir à 2 niveaux :

- en avançant sur les sujets qui sont de son ressort et pour lesquels il a assumé qu'il était en retard ;
- en recréant du dialogue avec les équipes et **son supérieur hiérarchique**, car il a compris qu'en assumant sa part de responsabilité dans la stagnation du projet, il pourrait déclencher un comportement positif auprès du reste de l'équipe.

Les pièges à éviter

- Utiliser l'outil **pour accuser une personne ou la mettre en défaut**. Il doit surtout permettre une prise de conscience.
- L'utiliser **pour analyser les autres**, c'est avant tout un outil d'auto-évaluation.

42 Le triangle dramatique de Karpman

Présentation

Steve Karpman, psychologue américain, a travaillé sur les dysfonctionnements relationnels. Il a décrit à travers un scénario le processus qui peut conduire une interaction entre individus à l'échec. Il l'a nommé « triangle dramatique », aujourd'hui aussi connu sous le nom de **triangle de Karpman**. C'est un outil issu de l'analyse transactionnelle (théorie créée dans les années 1950 par Éric Berne, qui postule des « états du moi » (Parent, Adulte, Enfant), et étudie les échanges interpersonnels, appelés « transactions ».

Les trois rôles du triangle dramatique

- Le persécuteur pense pouvoir dominer sa victime en lui imposant des règles, en la critiquant ou en remettant en cause son comportement ou ses actions. Il peut facilement devenir manipulateur.
- Le sauveteur est persuadé de savoir ce qu'il faut faire pour que les choses s'arrangent. Il vole au secours de la victime, qu'elle l'ait demandé ou non. De ce fait, il la conforte dans son statut de victime. Le sauveteur a de fortes chances de se transformer en victime qui attend vainement de la reconnaissance pour ses actions.
- Face à une situation injuste, et malgré tous ses efforts, la victime n'arrive pas à s'en sortir. Elle renvoie la responsabilité de ses problèmes sur les autres. Elle est en position apparemment passive, mais c'est aussi une position de force, car sans elle, les deux autres rôles n'ont pas de raison d'être.

Le triangle se crée dès que l'un des protagonistes prend un rôle. Celui de victime est systématiquement présent dans cette représentation. Les personnages peuvent intervertir leur position au cours des échanges.

L'intérêt du triangle dramatique de Karpman

- Comprendre comment une situation qui dysfonctionne se met en place.
- Identifier les jeux de manipulation qui s'installent derrière les mots et les attitudes.
- Aider le coaché à comprendre sa part de responsabilité dans la relation indésirable.
- Chercher une solution de sortie afin de retrouver une relation saine.

Pour l'utiliser

Cet outil peut être utilisé :
- en coaching individuel ou d'équipe ;
- en posant des questions sur les attitudes des protagonistes ;
- en recherchant les solutions de sortie du triangle.

Le triangle dramatique de Karpman

LE PERSÉCUTEUR

Sa position de vie** :
Je suis OK. Tu n'es pas OK.

Il accuse et sanctionne.

Sa croyance : la victime n'a pas d'importance.

LA VICTIME

Sa position de vie** :
Je ne suis pas OK.
Tu es OK.

Il ne prend pas de responsabilités.

Sa croyance : je ne peux pas résoudre mon problème.

LE SAUVETEUR*

Sa position de vie** :
Je suis OK si j'aide les autres.
Tu n'es pas OK.

Il confine la victime dans un rôle d'assisté.

Sa croyance : la victime ne peut pas résoudre son problème.

* Traduit de l'anglais « rescuer » par sauveur ou sauveteur selon les auteurs

**→ *cf. Outil 19*

Un exemple d'application

Nicolas, cadre dans l'industrie pharmaceutique, ne supporte pas les observations de Jean, son responsable hiérarchique, qu'il décrit comme tyrannique. Les collègues de Nicolas ont fait remonter l'information à Jean.

Dans ce cas particulier, Nicolas se positionne en victime, Jean devient persécuteur et ses collègues sauveteurs.

Alexandre, son coach, explore la façon dont démarre la relation dramatique (ce que l'analyse transactionnelle nomme « l'invitation au jeu ») :

- La posture de Nicolas en tant que victime incite-elle inconsciemment Jean à se positionner en persécuteur ?
- Le ton et les mots employés par Jean ont-ils tendance à infantiliser Nicolas, qui du coup réagit en enfant ? (→ *cf.* Outil 19).
- La motivation de ses collègues est-elle altruiste, manipulatrice (ou autre) ?

Ces observations permettent à Nicolas de prendre du recul et d'agir pour stopper le scénario. Alexandre propose à Nicolas de rechercher l'**intention positive** des protagonistes (→ *cf.* Outil 51) et de travailler l'assertivité en utilisant **le triangle gagnant** (→ *cf.* Outil 43). Ces exercices ont permis à Nicolas d'adopter une nouvelle posture face à son responsable et de reprendre une relation saine et équilibrée ou **Adulte-Adulte** (→ *cf.* Outil 19).

Les pièges à éviter

- Pour le coach, **prendre l'une des 3 postures** du triangle en réponse à celle du coaché, et donc **perdre sa neutralité**.
- **Confondre le rôle joué dans le triangle et l'identité du** coaché (nous ne sommes pas nos comportements).

43 Le triangle gagnant

Présentation

En analyse transactionnelle, Acey Choy a modélisé un autre triangle, qui propose de remplacer les rôles relationnels par **trois comportements plus favorables à la relation**. Elle propose une piste de sortie du triangle de Karpman (➜ *cf. Outil 42*) par des alternatives relationnelles positives qui induisent une **relation gagnant/gagnant**.

L'auteur préconise de remplacer le comportement « victime » par la vulnérabilité, le comportement « sauveteur » par la bienveillance empathique, le comportement « persécuteur » par l'affirmation de soi.

- **La vulnérabilité** consiste avant tout à reconnaître les situations qui génèrent des émotions négatives et à être capable de les partager. S'autoriser à montrer ses failles et ses fragilités requiert force morale et courage. C'est là le reflet d'une estime de soi solide, qui ne craint pas la relation ni le regard de l'autre et qui inspire le respect.
- **Le souci de l'autre**, ou **bienveillance empathique** (traduction du terme *caring* employé par Acey Choy), est une attention particulière à l'autre, une envie de le comprendre tel qu'il est, en acceptant les différences, sans intention particulière. Elle s'apparente à la posture du coach.
- **L'affirmation de soi** est une façon d'exprimer ses opinions et ses besoins avec aisance et assurance, qui laisse une place équitable à l'autre dans la relation. Développer l'affirmation de soi permet de se respecter soi-même en s'exprimant directement, sans détour, mais avec considération. Cette attitude diminue le stress personnel et n'en induit pas chez autrui, ce qui accroît l'efficacité des échanges.

L'intérêt du triangle gagnant

- Adopter les justes postures dans les relations interpersonnelles.
- Gagner en efficacité relationnelle.
- Amener le coaché à inciter, par son comportement assertif, ses interlocuteurs à revenir vers une communication saine.

Pour l'utiliser

- Amener le coaché à repérer les attitudes qui pourraient contribuer à créer ou attiser le conflit ; selon les attitudes ainsi repérées, le coach peut définir les attitudes positives correspondantes.
- Proposer au coaché de « rejouer » une scène vécue ou qui pourrait survenir en adoptant l'attitude positive, pour lui faire percevoir le moyen de trouver une issue positive au conflit.

Le triangle gagnant selon Acey Choy*

AFFIRMATION DE SOI

Version positive du PERSÉCUTEUR.

Parent normatif positif.

Je suis OK. Tu es OK.

Donne son avis et propose sa vision du monde, en acceptant que l'autre ait un avis différent.

VULNÉRABILITÉ

Version positive de la VICTIME.

Enfant adapté positif : reconnaît ses émotions.

Adulte : analyse et formule ses émotions.

Je suis OK. Tu es OK.
Demande l'aide dont il a besoin.

SOUCI DE L'AUTRE

Version positive du SAUVETEUR.

Parent nourricier positif.

Tu es OK. Je suis OK.

Redonne à la victime sa part de responsabilité.

Propose une aide en cas de besoin.

* Version positive du triangle dramatique (→ *Outil 42*)

Un exemple d'application

Ghislain est cadre dans une banque, il consulte Mathilde, coach, pour l'aider à se positionner en fonction de ses interlocuteurs :

- Avec ses collègues, il dit que « c'est toujours sur lui que ça tombe et qu'il se fait tout le temps *avoir* ». Pour l'extraire du rôle de victime, Mathilde l'incite à exprimer sa vulnérabilité : en quoi la situation vécue est-elle pénible pour vous ? Puis elle le confronte : avez-vous déjà tenté d'exprimer ce que vous considérez comme une injustice ? Quels mots avez-vous utilisés et sur quel ton ? Qu'auriez-vous pu dire à la place ?
- Avec ses collaborateurs, Ghislain fait le travail à leur place lorsqu'ils « ne sont pas sûrs de pouvoir rendre le travail à temps ». Pour le faire sortir de son rôle de sauveteur, Mathilde le guide vers le souci de l'autre en lui demandant quel est le sens de leur remarque : veulent-ils de l'aide ? de la reconnaissance ? un délai supplémentaire ? Puis, elle lui fait percevoir la différence entre *anticiper* et *répondre* à une demande. Elle propose à Ghislain de se demander s'il a les capacités, la disponibilité et/ou l'envie d'y répondre avant de se précipiter dans l'action.
- Avec son N+1, lorsque, Ghislain constate qu'il n'a pas tenu ses engagements, il se fait persécuteur. Mathilde l'amène vers l'affirmation de soi en lui demandant comment il pourrait exprimer son insatisfaction avec respect pour l'inciter à tenir ses engagements.

Les pièges à éviter

- Poser un diagnostic rapide **sans permettre au coaché de cheminer seul.**
- **Apporter la solution qui paraît évidente** pour le coach.

44 La communication non violente

Présentation

La communication non violente, ou CNV, est un mode de communication élaboré par Marshall B. Rosenberg aux USA dans les années 1970, qui vise à permettre une communication respectueuse des parties prenantes de la discussion. Elle est aussi nommée « communication empathique » et a été popularisée en France par des auteurs comme David Servan-Schreiber ou Thomas d'Ansembourg.

Utilisée dans l'environnement personnel comme professionnel, elle permet de faire évoluer des situations inconfortables en faisant preuve **d'assertivité** et **d'empathie**.

L'intérêt de la communication non violente

- Les personnes qui choisissent d'adopter ce mode de communication constatent que leurs échanges sont plus respectueux de l'autre, mais aussi de leurs propres positions. Elles se sentent plus à l'aise pour parler de ce qui ne leur convient pas et obtiennent plus facilement la coopération des personnes avec qui elles communiquent.
- Certains managers l'utilisent aussi dans le recadrage de leurs équipes, ce qui contribue à créer un climat de confiance et de transparence.

Pour l'utiliser

Cette méthode est utile dès qu'un individu souhaite demander à un autre de modifier un comportement. En tant que coach, vous pourrez accompagner votre coaché à préparer une discussion. Cette préparation peut se faire à l'oral ou à l'écrit, en quatre étapes.

- Lui demander dans un premier temps de décrire les faits : ce qui ne lui convient pas, qu'il souhaite voir évoluer chez l'autre. Vous traquerez les éléments non factuels (ex. : il se met *toujours* en colère, il trouve *mille excuses* pour ne pas nous aider…).
- L'aider à identifier son ressenti face à la situation.
- L'accompagner à formuler son besoin de changement.
- Lui proposer de réfléchir à une phrase qui pourrait sceller l'accord entre son interlocuteur et lui-même.

Une fois le travail préparé, le coach pourra proposer de jouer cette scène sous forme de jeu de rôle. Cela permettra de vérifier que la discussion est fluide, l'enchaînement cohérent, la posture en relation avec le message et que les étapes sont bien respectées.

Complément numérique → lienmini.fr/proen20

Les étapes de la communication non violente

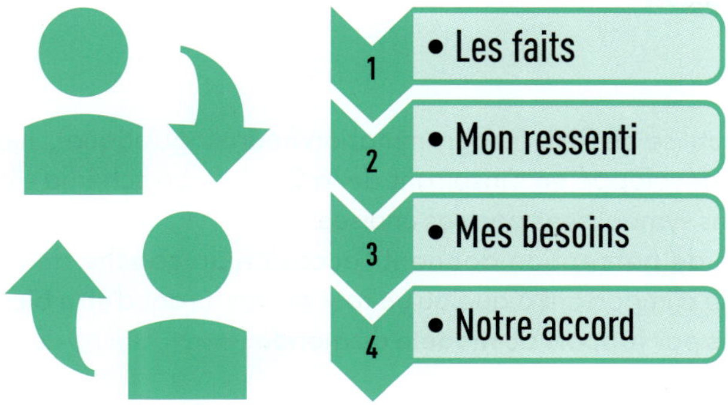

Un exemple d'application

Un salarié prépare tous les mois un travail qui est présenté en CODIR par son manager. Il n'a pas de retour sur les décisions qui sont prises suite à son travail, sauf occasionnellement, dans des discussions courantes.

Sa frustration est réelle, et il est de moins en moins motivé pour produire ce travail. Il prend conscience que cette situation peut évoluer grâce à son coaching, et décide donc d'en parler à son manager. Voici comment il a préparé à l'écrit, puis à l'oral, une simulation d'entretien :

1 - Les faits : « Chaque mois depuis mai dernier, je vous prépare le dossier de présentation au CODIR. Cela me prend 4 à 6 heures pour compiler et vérifier les données. »

2 - Mon ressenti : « Je suis fier de pouvoir contribuer aux réflexions du CODIR, mais aussi frustré de ne pas savoir ce qui est dit sur mon dossier et les décisions qui sont prises sur les sujets que je traite. »

3 - Mes besoins : « J'aimerais vraiment que vous puissiez me faire un retour rapide sur mon travail et comment il est utilisé. »

4 - Notre accord : « Pensez-vous qu'il serait possible de prévoir un point de 5 minutes après chaque CODIR pour en discuter ? »

Le manager a accepté très spontanément et a demandé au salarié de lui rappeler son engagement s'il oubliait. Le salarié reçoit un feedback mensuel sur son travail, il est plus impliqué, et comme il comprend mieux l'usage qui est fait du dossier, sa qualité s'en trouve améliorée.

Les pièges à éviter

- Oublier, ou délibérément **sauter une étape**.
- **Ne pas attendre la réponse de l'interlocuteur** sur la phase d'accord.
- **Se noyer dans les détails** ou les justifications. Plus l'interaction est courte, plus elle est impactante.

45 Les positions de perception

Présentation

Cet outil est utilisé en **PNL** (programmation neurolinguistique). Judith Delozier et John Grinder l'ont développé en s'inspirant de la Gestalt. Le schéma d'origine ne présentait que 2 positions symbolisées par des chaises.

Les positions de perception donnent l'occasion au coaché de dire ou de demander quelque chose d'important à quelqu'un tout en s'assurant d'être bien compris en utilisant les mots justes par rapport au **modèle du monde** (→ *cf. Outil 13*) de la personne à laquelle il s'adresse.

En coaching individuel, après avoir déterminé l'objectif (→ *cf. Outil 5*), le coach positionne 3 repères au sol (espacés d'un mètre entre chaque) correspondant au schéma des positions de perception ① ② ③.

Le protocole

En position ③ MÉTA : position de prise de recul, le coaché explique au coach ce qu'il souhaite dire à une personne (ce peut être une personne mais également un groupe de personnes pris dans son ensemble, comme une équipe ou une partie de l'équipe).

En position ① MOI, le coaché, centré sur ses émotions, s'adresse virtuellement à son interlocuteur que l'on imagine en position ② et lui dit ce qu'il a à lui dire.

Le coach invite le coaché à se mettre en position ③ pour se dissocier de ses émotions, puis à se mettre en position ② L'AUTRE : dans cette position, le coaché se met à la place de l'autre. Il imagine le point de vue de son interlocuteur et tente de voir la situation à travers ses yeux, avec sa logique. Il écoute en imagination ce qui vient d'être dit en position ①.

De retour en position ②, le coach demande au coaché si il y aurait une meilleure façon de faire passer son message.

En position ①, le coaché trouve une meilleure formulation.

En position ②, le coaché écoute cette nouvelle formulation et décide si celle-ci lui convient.

Plusieurs passages par les 3 positions peuvent être nécessaires jusqu'à ce que la bonne formulation soit trouvée.

L'intérêt des positions de perception

Cet outil permet de :

- se dissocier de ses émotions pour éviter d'agir sous leur emprise ;
- accéder plus facilement à sa partie rationnelle et objective pour s'exprimer avec calme et assertivité ;
- constater en quoi les visions du monde peuvent être différentes ;
- formuler des demandes dans le respect et l'acceptation de la particularité de l'autre pour être réellement compris et entendu.

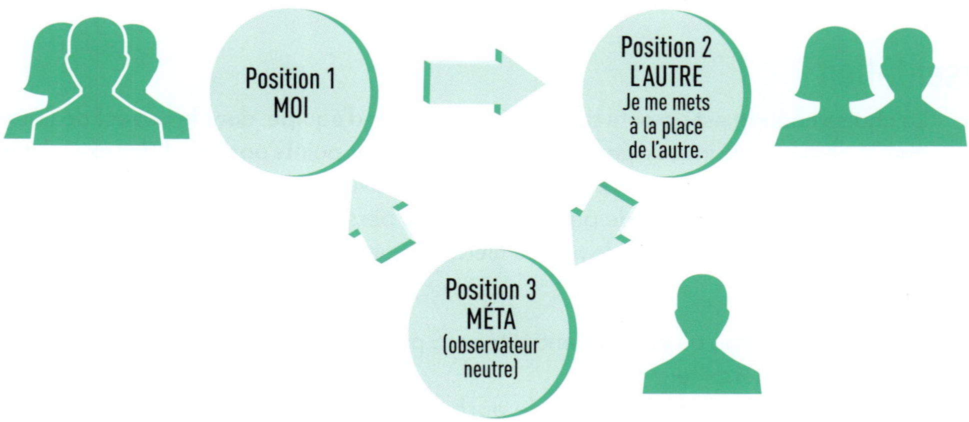

Un exemple d'application

Pierre, cadre dans une entreprise de services, vit une relation tendue avec un de ses collaborateurs qui a du mal à tenir les délais. Pierre souhaite trouver avec Marc, son coach, une solution pour lui faire passer le message, sans le brusquer.

Avec Marc, Pierre constate qu'il s'est toujours adressé à son collaborateur à partir de **son propre modèle du monde (position ①)** : « quand on est consciencieux, on doit tenir ses délais », sans tenir compte du sien.

En **se mettant à la place de son collaborateur, dans la position ②**, il découvre que ce dernier ne fonctionne pas comme lui et ne peut donc pas agir comme lui. Son collaborateur ne sait pas s'organiser malgré une bonne volonté manifeste. Considérant cela, il comprend combien son interlocuteur s'est senti blessé, et pourquoi ses remarques passées n'ont pas pu fonctionner.

Au lieu d'accuser, Pierre décide de lui proposer son aide : « Comment puis-je t'aider dans ton organisation ? »

Retourné en position ②, il saisit immédiatement l'impact de cette nouvelle formulation sur son interlocuteur qui ne se sent plus accusé, mais compris.

En position ③, Pierre est impressionné par le pouvoir d'un simple changement de formulation sur la qualité de la relation.

Les pièges à éviter

- **Manquer de vigilance dans les positions ① et ② sur la posture du coaché,** qui doit absolument être centré sur ses sens (ce qu'il voit, entend, ressent) et non sur son mental.
- **Rester dans le ressenti en position ③.** Dans cette position de recul, le coach doit s'assurer à l'inverse que le coaché s'est « dissocié » de ses émotions.

46 La chaise chaude

Présentation

La chaise chaude est un outil de base du **coaching d'équipe**, dont le but est de libérer la parole des participants, de permettre **l'expression des points positifs et des axes d'amélioration dans les relations interpersonnelles d'un individu au sein d'un groupe**. Il se pratique idéalement sur un groupe de petite taille (6 à 8 personnes), entre personnes travaillant régulièrement ensemble, et de niveau hiérarchique équivalent.

Protocole

- Choisir un endroit où la confidentialité sera préservée, que ce soit dans l'entreprise ou, mieux encore, hors site.
- Installer autant de chaises que de participants en demi-cercle. La dernière chaise, appelée la chaise chaude, est placée au centre, face aux autres.
- Proposer une liste de thématiques sur lesquelles les participants devront faire un retour à chacun des autres membres du groupe. Voici quelques exemples de questions de chaise chaude :
  - ce que j'apprécie particulièrement chez toi/dans notre relation ;
  - ce dont j'aurais besoin pour mieux travailler avec toi ;
  - ce que je te propose ;
  - ce que je suis prêt(e) à apporter pour y parvenir ;
  - ce que tu apportes à l'équipe/l'entreprise.
- Laisser le temps aux participants de préparer leurs réponses.
- Puis **expliquer l'exercice** : un participant viendra s'asseoir sur la chaise chaude, et recevra un retour de chacun aux questions posées. Dans une posture d'écoute, il pourra prendre des notes, mais ne répondra pas. Ensuite, une seconde personne viendra sur la chaise chaude et l'exercice se répétera jusqu'à ce que tous soient passés.
- Rappeler l'importance de l'honnêteté et de la bienveillance pour la réussite de l'exercice. Le coach est le gardien de ces valeurs.
- Observer **les réactions, et en particulier le non-verbal des participants.**
- Lorsque tous sont passés, proposer un temps de réflexion sur les demandes que chacun a reçues et la manière dont ils comptent y répondre.
- Refaire un tour de chaise chaude en proposant à celui qui est assis au centre de reformuler la demande de chaque membre puis d'y répondre.

Complément numérique → lienmini.fr/proen21

L'intérêt de l'exercice de la chaise chaude

- Il permet à un groupe de faire le point sur les relations interpersonnelles entre chaque participant.
- Il incite chaque participant à exprimer les points positifs et les axes d'amélioration qu'il souhaite dans sa relation avec les autres.
- Il permet de formuler une demande claire de changement de comportement.
- Il permet une réponse et un engagement de la part de chacun.

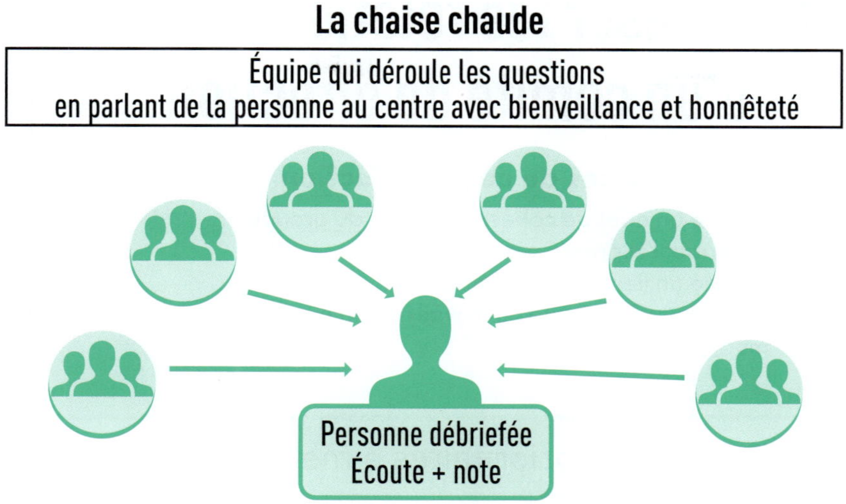

Un exemple d'application

Une entreprise a nommé une équipe projet pour déployer un nouveau logiciel informatique. Les participants travaillent ensemble depuis quelques mois et il apparaît que des clans se sont formés, certaines personnes refusant de parler à d'autres. Les informations ne s'échangent plus que par mail.

Compte tenu de l'enjeu, la direction décide de faire intervenir un coach lors d'un point intermédiaire. Une demi-journée est consacrée à l'exercice.

Le coach a choisi des questions spécifiques pour ce groupe :

- ce qui fait de toi un acteur clé du projet ;
- ce que j'apprécie dans notre manière de communiquer ;
- ce dont j'ai besoin pour mieux collaborer avec toi ;
- ce que je suis prêt à faire pour que nous collaborions mieux ;
- ce que tu apportes au groupe projet.

L'exercice réalisé, le coach a constaté que la confiance entre les participants s'était améliorée et que des paroles vraies avaient été échangées. Le coach a proposé aux participants d'utiliser ce qui avait été dit pour écrire de nouvelles règles de fonctionnement. Ils ont donc aussi décidé :

- d'organiser des réunions plus fréquentes et plus courtes, auxquelles tous participeraient ;
- de limiter les e-mails collectifs et de les remplacer, autant que possible, par des rendez-vous en sous-groupe.

Les pièges à éviter

- **Vouloir meubler les moments de silence** ou de forte émotion. Le silence permet à chacun de prendre la mesure de ce qui est dit, et il est important de le respecter.
- **Presser les participants** pour respecter un timing. Des choses importantes sont dites lors de cet exercice, et pour qu'elles s'expriment, il faut laisser du temps à chacun.

Plan d'action

Apaiser les relations au sein d'un comité de direction

Les bénéfices de ce plan d'action

- Crée un effet de cohésion au sein du groupe.
- Permet l'expression des non-dits.
- Crée un lien nouveau entre les membres.
- Améliore l'efficacité du travail en commun et la recherche de solutions mutuellement bénéfiques.

Les actions prioritaires à mettre en œuvre

- Rechercher des valeurs communes (voir ci-dessous)
- Créer des liens 2 à 2 (voir p. 146-147)

Rechercher des valeurs communes

Lorsqu'un groupe manque de cohésion, faire ressortir ses valeurs communes permet de tisser des liens forts. L'objectif sera :

- d'orienter les participants sur les éléments qui les rapprochent, plutôt que sur ceux qui les divisent ;
- de les fédérer autour de leurs valeurs communes, qu'ils pourront faire vivre dans leur activité quotidienne ;
- de donner des éléments de réponse aux questions qui se posent en CODIR, sur ce qu'il faut faire et sur la manière de le faire.

Dans quel contexte ?

Ce travail peut être nécessaire :

- lorsque les membres du CODIR constatent des tensions récurrentes ;
- lorsque les émotions altèrent l'objectivité des décisions ;
- lorsque les objectifs individuels prennent le pas sur les objectifs collectifs, et que la gouvernance devient compliquée ;
- lorsque le CODIR est constitué de clans, et que des rapports de force se sont installés ;
- lorsque le CODIR est dans une situation de blocage total.

Avec quels outils ?

Pour réaliser ce travail, le coach rassemblera les éléments suivants :

- la liste des valeurs portées par l'entreprise, si elle existe ;
- éventuellement, un petit questionnaire élaboré sur mesure par le coach, à destination de chaque participant ou du groupe, pour entamer la réflexion.

Comment mettre en œuvre l'activité ?

- Choisissez un **espace de travail** agréable, idéalement en dehors de l'entreprise, pour favoriser la prise de recul avec l'activité.
- **Invitez l'ensemble des membres du CODIR**, y compris le dirigeant.
- **Prévoyez un *ice-breaker*** simple, par exemple un tour de table où chacun explique au groupe sa « météo de la journée », reflet de son état émotionnel : « pour moi, c'est une journée ensoleillée car j'ai plein de choses à découvrir », « pour moi c'est une journée mitigée car je suis content d'être là, mais inquiet de tout le travail qui m'attend en revenant de cette journée »...)
- Assurez-vous que vous disposez d'au moins 1 h 30 sans être dérangés – téléphones portables coupés et ordinateurs éteints.
- Pour **lancer la discussion autour des valeurs** de l'entreprise, il est intéressant de prendre des biais, plutôt que de poser de but en blanc la question « quelles sont les valeurs de notre entreprise ? » Choisissez un angle d'attaque, par exemple la vision « clients » : « À votre avis, qu'est-ce qui fait de nous une entreprise de valeur pour nos clients ? » ou la vision « salariés » : « Citez une situation dans laquelle vous avez été fiers de votre entreprise ». À partir de situations concrètes évoquées par les participants, vous pourrez ensuite leur demander quelles valeurs ces situations évoquent pour eux.
- **Organisez un support** pour accueillir l'ensemble des réponses, par exemple un paperboard, un tableau, des post-its... L'important est de collecter l'ensemble des valeurs évoquées, de regrouper celles qui sont mentionnées à plusieurs reprises, pour ne sélectionner finalement que celles qui font l'unanimité au sein du groupe.
- **Imprimez un support** pour formaliser les 3 ou 4 valeurs communes qui animent le groupe, par exemple un blason en papier vierge, sur lequel les participants dessinent les valeurs. Ce blason devient alors une œuvre collective et un outil de mémoire efficace et porteur de sens pour le groupe.

Complément numérique →

lienmini.fr/proen22

Points de vigilance

✓ Lorsqu'un groupe travaille sur les **valeurs de l'entreprise**, il peut être tenté de se remémorer des situations lors desquelles l'entreprise n'a pas été exemplaire. N'hésitez pas, dans cette situation, à recadrer le groupe pour le **focaliser sur le futur et non le passé**.

✓ Il ne sert à rien de vouloir « guider » les participants pour arriver à un résultat convenu. Cela pourrait être perçu comme de la manipulation et ne passerait pas inaperçu.

CONSEIL DE PRO

Partager des valeurs universelles

Si votre groupe peine à trouver des valeurs communes, vous pouvez leur soumettre **la liste des valeurs universelles de Shalom Schwartz**. Ces dix valeurs sont : autonomie, stimulation, hédonisme, réussite, pouvoir, sécurité, conformité, tradition, bienveillance et universalisme. Cette liste, élaborée dans les années 1990, a été mise à l'épreuve de différentes cultures afin de s'assurer que tous les peuples partagent ces valeurs.

Créer des liens 2 à 2

Pourquoi ?

Créés pour faciliter la prise de décisions, les CODIR peuvent devenir sources de tensions, car :

- les participants ne se connaissent pas forcément tous très bien ;
- ils n'ont pas analysé comment fonctionnent les autres ;
- ils négligent l'homme ou la femme qui se cache derrière le professionnel ;
- ce travail laisse peu de place à l'humain et à l'émotion, qui sont deux facteurs clés dans l'apaisement des relations.

Dans quel contexte ?

Il faut parfois une aide extérieure pour créer le lien manquant et avancer vers un fonctionnement plus efficace, principalement :

- lorsque le CODIR est jeune, et que ses membres ne se connaissent pas bien ;
- lorsqu'il existe un manque de coopération flagrant entre les participants.
- lorsque des années de travail en commun ont cristallisé des tensions qui bloquent son bon fonctionnement.

Avec quels outils ?

De nombreux outils peuvent permettre de faire connaissance deux à deux. Vous pouvez les créer sur mesure, ou adapter des modèles existants d'activités. L'important est que vos participants aient un support commun qui leur permette de parler d'eux :

- un questionnaire de découverte que vous aurez créé ;
- un portrait chinois à compléter puis à partager → *cf. Outil 18* ;
- un questionnaire de la chaise chaude → *cf. Outil 46*.

Comment mettre l'activité en œuvre ?

- Choisissez un lieu adapté, qui permette à chaque binôme de s'isoler sans risquer d'être entendu par les autres, à l'intérieur ou à l'extérieur.
- Prévoyez un temps suffisant pour cette activité. Comptez au moins 30 minutes par discussion au sein d'un binôme, soit 3 h 30 minimum pour 7 à 8 personnes.

Point de vigilance

✓ Cet exercice prend du temps, et l'on peut être tenté d'être strict sur le timing pour en faciliter l'organisation. Or, c'est souvent à la fin de la conversation que se disent les choses importantes. C'est donc au coach d'apprécier s'il doit déranger un groupe pour le faire passer au binôme suivant, ou s'il faut le laisser achever une discussion importante.

INFO +

Joseph Joubert, moraliste français (1754-1824) ayant fortement influencé Chateaubriand, disait : « On peut convaincre les autres par ses propres raisons, mais on ne les persuade que par les leurs ». S'intéresser à ce qui fait avancer l'autre, comprendre son modèle du monde (→ *cf. Outil 13*) donne des éléments pour permettre d'avancer ensemble et, bien souvent, en détaillant les valeurs de chacun, on peut parvenir à trouver une valeur commune.

Cas d'entreprise

Rétablir la communication

Dans une entreprise familiale de production industrielle, 3 des membres du CODIR sont frères ou cousins. Les tensions sont grandes, et pour éviter les conflits ouverts, le CODIR ne se réunit pratiquement plus. Les résultats de l'entreprise régressent. Conscients qu'ils sont en danger, les dirigeants ont décidé de faire appel à un coach.

Après analyse du contexte, le coach décide de faire un **travail sur les valeurs communes des participants.** Ils sont d'accord sur les fondamentaux mais divergent sur la gestion au quotidien, la manière de communiquer et de prendre des décisions.

La **formalisation des valeurs sous forme d'un blason** a deux objectifs : les faire travailler ensemble autour de ce qui les rassemble, et créer un outil de mémoire qu'ils retrouveront dans les moments de tensions.

Le coach décide ensuite de **mettre en place une version détournée de la chaise chaude.** Il décide de faire l'exercice 2 à 2, chaque participant rencontrant l'un des deux autres dans des entretiens en tête-à-tête.

L'exercice a commencé difficilement, l'un des participants refusant de répondre à la question « ce que j'apprécie dans notre relation ». Le coach, alors en observation, a dû **se rapprocher du groupe pour rappeler la consigne**, et la nécessité de se prêter honnêtement au jeu pour avancer vers l'objectif commun. Par sa présence, et son questionnement, il a évité que l'exercice échoue.

Une fois cette difficulté surmontée, les autres réponses sont venues plus spontanément. Le coach a pu reprendre son observation de la dynamique du groupe.

À la fin de l'exercice, les coachés se sont réunis pour faire le point sur leurs apprentissages. Ils ont collectivement pris conscience du fait qu'ils avaient cessé de communiquer depuis plusieurs mois. Ils ont pris l'engagement de **respecter le planning des réunions de CODIR et d'accorder à chacun un temps de parole dédié.**

INFO +

CODIR, COMEX, COMOP & Co.

Le nom de CODIR recouvre des réalités variables. Traditionnellement, il regroupe le dirigeant et les responsables des principales fonctions de l'entreprise – commercial, finance, production, RH, et toute autre fonction clé en rapport avec l'activité ; soit tout au plus 8 personnes (un CODIR trop grand est une des sources d'échec).
Certaines structures choisissent d'élargir l'accès au CODIR et constituent un second cercle. Il est parfois nommé COMEX (pour comité exécutif) ou COMOP (comité opérationnel).
En tant que coach, vous avez tout intérêt à **valider avec le dirigeant quels sont les rôles et responsabilités des membres de son CODIR, et ce qu'il en attend.** Cela vous permettra d'évaluer si tous les membres sont au clair sur ces points.

Les critères de réussite de votre plan d'action

- Les participants ont des interactions fluides, ils se parlent de manière ouverte et respectueuse.
- Chacun se sent libre d'exposer son point de vue.
- Des décisions collégiales sont prises sans qu'un groupe se sente « perdant » dans la relation.

Objectif 9 Aider le coaché à faire face au stress

De nombreux facteurs sont générateurs de stress : le contenu du travail à effectuer (exigences quantitatives, qualitatives, monotonie…), les facteurs liés à l'organisation du travail, aux relations de travail, à l'utilisation croissante des techniques de communication à distance, l'incertitude sur l'avenir de l'entreprise…. Ces différents facteurs n'ont pas prise de manière identique sur tous les individus. Face à une situation identique, le stress peut prendre une apparence et un degré d'intensité différents d'un individu à l'autre.

Cette différence s'explique par la façon dont chacun perçoit le monde professionnel, sa charge de travail, son niveau d'exigence, sa façon de réagir à une forme de pression ou la nature de la relation interpersonnelle avec sa hiérarchie, ses collaborateurs, ses collègues.

En situation de stress, le coaché va mobiliser des pensées et des émotions qui peuvent le submerger au point de le rendre incapable d'agir, d'avoir des réactions incontrôlées ou qui peuvent nuire gravement à sa santé.

La valeur ajoutée du coach sera d'aider le coaché à transformer cette énergie négative en une énergie ressources qui lui apportera plus de sérénité.

Cet Objectif propose, pour aider le coaché à faire face au stress, des outils et un plan d'action afin de :

- ✓ Lui faire prendre conscience de ce qui provoque le stress chez lui.
- ✓ L'aider à prendre du recul sur la perception qu'il se fait du facteur de stress.
- ✓ Lui donner la possibilité de trouver en lui les ressources nécessaires pour affronter les moments difficiles avec plus de sérénité.
- ✓ Lui apporter des outils permettant de ne pas se laisser submerger par le flot des pensées qui génèrent du stress.

Les outils clés

Outil 47

La balance sollicitations/capacités

Trouver l'origine du stress à travers la perception que se fait le coaché des sollicitations et de ses capacités à y répondre.

p. 150

Outil 48

Les 3 pôles du fonctionnement humain

Intervenir sur l'un des pôles du fonctionnement humain pour diminuer le stress.

p. 152

Outil 49

Les états internes

Comprendre ce qui provoque le stress chez le coaché pour l'aider à prendre du recul sur les situations.

p. 154

Outil 50

L'ancrage de ressources

Apporter au coaché les ressources dont il a besoin pour être plus serein en situation de stress.

p. 156

Outil 51

L'intention positive

S'appuyer sur les besoins impérieux qui guident les comportements du coaché pour qu'il en fasse ses atouts.

p. 158

Outil 52

La méditation guidée

Aider le coaché à prendre de la distance par rapport à une charge mentale anxiogène.

p. 160

Le plan d'action

Aider le coaché à prendre la parole en public . . . . p. 162

La première étape pour le coach est **d'aider le coaché à préparer sereinement son intervention.** Il lui faut pour cela déterminer les éléments déclencheurs de son stress par rapport à cette prise de parole, puis trouver les leviers pour apaiser son mental et lui donner les moyens de bien préparer son discours.

La seconde étape est **d'aider le coaché à se mettre en condition pour le jour J**, en s'appuyant sur des ressources aidantes pour lui et en l'amenant à trouver le style dans lequel il se sentira le mieux.

47 La balance sollicitations/capacités

Présentation

Selon l'agence pour la santé et la sécurité au travail, le stress est généré par « le déséquilibre entre la perception qu'une personne a des contraintes que lui impose son environnement de travail et la perception qu'elle a de ses propres ressources pour y faire face ».

L'intérêt de la balance sollicitations/capacités

La balance sollicitations/capacités est un outil qui permet d'identifier ce qui est à l'origine du stress de votre coaché, afin de pouvoir agir sur ses perceptions.
Lorsque la balance est équilibrée entre sollicitations et capacités, il n'y a *a priori* pas de stress. Lorsque les sollicitations sont légèrement supérieures aux capacités, il peut s'agir d'un challenge stimulant si la situation ne dure pas trop longtemps.
En revanche, si le coaché ne se sent pas capable de répondre aux sollicitations ou à l'inverse si la sollicitation est très inférieure aux capacités du coaché et que le déséquilibre est trop important entre les sollicitations et les capacités, il peut y avoir un danger pour sa santé mentale et physique, surtout si la situation se prolonge dans le temps.

Questionner et orienter le travail

En coaching, on constate souvent qu'une même situation peut être vécue différemment d'un individu à l'autre.
Le rôle du coach est de questionner le coaché à travers son cadre de référence (→ *cf. Outil 13*) pour comprendre comment il perçoit la situation par rapport à son modèle du monde.
Si la balance pèse majoritairement du côté des sollicitations, le coach pourra orienter son travail sur la façon dont le coaché voit la situation, et utiliser des outils qui lui permettront de prendre du recul sur ce qu'il vit. Par exemple : apprendre à dire « non », se fixer des objectifs réalistes, hiérarchiser ses priorités, apprendre à déléguer, demander de l'aide si nécessaire, gérer son temps, lâcher prise.
Si la balance pèse majoritairement du côté des capacités, le travail pourra s'opérer sur la confiance en soi, l'affirmation, l'estime et le respect de soi. Par exemple : lister ses qualités, s'appuyer sur l'amour et le soutien de son entourage, gérer les conflits en gardant l'Adulte aux commandes (→ *cf. Outil 19*), pratiquer la pensée positive.

Pour l'utiliser

Cet outil peut être utilisé :
- en coaching individuel ou collectif ;
- en étant attentif au risque de dépression et en s'appuyant sur les conseils d'un spécialiste (psychothérapeute, psychiatre, médecin du travail) ;
- en questionnant le coaché sur sa manière de contribuer à son bien être personnel, son hygiène de vie, sa forme physique, la qualité de son alimentation et de son sommeil.

La balance sollicitations/capacités

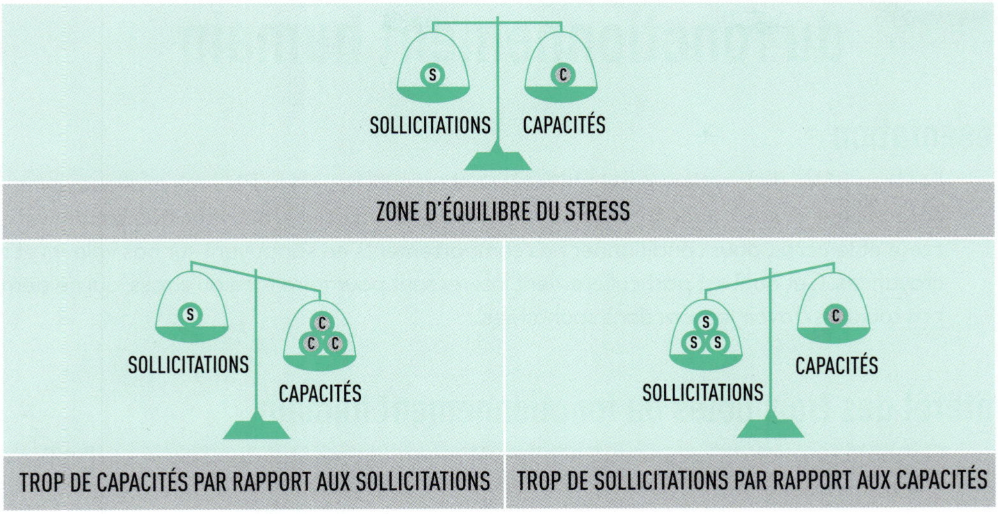

Un exemple d'application

Jordan est manager sur une plate-forme téléphonique et contacte Alain (coach) pour l'aider à gérer son stress, car il ne se sent plus à la hauteur pour assumer son poste. Alain utilise la balance sollicitations/capacités pour identifier la perception que Jordan se fait de sa situation. Après questionnement, Alain identifie que le problème vient plutôt des sollicitations qui pèsent sur lui : la charge de travail est importante (rapports, consolidation de résultats, gestion de l'absentéisme, suivi des clients difficiles…). Dans la représentation que se fait Jordan de son travail, il faudrait qu'il travaille également la nuit pour réaliser parfaitement son travail. De plus, il se sent dévalorisé par les incivilités et agressions des clients mécontents.
Alain le questionne de manière à lui faire percevoir sa charge de travail différemment : « Au lieu de vouloir faire du travail parfait, qu'est-ce qui pourrait être juste bien ? » Ils travaillent ensemble sur un planning de travail réaliste : « Est-ce que les clients vous visent personnellement dans leurs attaques, ou visent-ils l'institution que vous représentez ? »

En modifiant la **perception de sa charge de travail**, Jordan a fait diminuer son stress, et a pris du recul sur son niveau d'exigence et sa relation avec les clients.

Les pièges à éviter

- Ne pas attacher d'importance aux signes avant-coureurs de dépression ou de burn-out : troubles de la concentration, de la mémoire, du sommeil, sentiment d'épuisement…
- Vouloir imposer des solutions qui vous paraîtraient adaptées : le coach ne doit pas savoir à la place du coaché !
- Sous-estimer l'impact dévastateur du bore-out : sollicitations inférieures aux capacités.

48 Les trois pôles du fonctionnement humain

Présentation

Les trois pôles du fonctionnement humain sont un outil issu de la PNL qui explique comment s'organisent et s'influencent réciproquement les trois modes d'activités que sont la tête, le cœur et le corps, pour conditionner nos comportements en s'appuyant sur nos valeurs et nos croyances. Cet outil est particulièrement intéressant pour faire face au stress, qui ne permet pas toujours d'avoir les réactions souhaitées.

L'intérêt des trois pôles du fonctionnement humain

Cet outil permet de comprendre le fonctionnement mental du coaché et d'utiliser au mieux ses possibilités.

Le fonctionnement humain s'organise selon 3 modes d'activités :

- la tête ou les processus cognitifs : activité mentale, réflexion, pensée rationnelle, logique.
- le cœur ou les états internes : ce que nous ressentons, les émotions (→ *cf. Outil 49*).
- le corps ou les comportements externes et les réactions physiologiques, qui peuvent se traduire par des actions ou de la communication verbale, paraverbale ou non verbale.

Ces 3 pôles s'influencent de la manière suivante :

- **La pensée interfère sur le comportement et l'émotion** : un fait en lui-même n'est pas porteur de sens. Par exemple : passer un examen n'est ni bien, ni mal *a priori*, tout dépend du sens que nous y mettons. C'est notre pensée, notre interprétation (je peux échouer) qui génèrent une émotion (j'ai peur), qui elle-même va provoquer un comportement (je perds mes moyens).
Ainsi : si je **pense** que *je suis capable de réussir*, je vais avoir un état interne de « gagnant» avec des émotions positives qui vont automatiquement influer sur mon **comportement** en provoquant dans mon corps une tonicité, une impatience à agir.
- **L'état interne peut influencer la pensée et le comportement** : si je me réveille le matin avec un état interne négatif, je risque fort de penser que la journée est ratée d'avance et de passer mon temps à me plaindre de mon sort.
- **Le comportement et le corps peuvent agir sur les pensées et les émotions.** La fatigue peut provoquer des pensées et émotions négatives.

Pour l'utiliser

Cet outil peut être utilisé :

- en coaching individuel ou collectif ;
- pour donner du sens à des comportements observables que l'on ne comprend pas : pourquoi une personne a-t-elle agi comme elle l'a fait ?
- en invitant le coaché à visiter un pôle qu'il n'a pas l'habitude d'explorer (par exemple : le faire courir ou danser s'il a tendance à rester dans le mental).

Les trois pôles du fonctionnement humain

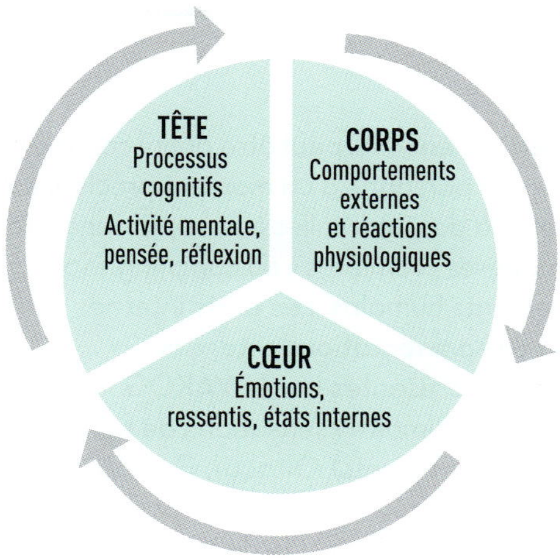

Un exemple d'application

Claude est responsable clientèle dans une banque. Il doit passer un concours interne pour accéder à un échelon supérieur. Il contacte Jules, son coach, car *il a peur de ne pas y arriver*.

Jules utilise les 3 pôles du fonctionnement humain et reprend la phrase de Claude pour lui expliquer : si Claude pense qu'il a *peur de ne pas y arriver*, il se mettra, au niveau de ses émotions, dans un état interne négatif, il se sentira médiocre et adoptera alors un comportement négatif en relation.

Jules questionne Claude suivant les 3 pôles :

- **Tête :** « Pensez-vous que vous avez les connaissances suffisantes pour réussir ? » Claude indique qu'il s'est beaucoup préparé et en a les capacités.
- **Cœur :** « Que ressentirez-vous lorsque vous aurez réussi ce concours ? » Claude répond qu'il sera fier de lui et obtiendra une reconnaissance méritée.
- **Corps :** « Comment comptez-vous vous y prendre pour réussir ce concours ? » Claude dit qu'il va se concentrer sur sa forme physique et qu'il va « mettre tout en œuvre pour réussir ce concours ». Cette dernière phrase montre à Claude et Jules que l'exercice a permis de modifier un des pôles du comportement humain. Cette modification a influencé les 2 autres pôles de façon positive et a permis à Claude de partir confiant pour passer son concours. Du fait de son passage, ses 3 pôles ont été mobilisés (en congruence, pour plus de cohérence).

Pièges à éviter

- Utiliser prioritairement le pôle pour lequel vous avez une préférence. Il est important d'utiliser indifféremment les 3 pôles.

49 Les états internes

Présentation

L'état interne, ainsi nommé en PNL, peut être défini comme l'état physique et émotionnel dans lequel se trouve une personne à un moment précis. Il est possible de vivre plusieurs états internes différents à des intervalles très rapprochés de la même journée. Cet outil constitue une des « matières premières » du coaching, incontournable, car il est à l'origine de tous les comportements humains. Les états internes sont composés à la fois de **perceptions** internes et de **représentations** externes.

En PNL, les 5 sens sont représentés par le **VAKOG** : Visuel, Auditif, Kinesthésique (on distingue le kinesthésique primaire : sensations de faim, soif, douleur... du kinesthésique secondaire : émotions et sentiments), Olfactif, Gustatif.

- **Les perceptions externes** : notre système de perception nous permet de percevoir le monde au travers de nos 5 sens. On parle de **VAKOG externe.**
- **Les représentations internes** : notre système de représentations nous permet de créer mentalement des images, des sons ou des mots, des sensations physiques ou des ressentis, des goûts et des odeurs à partir de nos perceptions internes qui constituent **le VAKOG interne**.

Exemple : je vois un cheval (perception interne), cela me rappelle celui que j'ai monté (représentation interne).

État limitant et état ressource

En questionnant les liens que fait le coaché entre ses perceptions externes et les représentations internes qu'il s'en fait, le coach peut mettre en lumière, selon le contexte, un état limitant (à l'origine d'un stress, par exemple) ou un état ressource (la confiance en soi, l'envie de relever un défi). Identifier comment le coaché s'est mis dans cet état limitant est une clé pour l'aider à trouver comment ne pas y « retourner ». À l'inverse, pour l'état ressource, il s'agira de chercher à le retrouver facilement et le plus souvent possible.

L'intérêt des états internes

Cet outil permet une approche fine de l'état émotionnel dans lequel se trouve une personne pour comprendre comment un fait a pu provoquer chez elle des réactions agréables et une tout autre réaction chez quelqu'un d'autre.

Pour l'utiliser

Cet outil peut être utilisé :

- en coaching individuel seulement ;
- en proposant au coaché de se concentrer sur un contexte précis, puis sur ce qu'il ressent en position **associée** (à la différence de la position **dissociée,** dans laquelle on appréhende la situation de l'extérieur en s'attachant uniquement aux faits) (→ *cf. Outil 33*) ;
- en posant des questions sur le VAKOG : Que voyez-vous ? Quelle représentation vous en faites-vous ? Que vous a dit la personne ? Qu'est-ce que cela signifie pour vous ?

Un exemple d'application

Jérôme est cadre en santé dans une unité médicale pour enfants. Au cours d'une séance de coaching avec Sophie, sa coach, il lui fait part de son embarras : nommé depuis peu responsable de cette unité qu'il convoitait depuis longtemps, il ne peut s'expliquer pourquoi il se sent anxieux alors qu'il devrait se réjouir. Sophie lui propose d'analyser cet état interne et l'interroge à travers le VAKOG : que perçoit-il de cette unité et quelles sont les représentations qu'il s'en fait ?
Jérôme lui indique qu'il perçoit cette unité comme la plus délicate de l'hôpital car elle soigne des enfants. Que la maladie est injuste pour tous, mais encore plus chez les enfants, qu'au-delà des soins médicaux, ils ont aussi besoin de réconfort affectif, qu'il se doit de leur apporter le meilleur...

Après l'avoir écouté attentivement, Sophie lui dit : « C'est justement parce que vous avez ressenti tout cela que vous êtes l'homme de la situation et que les enfants seront en sécurité avec vous. » Jérôme change alors de visage : il n'avait jamais analysé la situation ainsi. Son état interne s'est modifié car il lui a trouvé un sens nouveau. Ce qu'il vivait comme un défaut s'est mué en ressource sur laquelle il peut s'appuyer.

Les pièges à éviter

- Laisser parler le coaché de son état interne sans vous assurer qu'il n'est pas concrètement en train de le ressentir.
- Vouloir absolument que le coaché retrouve un état interne alors que ce dernier n'y parvient pas. Entrer en contact avec ses émotions n'est pas exercice aisé pour tout le monde. Il faut laisser du temps au coaché et créer des conditions de confiance et de calme.

50 L'ancrage de ressources

Présentation

L'ancrage de ressources est un outil issu de la PNL.

Une ancre est un processus naturel qui associe de façon inconsciente et immédiate une réaction à un stimulus extérieur. C'est une réaction automatique de type cause à effet entre un stimulus (image, bruit, contact physique, goût, odeur) et la réponse suscitée (état intérieur et comportements externes correspondants). Par exemple : dès que quelqu'un tente de me prendre en photo, je me fige et me sens mal à l'aise. Ou : quand je vois quelqu'un manger, cela me donne faim. Le mot « ancre » illustre le fait que ce lien de cause à effet est mémorisé sensoriellement dans notre corps.

Protocole pour poser un ancrage de ressources

Il est possible de créer une ancre chez une autre personne ou de pratiquer un auto-ancrage (dans ce cas, le coaché pose lui-même son ancre).

1. **Le coach suscite l'état interne** (→ *cf. Outil 49*) à ancrer après avoir vérifié qu'il est respectueux de l'équilibre personnel du coaché. Il définit avec lui l'état interne dont il a besoin, puis lui demande de se remémorer une situation dans laquelle il a ressenti cet état, et de le ressentir à nouveau.
2. **Selon ce qui a été décidé, le coach ou le coaché pose l'ancre juste avant le paroxysme** : le schéma ci-contre montre la courbe d'intensité de l'émotion de la montée de l'état interne lorsque la personne s'y connecte. L'ancre doit être posée au moment indiqué, sans attendre que l'état ne s'amenuise et ne perde ainsi de sa force avec le temps. L'ancre peut être visuelle (geste de la main, froncement de sourcil, image, couleur...), auditive (un mot, un air de musique...), kinesthésique (pression de la main, contact physique...)
3. **L'ancre pourra être réutilisée** à volonté.

L'intérêt de l'ancrage de ressources

Cet outil permet :

- d'utiliser à un moment choisi un état interne aidant (préparation d'examen, entretien...) ;
- de se préparer mentalement avant une épreuve ;
- de mieux gérer ses émotions.

Pour l'utiliser

Cet outil peut être utilisé :

- en coaching individuel seulement ;
- pour faire entrer le coaché dans l'état interne désiré dans une situation ou un contexte précis. On parlera alors d'une **ancre relais** en précisant le contexte, les personnes concernées et à quel moment on veut que l'état apparaisse.

L'ancrage de ressources

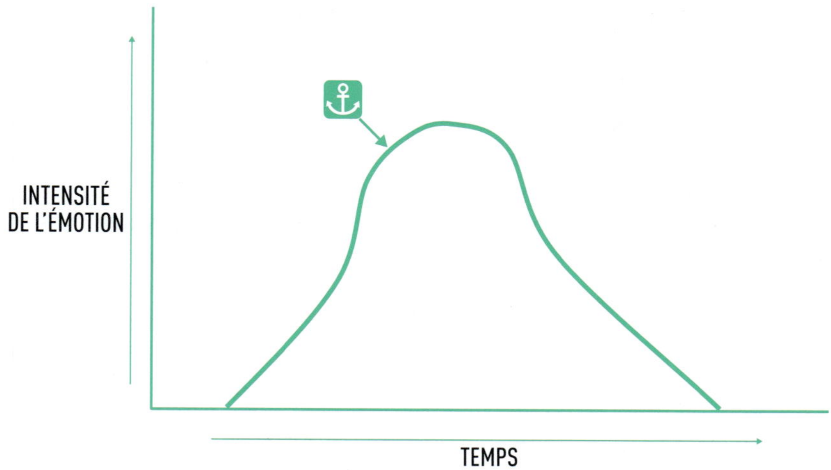

Un exemple d'application

Martine est responsable des achats dans une usine de production. Elle doit présenter un projet d'investissement lors d'une réunion de direction. Le projet représente un enjeu tellement important pour l'entreprise et pour l'évolution de sa carrière qu'elle a peur de perdre ses moyens et fait appel à Jordan, son coach, pour l'aider à se préparer.

Il lui propose une **ancre relais** afin de lui apporter les ressources spécifiquement pour ce moment. Martine a besoin d'être *calme et sûre d'elle*. Jordan lui demande alors de se remémorer un moment où elle a déjà ressenti cela. Martine évoque sa dernière intervention en situation de crise. Jordan lui demande de s'associer à l'état interne de cette situation. À son signal, il **ancre** l'état interne et, tout en gardant sa main sur son bras, il lui fait visualiser son entrée dans la salle de réunion et l'invite à se regarder faire son exposé tout en ressentant le calme et en étant sûre d'elle-même. Il lui fait vivre tout le déroulement de la réunion jusqu'à la fin. À l'issue de cette expérience, Martine se sent confiante et rassurée, elle sait qu'elle aura les ressources nécessaires pour être au meilleur d'elle-même pour cette occasion.

Les pièges à éviter

- **Choisir un état interne formulé négativement** : les personnes en situation de stress ont tendance à dire qu'elles souhaitent « ne pas être stressées ». Préférer la formulation positive comme « être zen, calme, confiant, détendu ».
- **Être pressé par le temps** : se connecter à un état interne peut s'avérer être un exercice difficile pour certaines personnes.

51 L'intention positive

Présentation

L'intention positive fait partie des présupposés de la PNL selon lequel « tout comportement, même vécu comme négatif, est généré par une intention positive : quelque chose de vital que l'on se donne à soi-même en ayant ce comportement ».

Quel que soit le comportement observé, il a une fonction positive : le stress qui peut provoquer des comportements non souhaités (perte de moyens, rougeurs et tremblements excessifs...) a été qualifié par le professeur Hans Selye (1907-1982) de « syndrome général d'adaptation », qui est une réponse d'alarme et de défense de l'organisme face à un danger. On peut dire que l'intention positive du stress est la survie. L'intention positive est rarement consciente et pourtant, elle se manifeste de façon impérieuse, elle est plus forte que la raison.

Modifier son comportement et comprendre l'autre

Le schéma ci-contre propose une grille d'analyse dans laquelle sont présentés des exemples qui montrent comment, dans une situation donnée, la prise de conscience des intentions positives et leur prise en compte peut amener vers des comportements plus justes pour toutes les parties.

Nous avons vu dans le Métamodèle (→ *cf. Outil 11*) les mécanismes naturels de sélection, distorsion et généralisation face à un fait ou à une situation données. Ces mécanismes génèrent des pensées automatiques qui nous permettent de donner du sens à cette situation à travers notre cadre de référence (→ *cf. Outil 13*). Ces pensées automatiques font naître des émotions qui provoquent un comportement (→ *cf. Outil 48*) que nous avons nommé réaction réflexe. La recherche de notre intention positive, ainsi que celle de l'autre, nous permet de faire un nouveau choix de comportement, plus positif pour le sujet.

L'intérêt de l'intention positive

L'intérêt de repérer l'intention positive de nos interlocuteurs est de mieux comprendre leurs comportements. Cela permet également, en dissociant l'intention (ex : survivre en milieu professionnel) du comportement (ex : perdre ses moyens), de modifier un comportement inadapté tout en conservant l'intention positive qui l'a déclenchée.

Pour l'utiliser

Cet outil peut être utilisé :

- en coaching individuel ou collectif ;
- pour trouver des alternatives à des comportements spontanés lorsqu'ils risquent d'envenimer une situation ;
- pour aider le coaché à ne pas agir sous le coup de ses émotions.

L'intention positive

Situation : mon collaborateur me contredit lors d'une réunion.	
Ma pensée automatique	Il cherche à me discréditer.
Émotion ressentie	Je suis en colère.
Ma réaction réflexe	Je le sanctionne.
Mon intention positive	Je veux lui montrer que je suis le chef.
Intention positive de l'autre	Je veux montrer que je sais être critique.
Mon nouveau choix de comportement	J'écoute son avis et lui donne le mien.
Avantage de ce nouveau comportement	Les besoins de chacun ont été respectés.

Un exemple d'application

Karl est responsable qualité dans un laboratoire chimique. Il a des difficultés avec Laurent, son nouveau collaborateur, qui tarde à lui rendre un rapport urgent. Karl demande à son coach, Luc, de l'aider à manager Laurent.

Karl pense que Laurent se moque de lui, il se sent frustré et inquiet pour l'aboutissement du projet, il a beau le relancer, rien n'y fait. Luc demande à Karl ce qu'il veut de bien pour lui-même quand il relance ainsi Laurent. Quelle est son intention positive ? Karl répond qu'il veut qu'on le respecte.

Luc interroge alors Karl sur l'intention positive de Laurent. Karl a du mal à répondre car il ne voit aucune intention positive dans son comportement.

Grâce au questionnement de Luc, Karl finit par se rendre compte qu'étant nouveau dans le poste, Laurent ne sait peut-être pas s'y prendre, sans oser l'avouer. Son intention positive serait alors de se préserver.

Fort de cet éclairage, Karl décide de prendre du temps pour commencer le rapport avec Laurent, en lui fournissant une méthode. Laurent se sent rassuré et protégé. La confiance s'est instaurée entre les deux hommes et Karl s'est senti respecté.

Les pièges à éviter

- Confondre le comportement avec l'intention positive, et penser qu'un comportement négatif ne peut pas être sous-tendu par une intention positive. L'intention positive est la cause du comportement négatif mais n'en est pas le but.
- En tant que coach, vouloir deviner l'intention positive du coaché au lieu de la lui laisser trouver… même si cela paraît difficile, car ces intentions sont souvent inconscientes et très personnelles.

52 La méditation guidée

Présentation

La méditation guidée est issue de la méditation de pleine conscience que Jon Kabat-Zinn a utilisée dans son programme de réduction du stress (*Mindfulness Based Stress Reduction*, 1979).

Le stress vient surtout du fait que nos pensées sont souvent centrées sur ce qui est arrivé dans le passé ou ce qui risque de se passer dans le futur : si je crève mon pneu juste avant un RDV important, ce que j'ai à faire au **présent** est de le réparer et d'informer de mon retard. La catastrophe que je suis en train d'imaginer en référence à une situation similaire du **passé** n'est pas encore arrivée, mon interlocuteur aura peut-être également du retard, on ne sait pas ce que sera le **futur**.

Qu'est-ce que la pleine conscience ?

Il s'agit d'une technique qui consiste à vivre pleinement l'instant présent en orientant son attention sur ses sens, ses sensations, sa respiration, ou tout autre élément de l'environnement présent.

Pratiquer la méditation guidée

1. Vous assurer que le coaché est ouvert à ce type de démarche.
2. Veiller à ce que le coaché soit installé confortablement.
3. Parler lentement, avec une voix douce et posée, un vocabulaire simple et des phrases courtes.
4. Porter l'attention de votre coaché sur sa respiration, puis sur son corps, ses émotions, ses ressentis, puis sur les sons et les odeurs qui l'entourent, les sensations de confort, les pensées qui vont et viennent.
5. Le laisser accueillir ses pensées en les observant avec du recul, sans jugement. S'il se surprend à se projeter dans le futur, inviter le coaché à revenir à l'exercice en se distanciant de ses pensées pour les observer à nouveau.
6. Expliquer que cet exercice devient de plus en plus facile et bénéfique avec de la pratique.

L'intérêt de la méditation guidée

Cet outil permet de se concentrer sur l'instant présent et de prendre le recul nécessaire afin de ne pas se laisser submerger par le flot incessant des pensées.

Pour l'utiliser

Cet outil peut être utilisé :
- sur une courte durée (pas plus de quelques minutes au début) ;
- en incitant votre coaché à une pratique régulière : 3 minutes deux fois par jour ;
- au travail, chez soi, dans les transports, dans une salle d'attente, dans la nature… ;
- en cours de séance pour apaiser l'agitation mentale du coaché.

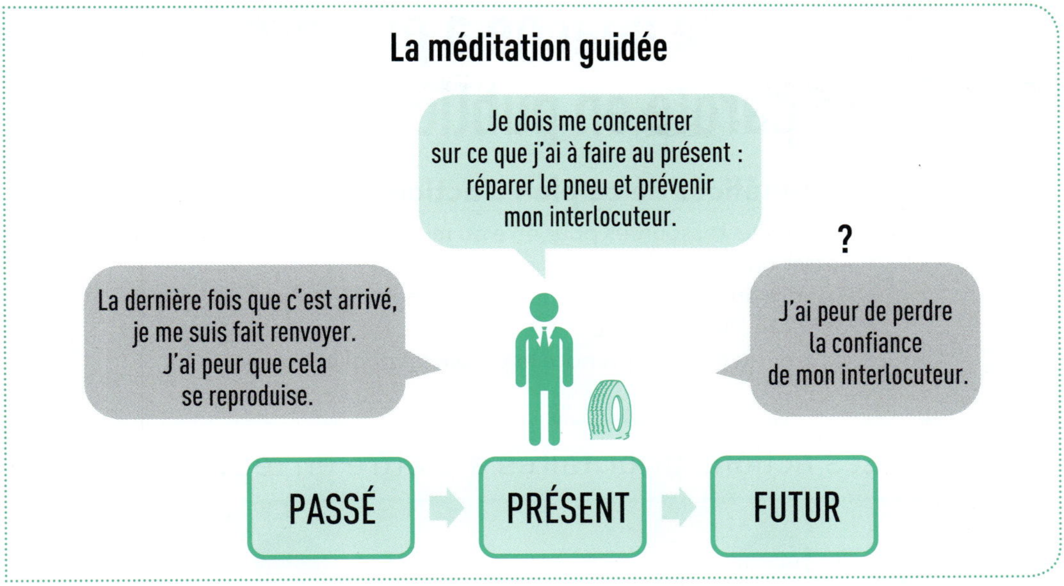

Un exemple d'application

Marc est comptable dans une imprimerie. Il a fait une erreur dans un bilan et est convoqué par sa DRH. Il demande un RDV en urgence à Éric, son coach, car il est stressé. Devant le flot de paroles angoissées et totalement décousues de Marc, qu'il ne parvient pas à calmer par la raison, Éric lui propose une méditation guidée.
Afin de détourner son attention de son problème, Éric met une musique douce et demande à Marc de s'installer confortablement et de se concentrer sur les sons pour tenter de reconnaître les différents instruments. Puis il lui demande de se concentrer sur sa respiration, sur le contact de son corps avec le fauteuil, et surtout de laisser passer ses pensées en les observant, comme il regarderait des nuages... en s'abstenant d'analyser.
Au bout de quelques minutes, Éric constate que la respiration de Marc s'est apaisée et qu'il s'est détendu. Doucement, Éric lui demande d'expliquer quelle erreur il a commise, comment il peut la réparer, puis ils travaillent sereinement à la préparation de cet entretien.

Marc reconnaît que malgré son état de stress initial, cette méditation lui a apporté des interstices de sérénité qui lui ont permis de prendre de la distance par rapport au problème.

Les pièges à éviter

- Négliger de demander au préalable si le coaché adhère à ce type de démarche, ou tenter de le convaincre d'essayer.
- Insister pour que le coaché continue l'exercice s'il ne parvient pas à se détacher de ses pensées.

Aider le coaché à prendre la parole en public

Les bénéfices de ce plan d'action

- Trouver les ressources pour être au mieux de soi-même le jour J.
- Rester en possession de ses moyens face à un public.
- Prendre du recul pour ne pas se laisser submerger par le stress avant et pendant l'intervention.
- Trouver du plaisir à prendre la parole en public.

Les actions prioritaires à mettre en œuvre

- L'aider à préparer sereinement son intervention (voir ci-dessous)
- L'aider à se mettre en condition pour le jour J (voir p. 164-165)

L'aider à préparer sereinement son intervention

Pourquoi ?

La perspective d'une prise de parole, pour un coaché qui n'a pas l'habitude de cet exercice ou qui est souvent sujet au stress dans cette circonstance, est très angoissante et peut le conduire à faire une préparation frénétique et excessive, ou au contraire le bloquer totalement :

- Une bonne préparation du sujet est une condition indispensable de la réussite d'une intervention.
- Calmer le stress en amont favorisera la qualité de la préparation.

Avec quels interlocuteurs ?

- Le coaché uniquement.

Avec quels outils ?

On utilisera :

- la roue des émotions → *cf. Outil 22*.
- les états internes → *cf. Outil 49*.
- les 3 pôles du comportement humain (→ *cf. Outil 48*).
- la détermination de l'objectif → *cf. Outil 5*.
- la marelle des croyances → *cf. Outil 38*.

Comment mettre l'action en œuvre ?

La première étape va consister à réguler le trop-plein d'anxiété du coaché afin de lui permettre ensuite d'être plus disponible émotionnellement pour se préparer efficacement :

- Présentez-lui la **roue des émotions** afin qu'il puisse verbaliser les émotions qui le submergent.
- Demandez-lui de décrire **l'état interne** dans lequel il se trouve.
- Aidez-le à le décomposer en perceptions et représentations visuelles, kinesthésiques, auditives, pour en faire une description la plus exacte possible.

- Faites-lui prendre conscience, à l'aide des **3 pôles du fonctionnement humain**, de la façon dont ses pensées influencent ses émotions, qui elles-mêmes provoquent son mal-être et inversement.
- Demandez-lui de décrire ce qu'il aimerait ressentir à la place.
- Utilisez sa réponse pour l'accompagner vers une **détermination de l'objectif** qu'il se donne pour sa prestation.
- Si, lors de cette détermination de l'objectif, vous rencontrez une croyance limitante qui entraînerait des résistances de la part du coaché, faites-lui expérimenter **la marelle des croyances** afin qu'il la remplace par une croyance aidante.
- Demandez-lui comment il compte s'organiser pour travailler son discours sur le fond et invitez-le à établir un plan d'action.
- En cas de besoin, faites-lui faire un rétro-planning des tâches à accomplir avant sa prise de parole. Cet exercice permet au coaché de relativiser l'ampleur du travail à effectuer, en le divisant en sous-objectifs.

L'objectif est qu'à la fin de cette phase, il ait regagné suffisamment de confiance et de sérénité pour bien se préparer.

Points de vigilance

✓ Face à un état interne comme le stress, soyez, plus que dans une autre situation, très vigilant quant à la congruence du coaché, lorsqu'il vous dit que cela va mieux.

✓ Portez votre attention sur les micro-signes physiques qu'il émet, pour vérifier s'il est sincère ; il se peut qu'il le dise pour vous faire plaisir, sans le penser vraiment, pour ne plus être en contact avec cet état interne désagréable.

CONSEIL DE PRO

Cumuler les ancrages

Il se peut que votre coaché ait besoin de ressources différentes, comme être concentré, rigoureux, vigilant et en même temps avoir de l'humour et de la fantaisie, qui correspondent à deux états internes différents. Il est tout à fait possible de cumuler les ancrages de ressources. En ce cas, ancrez les états internes l'un après l'autre, en vous limitant à 3 ancrages maximum pour ne pas complexifier la situation et perdre les effets des ancrages.

INFO +

Bon ou mauvais stress ?

On oppose souvent bon et mauvais stress :
- le bon stress permettrait aux salariés de se dépasser en relevant un défi.
- le mauvais stress aurait des effets néfastes sur la santé.

L'INRS préfère différencier « stress aigu » et « stress chronique » :
- L'état de stress aigu correspond aux réactions de notre organisme face à un stress dont les symptômes s'arrêtent dès que l'exposition prend fin.
- L'état de stress chronique est une réponse de notre corps à une situation de stress qui s'installe dans la durée et qui a toujours des effets néfastes sur la santé. Ex. : dans le cas où le stress perdure, où la charge de travail ne baisse pas et où la pression est très forte, le corps va produire du cortisol pour faire face à la dépense énergétique accrue, la réponse immunitaire diminue et les émotions dépressives sont activées.

L'aider à se mettre en condition pour le jour J

Pourquoi ?

Une fois faite la préparation sur le fond de l'intervention, il convient, pour le jour de la prise de parole en public, que le coaché se prépare mentalement afin d'être dans l'état interne désiré :

- définir l'objectif de sa prise de parole ;
- être au clair sur l'état interne que l'on veut avoir ;
- rester maître de ce qui se passe ;
- définir la relation qu'il veut avoir avec l'auditoire.

Avec quels interlocuteurs ?

Ce travail est avant tout personnel. Cependant, le coaché pourra aussi solliciter d'autres personnes pour lui servir d'auditoire pendant une simulation :

- son coach ;
- des collègues ;
- des amis.

Avec quels outils ?

On utilisera :

- les positions de vie ➜ *cf.* Outil 20 ;
- l'ancrage de ressources ➜ *cf.* Outil 50 ;
- le feedback en sandwich ➜ *cf.* Outil 12 ;
- les positions de perception ➜ *cf.* Outil 45 ;
- le carré magique ➜ *cf.* Outil 34.

Comment mettre l'action en oeuvre ?

- Travaillez la posture en utilisant les **positions de vie** : le trac vient du fait que le coaché pense que le public va le juger, voir tous ses défauts... Invitez votre coaché à se sentir à un niveau d'égalité face à son auditoire. Connaissent-ils le sujet aussi bien que lui ?
- Définissez avec votre coaché l'état interne qu'il souhaite avoir le jour de son intervention.
- Faites un **ancrage de ses ressources**.
- Entraînez votre coaché en lui faisant faire des simulations sur les premières et les dernières minutes de sa prise de parole.
- Utilisez le **feedback en sandwich** pour identifier les points positifs et négatifs.
- Conseillez-le sur les points d'amélioration et demandez-lui de refaire sa présentation jusqu'à ce que vous soyez convaincu en tant que public.
- Utilisez les **positions de perception** en demandant au coaché de se mettre à la place du public et faites-lui intégrer les modifications envisagées.
- Demandez à votre coaché de faire une simulation devant des personnes bienveillantes de son entourage pour avoir un retour extérieur.
- Boostez la motivation de votre coaché avec le **carré magique**.

Point de vigilance

✓ Les conseils que vous prodiguerez devront être adaptés au style du coaché. Il ne s'agit pas de dire comment vous feriez à sa place, mais davantage d'insister sur sa particularité, ses points forts pour qu'il puisse s'appuyer dessus en confiance.

INFO +

Les déclencheurs internes du stress

Le coach peut aider le coaché à repérer les déclencheurs internes du stress pour en apaiser les effets :

- La perfection : « Je dois réussir parfaitement. »
- L'autonomie : « Je dois pouvoir me débrouiller seul, demander de l'aide est un signe de faiblesse. »
- L'amour : « Je dois être aimé et apprécié de tous. »
- L'approbation : « Il ne faut pas contrarier les autres. »
- La vigilance : « Je dois être attentif à tout ce qui se passe autour de moi. »

Cas d'entreprise

Transformer le stress en énergie positive

Pierre est président d'une association. Chaque année, il doit faire un bilan des réalisations et exposer ses projets pour l'année à venir. Ce rendez-vous annuel le rend « malade » à l'idée de devoir prendre la parole. Lors de sa dernière prestation, il était submergé par le stress et lisait son discours sans regarder son auditoire.

Le coaching a mis en évidence l'origine de son stress : il se représentait ses interlocuteurs comme plus intelligents et plus qualifiées que lui et voyait en cet exercice annuel une formalité où tout le monde perdait son temps. Chaque nouvelle prestation renforçait en lui la croyance d'être « mauvais ».

Après un travail sur les représentations et sur sa croyance, Pierre s'est rendu compte que ses auditeurs étaient comme lui et qu'il n'y avait pas lieu de les craindre. Il a pu aussi se rendre compte qu'il avait un certain talent d'orateur, en allant puiser cette ressource dans son passé, où il avait été animateur pour enfants. C'est cette ressource qui a fait l'objet d'un ancrage.

Alors que la demande de départ de Pierre était « de se sentir moins mal lors d'une prise de parole », l'objectif s'est transformé en envie de se faire plaisir en partageant un moment agréable et efficace avec son auditoire.

QUOI DE NEUF ?

Le *Miracle Morning*

Hal Elrod s'est inspiré des pratiques des personnes qui réussissent et sont épanouies pour mettre au point un rituel qui consiste à se lever le matin une heure au moins avant l'heure habituelle. Cette méthode, qu'il expose dans un ouvrage publié en France en 2016 sous le titre *Miracle Morning, offrez-vous un supplément de vie*, consiste à se créer une routine et peut permettre d'agir contre le stress.

On peut par exemple commencer la journée par des séries de 10 minutes de méditation, d'activité physique, de lecture sur le développement personnel pour se nourrir de pensées positives, émettre des pensées et croyances positives sur soi, visualiser sa journée idéale, utiliser un tableau de visualisation.

Les critères de réussite de votre plan d'action

- Le coaché a trouvé son propre style et des moyens pour apaiser son anxiété.
- Il s'est préparé en amont sur le fond et la forme.
- Le bénéfice de ce travail aura des répercussions sur ses prises de parole ultérieures.
- Il a dominé son stress.

Objectif 10 Accompagner le changement et l'évolution

Héraclite disait : « Rien n'est permanent, sauf le changement. » C'est une composante indissociable de l'homme et de l'entreprise, qui le vivent au quotidien. Il est indispensable, car ce qui ne connaît aucun bouleversement finit par mourir. Mais bien qu'on y soit exposé régulièrement, il n'est pas simple à vivre.

Que l'on soit celui qui initie un changement ou celui qui est impacté par lui, les enjeux sont les mêmes : trouver de nouveaux repères et repenser sa manière de faire et d'être au monde. Ce nouvel équilibre à trouver est aussi la source de fluctuations émotionnelles qui ne sont pas toujours acceptées dans l'environnement professionnel.

C'est pourquoi le coach est souvent intégré aux démarches liées à l'évolution individuelle (personne) et collective (organisation). Dans la mesure où il n'est pas partie prenante de ces changements, il a la distance nécessaire pour analyser la situation de départ, définir la situation d'arrivée, comprendre les éventuels points de blocage et identifier les clarifications nécessaires pour que les protagonistes puissent se lancer dans le changement.

Il crée un espace de parole et d'expression des ressentis, propose des outils pour prendre du recul et cheminer dans l'appréhension des évolutions futures, et donne le temps nécessaire à la maturation des projets et à l'imagination des solutions futures.

Pour pouvoir accompagner le changement, il convient :

- ✓ De reconnaître l'impact du changement sur la personne ou l'organisation.
- ✓ D'en évaluer l'importance et les options possibles pour avancer vers un état nouveau.
- ✓ De laisser aux collaborateurs un espace et un temps de partage des émotions liées à l'évolution.
- ✓ De permettre aux acteurs du changement de se projeter et de se mettre en action en ayant levé les freins à la réalisation des nouveaux projets.

Les outils clés

Le plan d'action

Réaliser une fusion est un processus particulièrement complexe car il demande à la fois de faire le deuil d'une situation présente et d'intégrer simultanément un nouvel ensemble aux codes déjà en place. Ces codes devront eux-même aussi évoluer pour former un troisième état où chacun aura retrouvé sa place et sa manière de fonctionner en individuel et en collectif.

Le coach pourra, pour cela, être l'initiateur de deux actions concrètes :
- la première visera à **créer les conditions favorables** à la fusion ;
- la seconde permettra, une fois la fusion réalisée, d'**enclencher les premiers projets** impliquant des salariés des deux univers fusionnés, afin de commencer le travail d'homogénéisation des pratiques professionnelles.

53 L'analyse gain/perte

Présentation

Si le coaché a clairement défini son objectif et les moyens d'y parvenir, mais que, par ailleurs, il peine à opérer les changements nécessaires à la réalisation de celui-ci, c'est qu'il a un bénéfice sous-jacent (souvent non exprimé) à ne pas évoluer.
Dans ce cas, vous pouvez lui proposer de travailler sur une matrice gain/perte, à plusieurs niveaux :

- **Pour lui-même :**
  - Qu'ai-je à gagner en atteignant mon objectif ?
  - Qu'ai-je à perdre en atteignant mon objectif ?
- **Pour son entourage professionnel et/ou personnel** (choisir les deux ou trois personnes ou groupes de personnes les plus impactées dans le changement concerné) :
  - Qu'ont-ils à gagner si j'atteins mon objectif ?
  - Qu'ont-ils à perdre si j'atteins mon objectif ?

L'intérêt de l'analyse gain/perte

Cette analyse permet de faire ressortir les freins réels au changement de votre coaché et donc ensuite de lui donner la possibilité de trouver un moyen acceptable d'avancer, tout en respectant les parties prenantes affectées par sa décision.

Pour l'utiliser

Pour que l'outil soit vraiment efficace, il est intéressant de travailler en 2 phases distinctes :
1. La première série de questions pourra être analysée en même temps, par exemple sur un paperboard séparé en deux parties. Le coaché (« moi ») s'imagine ayant atteint l'objectif. Vous lui faites explorer son ressenti, les changements que cela provoque pour lui-même. Il note ses réponses sur un Post-it, puis les colle dans la partie « j'ai à gagner » ou « j'ai à perdre » de la feuille.
2. Puis vient la seconde partie de l'exercice. Le coaché se questionne sous un autre angle : il regarde sa réussite du point de vue de son entourage, prend des notes sur ce que lui inspire sa réflexion, les inscrit sur un Post-it et les colle sur une seconde feuille en imaginant comment, par exemple, son manager va être impacté de manière positive ou négative par la réalisation de son objectif.
3. Le coaché pourra choisir de revisiter l'atteinte de son objectif à travers le point de vue d'autres personnes de son entourage, qui comptent pour lui et qui seront éventuellement impactées : ses collègues ou des membres de sa famille par exemple.

L'analyse gain/perte

Un exemple d'application

Depuis plusieurs mois, Johanna, responsable d'équipe dans une société de gestion de contentieux, demande à prendre plus de responsabilités. Son supérieur hiérarchique lui propose de réfléchir à un moyen de réduire le délai de traitement des dossiers dans le service. Elle a été source de plusieurs propositions lors de réunions d'équipe et il la pense tout à fait capable de mener à bien cette mission.

Or Johanna n'arrive pas à avancer sur le sujet et demande à son coach de l'accompagner. Celui-ci lui propose de démarrer une **analyse gain/perte** sur **elle-même** :

- Elle a tout à y gagner : rendre son expertise plus visible, mettre en place les changements qu'elle a évoqués avec son responsable.
- Et un peu à perdre : cela va lui donner plus de travail.

Son coach lui propose d'explorer la situation du point de vue de **ses collègues** :

- D'après elle, ils ont beaucoup à perdre : une procédure de plus à respecter, et les contraintes qui vont avec.

Le coach sent bien que Johanna est mal à l'aise avec cela. Il lui propose d'explorer ce qu'ils ont à gagner :

- Ils sauront quoi décider s'ils hésitent quant à la manière de traiter les dossiers.
- Les nouveaux arrivants auront un document de référence.
- En étant plus efficaces, ses collègues et elle-même disposeront de davantage de temps pour réaliser d'autres tâches.

Le questionnement a donné du sens à l'action de Johanna. Et lui a aussi donné l'opportunité de repenser ses freins, en particulier le fait qu'elle croyait créer une contrainte pour ses collègues. Elle a donc décidé de les interroger avant de présenter le résultat de son travail à son supérieur.

Piège à éviter

- N'analyser que les gains, et oublier de traiter les pertes, qui sont le véritable frein.

54 Le story-board

Présentation

Le story-board est un outil destiné à faciliter l'appréhension et la réalisation des changements à mettre en place dans une organisation.

Il peut s'utiliser en individuel comme en collectif et consiste à présenter, en une seule page, l'ensemble du projet. La page est divisée en **16 cases** qui permettent d'analyser la mutation selon **4 axes** :

- préparer le projet : identifier ses acteurs, leurs forces et la manière dont ils vont travailler ensemble ;
- organiser le projet pour atteindre l'objectif, en définissant d'abord la vision que l'entreprise a du projet, les axes de travail et les attendus ;
- actionner le projet, faire le choix des étapes et de la manière de travailler pendant cette phase ;
- suivre le projet et organiser le reporting, la clôture et la capitalisation autour du projet.

L'intérêt du story-board

L'outil peut servir à 2 principales analyses :

- il permet de vérifier que tous les aspects d'un changement ont été étudiés ;
- il permet de voir comment vont se dérouler des évolutions prévisibles.

Pour l'utiliser

Le coach peut reproduire le tableau ci-contre ou l'adapter au contexte de l'entreprise en gardant le principe des grandes étapes. Il propose ensuite au coaché ou au groupe de venir compléter la première ligne. Les participants peuvent :

- écrire leurs réponses ;
- rédiger puis coller des notes autocollantes dans les cases ;
- dessiner ;
- faire des collages....

L'objectif est de rendre cette synthèse ludique et mémorisable. Le coach aide les participants à creuser certains aspects s'ils restent superficiels dans leurs analyses.

Il fait ensuite de même pour les lignes suivantes, en ne manquant pas de faire réfléchir à toutes les cases, et en particulier à celles qui ne sont pas encore renseignées.

La force de l'outil réside dans les questions qui accompagneront son remplissage, dans la projection qu'offre cette réflexion, et dans le choix des traces que le coaché ou le groupe souhaite garder de ce travail en commun.

Le document ainsi réalisé pourra être illustré afin qu'il devienne un symbole du projet et serve de ressource pour visualiser la réussite de celui-ci.

Le story-board

Thème		
Préparer		
Mon équipe et moi	Nos forces	Nos règles de fonctionnement
Organiser		
Notre vision	Nos axes de travail	Nos attendus
Actionner		
Nos grandes étapes	Comment nous montrons l'exemple	Les risques que nous sommes prêts à prendre
Suivre		
Nos moyens d'évaluer nos résultats	La célébration de nos succès	L'analyse de notre travail et la capitalisation

Un exemple d'application

Une entreprise de distribution de fruits et légumes choisit de modifier son organisation commerciale. Pour donner vie à ce projet, elle décide de faire accompagner son équipe commerciale par un cabinet de coaching qui lui propose de travailler autour d'un story-board.

Les 2 coachs, Louis et Marion, en charge de l'équipe de 18 personnes, font reproduire en grand format la grille, puis mettent du matériel à disposition des participants :

- des stylos, des feutres de couleurs ;
- des magazines et de la colle ;
- des feuilles blanches, ainsi que des modèles de dessins.

- Dans la première case, « Mon équipe et moi », chacun vient écrire son nom, et coller sa photo. Cette première activité se fait avec l'ensemble du groupe. Intérêt : renforcer les liens au sein de l'équipe et permettre à chacun de ressentir qu'il est accueilli et qu'il a une place.
- Puis le travail pour toutes les autres cases se fait en 3 sous-groupes. Chacun réfléchit aux thématiques pendant environ 15 minutes, puis expose 3 idées principales face au grand groupe, avant de les noter dans la case correspondante.
- Pour la case « Notre vision » : chaque sous-groupe peut, en utilisant les journaux, créer un collage symbolisant sa vision du projet. Les illustrations ainsi créées serviront à illustrer le story-board.

Puis les participants sont encouragés à venir relire et décorer le document, qui est ensuite affiché dans le bureau des commerciaux. Il servira lors des réunions futures à rappeler les objectifs, à vérifier que l'équipe s'y engage bien, avec la même énergie que lors de la création du story-board.

Les pièges à éviter

- Vouloir faire du story-board un outil de partage pour les personnes qui n'ont pas participé au coaching.
- Vouloir à tout prix impliquer tout le monde dans l'illustration ou les collages.

55 La roue d'Hudson

Présentation

Frederic M. Hudson, formateur, coach et professeur à l'université de Columbia (États-Unis), a travaillé sur les changements de paradigme de notre société. À la vision linéaire de la vie, il oppose la sienne, plus cyclique, comme si l'homme vivait des saisons, amenées à se renouveler sans cesse.

En travaillant sur cette notion de changement, il a modélisé un outil éponyme, qui explique les différentes phases de progression par lesquelles passer pour finaliser les deux grands types de changement définis avant lui par Gregory Bateson, de l'école de Palo Alto :

- **Le changement de type 1 :** il a pour objectif de réaliser une mutation sans demander de remise en cause fondamentale de l'organisation. Il vise en synthèse à faire mieux, de manière plus efficace, tout en partant de l'existant et en préservant ou retrouvant un équilibre familier à l'organisation modifiée (**étapes 1 à 7**).
- **Le changement de type 2 :** il demande une remise en cause des valeurs, des missions de l'organisation et du système lui-même. Il représente une rupture par rapport à l'état présent, et remet en cause la relation entre les différentes parties prenantes d'un système (**étapes 1 à 10**).

Les deux changements ont des étapes communes, mais lors d'un changement de type 2, certains détours sont nécessaires pour pouvoir arriver à la création d'un nouveau projet.

L'intérêt de la roue d'Hudson

Cet outil pourra être présenté aux dirigeants d'entreprises lorsqu'ils souhaitent s'engager dans une démarche de changement. Il permet déjà de faire une analyse claire de ce qui est envisagé, à savoir :

- définir les paramètres qui doivent évoluer au sein de l'entreprise ;
- valider de quel type de changement il est question :
  - si l'on parle de faire évoluer des compétences, des comportements, un environnement de travail : on est sur un **changement de type 1** ;
  - si l'on parle d'une mutation concernant l'identité de la structure, sa mission, ses valeurs ou ses croyances : on est alors dans un **changement de type 2** ;
- évaluer, à la lumière de ces analyses, les étapes et donc le temps nécessaire à la réalisation des évolutions à conduire ;
- planifier des groupes de travail pour les changements de type 1 ;
- poser des éléments de vision pour les changements de type 2 et ménager suffisamment de temps entre la réflexion et la mise en action.

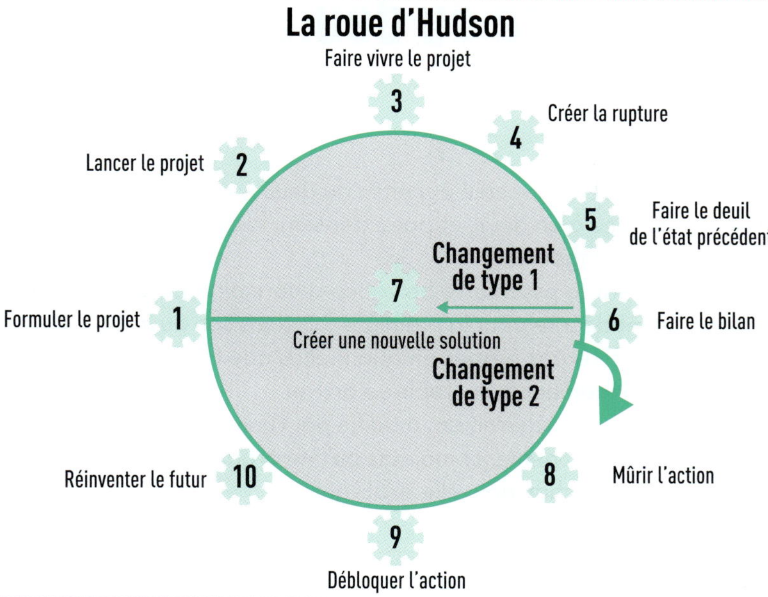

Un exemple d'application

Une petite chaîne de librairies traditionnelles rencontre de sévères difficultés face à la concurrence des achats sur Internet.

Le dirigeant décide de motiver ses équipes pour repartir à la conquête de nouveaux clients (**phase 1**) : elles vont faire plus de publicité, embaucher des vendeurs et afficher davantage de critiques d'ouvrages pour donner envie aux passants de s'arrêter et d'acheter de nouveaux livres (**phase 2 à 5**). Ici il initie un **changement de type 1** : « faire mieux que ce que l'on fait déjà ».

Vient le moment du **bilan** (**phase 6**). Les résultats sont décevants, l'équipe a du mal à se motiver face à ce surcroît de travail. Au regard de la roue d'Hudson, il sent bien que seul **un changement de type 2** pourra à la fois faire évoluer l'entreprise et redonner la motivation nécessaire à son équipe.

Il imagine différentes solutions (**phase 7**), dont :

- faire de ses librairies des lieux de culture, avec dédicaces, café, animations ;
- devenir expert de la BD et vendre à la fois des ouvrages et leurs produits dérivés.

Il se laisse le temps d'y réfléchir (**phase 8**) et un nouveau business model s'impose à lui. Il peut alors réunir ses équipes pour lancer l'évolution du concept (**phase 9**) et mettre ses salariés à contribution pour préparer la métamorphose de la chaîne en spécialiste de la BD (**phase 10**).

Piège à éviter

- Penser que le processus de changement est linéaire. Il peut très bien y avoir des allers-retours entre les différentes phases.

56 La courbe du deuil

Présentation

La courbe du deuil, aussi appelée « chemin du deuil », est une modélisation du cycle que vit une personne face à un deuil, et par extension, face au deuil d'une situation donnée pour aller vers un changement.

Elle a été établie par la psychiatre helvético-américaine Elisabeth Kübler-Ross à la fin des années 1960, et décrite pour la première fois dans son ouvrage *On Death and Dying*. Elle reprend les différentes étapes émotionnelles que traverse un être humain lorsqu'il apprend qu'un changement inéluctable va arriver.

L'outil a été repris et très légèrement modifié par l'univers du coaching, car il est directement applicable aux événements majeurs qu'une organisation peut connaître : changement d'organisation, rachat, nouvelle stratégie....

Les étapes du changement

1. L'état de choc, qui se caractérise par une apathie, un manque de réaction.
2. Le déni, ou refus de la réalité, qui empêche le processus de deuil.
3. La colère, qui se traduit souvent par la recherche d'un responsable.
4. La peur, qui surgit lorsque les premières questions sur la manière d'aborder le changement se posent.
5. La tristesse, parfois accompagnée d'une dépression, qui s'installe lorsque l'individu ou le groupe comprend que la situation va réellement évoluer et qu'il a de la nostalgie pour la situation passée. Cette phase, plus ou moins longue en fonction des personnes, est en fait la première étape vers une nouvelle réalité.
6. L'acceptation vient ensuite, lorsque la personne ou le groupe se résigne à faire avec l'évolution. Le changement n'est plus une hypothèse.
7. Puis vient la phase de pardon, qui traduit l'acceptation des raisons pour lesquelles le changement a lieu, et qui permet la pleine expérimentation de la situation nouvelle.
8. Une fois que la personne ou le groupe trouve certains bénéfices à l'évolution, il est capable de lui donner du sens.
9. Une nouvelle phase de **croissance** peut commencer.

L'intérêt de la courbe du deuil

- Elle permet d'identifier la progression d'une personne ou d'un groupe dans ce processus.
- Les étapes ne se vivent pas forcément linéairement, mais il faut éprouver chacune pleinement pour pouvoir rebondir. Or, les changements organisationnels fréquents dans certaines structures ne permettent pas toujours ces temps de deuil.

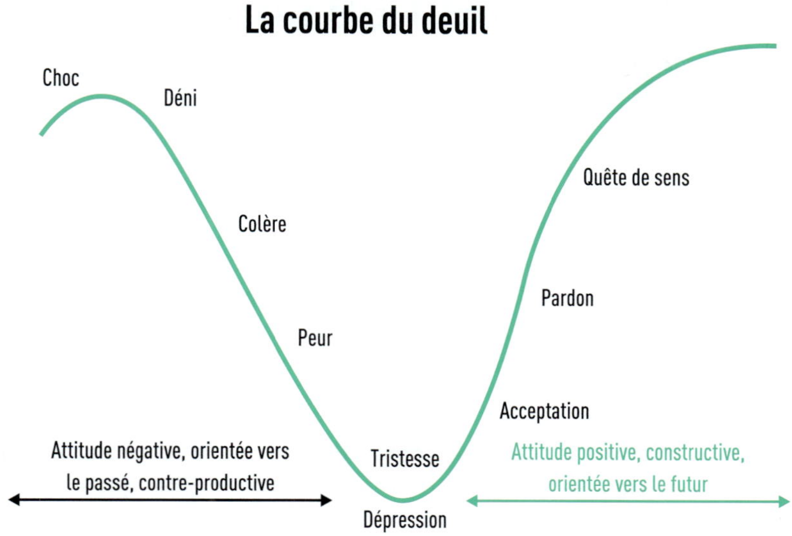

Un exemple d'application

Une entreprise du bâtiment a subi différents revers commerciaux ces dernières années et décide de s'installer dans des locaux plus petits et moins onéreux pour poursuivre son activité.

Gérard, le dirigeant, confie à son coach, Luc, qu'il ne comprend pas que les salariés de l'entreprise soient si réticents au changement alors qu'il va permettre de réduire les charges de l'entreprise et donc d'assurer la survie de leurs postes.

Luc constate que Gérard n'a pas pris la mesure du deuil que les salariés vont devoir faire avant de pouvoir intégrer sereinement les nouveaux bâtiments. Il choisit donc de l'interroger sur le processus qui l'a décidé à faire ce choix pour son entreprise.

Ils constatent ensemble qu'à travers les étapes clés de la prise de décision, Gérard a dû lui-même vivre toutes les étapes du deuil sur une période de 2 ans environ avant de trouver un sens clair à ce changement

Le dirigeant a alors compris par lui-même qu'il ne pouvait pas attendre de ses équipes qu'ils acceptent le changement en quelques semaines, et que la colère et la tristesse qu'il percevait chez certains d'entre eux n'était pas tournée contre lui ou l'entreprise, mais faisaient partie de leur propre processus de deuil.

Les pièges à éviter

- Présenter la courbe à des personnes en début de deuil (phase peu constructive) pour leur expliquer « comment cela va se passer ».
- Fixer des objectifs de temps pour atteindre l'un ou l'autre niveau en coaching. Le deuil est un processus individuel et intime dont le temps de réalisation est propre à chacun.

57 Le générateur de comportements nouveaux

Présentation

Le générateur de comportements nouveaux est un outil issu de la PNL qui permet de changer ou d'améliorer un savoir-faire concret : acquérir un tour de main (métiers de l'artisanat, cuisine, industrie), améliorer une performance sportive grâce à un geste particulier, avoir les bons gestes et postures pour la sécurité au travail, avoir la bonne attitude pour entrer en relation ou prendre la parole en public.

Comment procéder ?

- **Le coach définit avec le coaché le comportement que le coaché souhaite acquérir** et la situation dans laquelle il a besoin d'y recourir. Ex. : avoir des gestes d'ouverture pour entrer en relation avec mes clients.
- **Le coaché choisit un modèle** : s'il souhaite acquérir l'attitude d'une personne en particulier, par exemple « accueillir des clients comme mon collègue », il prendra ce dernier comme modèle. S'il n'a pas d'exemple, il sera alors son propre modèle.
- **Le coaché « observe » le modèle** (n° 1 du schéma ci-contre) : il imagine qu'il regarde ou écoute le modèle en train d'agir dans la situation donnée. Il s'imprègne de ce qu'il voit et peut rectifier le geste mentalement, jusqu'à ce que celui-ci lui convienne.
- En imagination, le coaché se met à la place du modèle (n° 1 du schéma ci-contre) mais cette fois en position associée, c'est-à-dire en vivant dans son corps, mais sans l'effectuer, l'effet du mouvement, du geste ou du comportement. Le cas échéant, le coaché peut ajouter des modifications à ce qu'il avait imaginé avant de s'associer.
- **Il choisit un déclencheur externe pour ce nouveau comportement :** le coaché décide du moment où il souhaite que ce nouveau comportement s'active : cela peut être la saisie d'un instrument, par exemple un stylo, l'entrée dans un lieu spécifique...
- **Se projeter dans le futur :** le coach invite alors le coaché à s'imaginer en train de recourir à ce nouveau comportement dans des situations à venir afin de lui permettre de bien l'ancrer.

L'intérêt du générateur de comportements nouveaux

Cet outil permet :

- d'acquérir ou d'améliorer un savoir-faire ;
- d'accompagner un changement par une modification des gestes.

Pour l'utiliser

Cet outil peut être utilisé :

- en coaching individuel ;
- en demandant au coaché d'imaginer regarder le modèle virtuellement comme une projection cinématographique sur un mur blanc.

Le générateur de comportements nouveaux

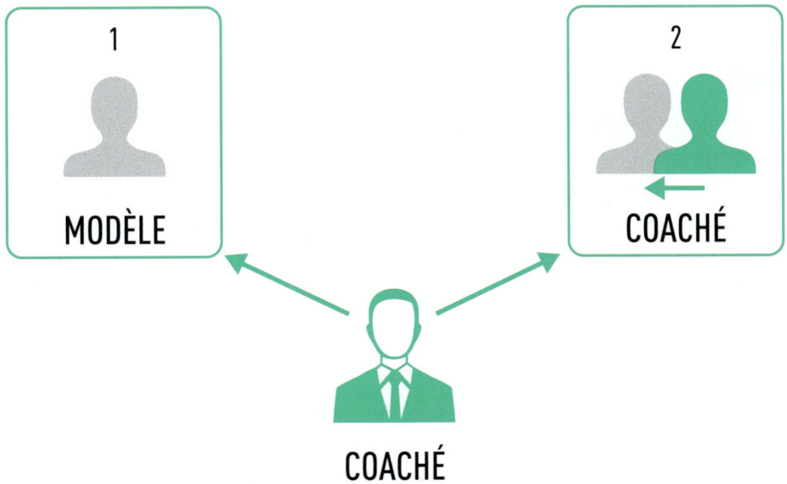

En 1, le coaché « observe » le modèle. En 2, il se met à sa place.

Un exemple d'application

Marc est responsable hygiène et sécurité dans l'industrie de la mode. Très rigoureux professionnellement, il a une réelle problématique d'organisation et de rangement de son bureau, qui est toujours en désordre. Son souci d'exemplarité l'a poussé à décider de changer sa manière de faire. Il fait appel à Rolande, sa coach, pour l'accompagner dans ce changement. Elle lui propose le générateur de comportements nouveaux. Marc choisit comme modèle Clara, son ancienne responsable.

Il la « visualise » sur l'écran blanc du mur en train de classer ses documents juste après les avoir utilisés, ou en train de les poser dans une bannette spéciale, prêts à être rangés.

Il visualise sa logique de rangement : les dossiers dont elle se sert le plus souvent sont à portée de main, les autres un peu plus loin.

Il observe ensuite la façon dont elle procède en fin de journée pour que son bureau soit totalement rangé.

Lorsqu'il est prêt, il substitue sa propre image à celle de Clara et se voit en train d'adopter les mêmes gestes qu'elle en ressentant les sensations, en organisant ses propres dossiers.

Cet exercice, qu'il a répété plusieurs fois mentalement, avant de le mettre en pratique réellement, lui a permis de gagner du temps dans la mise en place de cette nouvelle organisation, et beaucoup d'efficacité dans sa mise en pratique.

Les pièges à éviter

- Choisir un comportement non observable, tel qu'un état interne (un ressenti, par exemple).
- Omettre de vérifier que le coaché est bien « associé » au nouveau comportement lorsqu'il se met à la place du modèle. Il doit absolument sentir les mouvements dans son corps.

58 Le codéveloppement

Présentation

Cette technique, originaire du Québec, est formalisée par Claude Champagne et Adrien Payette dans les années 2000 dans leur ouvrage *Le groupe de codéveloppement professionnel*. Elle permet une prise de conscience et un apprentissage en groupes de pairs. Par un processus codifié, un groupe ayant des problématiques professionnelles similaires peut aider une personne du groupe à trouver des solutions à une question donnée. En contribuant à la discussion, les autres membres du groupe confrontent leurs points de vue et apprennent grâce à l'échange de pratiques.

Mise en œuvre

À chaque séance, les rôles suivants sont répartis entre tous les participants :

- Le **client** : c'est la personne qui a une problématique et souhaite l'exposer au groupe. Il n'y en a qu'un par séance, mais il change à chaque rendez-vous.
- L'**animateur** : il est garant du processus et du timing.
- Les **consultants** : ils constituent le reste du groupe, ils vont écouter puis contribuer à la réflexion du client.

Les étapes

Un groupe de codéveloppement s'organise en 6 étapes :

1. Le client définit la question qu'il veut poser au groupe, les autres écoutent silencieusement.
2. Les consultants posent des questions pour affiner leur compréhension, le client répond.
3. Le client reformule sa demande, au vu des discussions précédentes, en une question précise, qui fait l'objet du groupe de travail.
4. Les consultants réfléchissent puis, à tour de rôle, proposent leurs solutions pour répondre à la demande. Le client reste silencieux et note. Il peut cependant demander des précisions si nécessaire.
5. Le client bâtit un plan d'action pour répondre à sa demande initiale, en s'inspirant de ce qui a été dit et de son propre cheminement. Il le présente au groupe.
6. Chacun note ce que la session lui a appris, et évalue la qualité de ses apprentissages réalisés lors du temps passé ensemble.

Pour l'utiliser

Idéalement, la participation à un groupe de codéveloppement doit se faire sur la base du volontariat. Environ 6 personnes d'activités similaires peuvent choisir de se réunir pour des sessions de travail de 2 h environ, de manière régulière.

La constitution du groupe de départ est essentielle. Mieux vaut éviter de faire travailler ensemble des personnes ayant des liens hiérarchiques, afin de permettre une complète liberté d'expression.

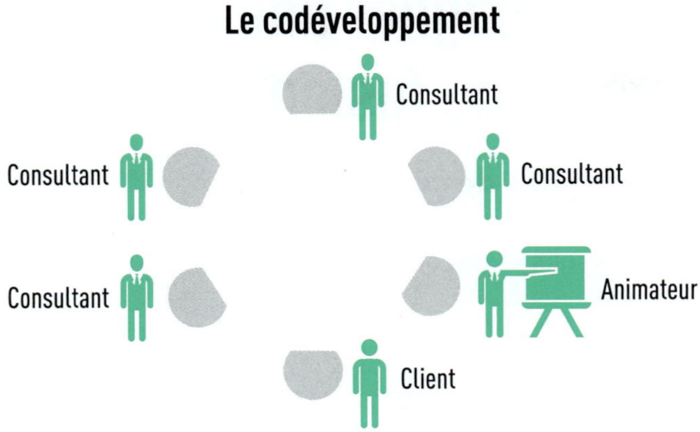

Un exemple d'application

Un centre d'appels rencontre des difficultés croissantes de recrutement et de fidélisation des salariés. Il apparaît que l'impopularité du secteur et les pratiques managériales peuvent être la source de ce turnover important.

Pour faire évoluer cette situation, un cabinet de coaching décide de mettre en place un groupe de codéveloppement. Six séances sont donc programmées à 1 mois d'intervalle.

Lors des deux premières séances, le coach a expliqué le processus, l'affiche, et joué le rôle de l'animateur, pendant que les participants étaient soit client soit consultants.

Les premiers porteurs de problématiques ont choisi de réfléchir sur ces questions :

- Comment accompagner les salariés dans leurs premières semaines chez nous ?
- Quels facteurs favorisent le départ de nos salariés ?
- Comment faire évoluer l'image de notre métier ?

Peu à peu, le coach a confié à tour de rôle à chaque membre du groupe la responsabilité d'animateur et est intervenu de moins en moins. Il est resté en position méta, signifiant parfois à l'animateur qu'il y avait besoin de régulation s'il ne s'en était pas rendu compte, et débriefant sur la dynamique du groupe.

Au bout de 6 séances, une nouvelle dynamique managériale était enclenchée, spécifique à l'entreprise et issue des managers eux-mêmes.

Les pièges à éviter

- À l'étape 2, utiliser de fausses questions du type : « Ne penses-tu pas que... ? », qui sont en fait des solutions déguisées.
- À l'étape 4, laisser des débats s'installer. L'animateur a pour responsabilité de stopper les éventuelles discussions qui pourraient s'installer.
- À l'étape 5, préciser de qui le client s'inspire pour trouver sa solution : « J'ai choisi la solution de Stéphane », car le choix d'un plan d'action est forcément issu de la contribution du groupe.

Plan d'action

Accompagner une équipe lors d'une fusion

Les bénéfices de ce plan d'action

- Permettre à chacun de faire le deuil de la situation passée.
- Aider les salariés des deux structures à faire un pas vers les nouveaux collègues.
- Pouvoir créer une manière de fonctionner ensemble.

Les actions prioritaires à mettre en œuvre

- Créer les conditions favorables (voir ci-dessous)
- Enclencher les premiers projets (voir p. 182-183)

Créer les conditions favorables

Pourquoi ?

Au-delà des aspects légaux et financiers, une fusion d'entreprises est avant tout un challenge humain. Les décideurs ont connaissance du dossier depuis plusieurs mois, voire plusieurs années, mais les salariés, eux, sont dans une situation différente :

- Ils ont probablement entendu des rumeurs, ou constaté des signes les laissant imaginer qu'un rapprochement était en cours.
- Ou ils ont appris la nouvelle sans rien voir venir.
- Ils se posent des questions quant à leur avenir, et formulent des hypothèses anxiogènes.
- Une fois l'annonce faite, les entreprises veulent souvent avancer rapidement sur le dossier.

Tout cela combiné peut entraîner les protagonistes dans un tourbillon émotionnel qui paralyse l'activité, la prise de décision et donc la réussite du projet de fusion. Faire appel à un cabinet de coaching permet de bénéficier d'un éclairage extérieur, distancié et sans parti pris.

Avec quels interlocuteurs ?

Toutes les parties prenantes directes et indirectes doivent être prises en considération :

- les salariés des deux entreprises ;
- les intérimaires intervenant dans chacune d'entre elles ;
- les clients et partenaires ;
- les fournisseurs.

Le coaching, cependant, sera uniquement destiné aux salariés, éventuellement aux intérimaires si l'entreprise le juge nécessaire. Les autres parties prenantes seront rapidement informées sur les nouvelles règles de fonctionnement de la nouvelle entité pour les rassurer et leur permettre de s'adapter aux exigences de l'entreprise fusionnée.

Avec quels outils ?

- L'analyse gain/perte → *cf. Outil 53*.
- La courbe de deuil → *cf. Outil 56*.
- Le story-board → *cf. Outil 54*.

Comment mettre l'action en œuvre ?

Le travail de préparation de la fusion doit pouvoir commencer en amont de l'annonce, avec les dirigeants qui sont informés du projet. Dans l'idéal, ils pourront :

- être accompagnés dans la préparation de la communication officielle et choisir le mode de diffusion du message en fonction de la taille de l'entreprise ;
- travailler sur une **matrice gain/perte** pour les deux entreprises, les instances représentatives du personnel des deux entités, la communauté managériale, les salariés, clients et fournisseurs ;
- faire un focus avec un coach sur **la courbe du deuil** et donc les réactions prévisibles, normales et finalement saines qui peuvent avoir lieu, ainsi que la manière de les accompagner ;
- organiser l'annonce officielle faite par le dirigeant auprès d'une partie la plus large possible des salariés.

Une fois que l'annonce a été faite :

- Organiser des groupes d'accompagnement pour les managers, au cours desquels ils recevront toutes les informations nécessaires pour répondre à leurs propres inquiétudes, mais aussi aux questions de leurs équipes. Et où ils pourront laisser s'exprimer leurs émotions, et toucher du doigt la réalité de la transformation à réaliser.
- Organiser des réunions d'information en petits groupes pour laisser la possibilité aux salariés de poser leurs questions, d'obtenir une réponse claire à leurs inquiétudes et de commencer à se projeter.
- Créer les premiers événements de rapprochement des salariés, idéalement sur un mode convivial.
- Faire travailler la communauté managériale sur un **story-board** de la fusion, pour leur donner une vision de ce qui se passe et leur faire prendre conscience de ce qui est attendu d'eux dans ce projet.

Point de vigilance

✓ Ce plan d'action prend du temps, et, souvent, la fusion représente des enjeux stratégiques qui retiennent les dirigeants loin de l'entreprise. Or, plus que toute autre personne, ils peuvent rassurer et donc donner de la perspective. Il est donc très efficace de les impliquer dans les diverses réunions malgré leur agenda chargé.

INFO +

Focus sur le middle management

Le middle management est en contact direct avec les équipes, mais on attend de lui qu'il se rallie par principe aux décisions de la direction. Or, comme son équipe, il est souvent au courant du projet à la dernière minute. Il peut développer un fort sentiment de culpabilité, car il est impuissant et parfois soupçonné par les salariés d'avoir « caché l'information ». De plus, il est en première ligne pour déceler les impacts de l'annonce auprès de ses équipes, sans pour autant pouvoir apporter un réconfort ou une perspective à ceux-ci.

C'est donc une population qui pourra se sentir trahie par la direction, et développer une colère latente. Le coach a tout intérêt à consacrer un temps et une attention toute particulière à ces managers de proximité. Plus ils sont sereins, plus il y a de chances que leurs équipes le soient aussi.

Enclencher les premiers projets

On peut dire que la fusion est réussie lorsque les salariés des deux entreprises fusionnées travaillent ensemble vers un objectif commun. Avant de parvenir à cet objectif qui peut prendre plusieurs années, la mise en place des premiers projets permet d'amorcer la construction de la nouvelle entité.

Pourquoi ?

- Parce dans une fusion, deux cultures d'entreprises vont coexister avant d'en voir émerger une troisième, qui sera propre à la nouvelle entité. Réussir un projet en commun est un bon point de départ.
- Après le temps de l'expression des émotions, de la colère, de la tristesse et de la peur, viendra celui de l'action, qui donnera du sens aux événements.
- L'implication dans les projets va permettre de voir émerger les talents, et donc de placer ensuite les bonnes ressources au bon endroit.

Avec quels interlocuteurs ?

Idéalement, on choisira des volontaires, qui ont déjà avancé dans l'acceptation de la fusion et sont entrés dans la phase positive du deuil.

Avec quels outils ?

- La roue d'Hudson → *cf. Outil 55*.
- Le story-board → *cf. Outil 54*.
- Le codéveloppement → *cf. Outil 58*.

Comment mettre l'action en œuvre ?

Compte tenu de l'enjeu, les premiers projets devront être impulsés et suivis par la direction de la nouvelle structure, qui aura intérêt à :

- Présenter la vision stratégique de l'entreprise à 2 ou 3 ans, afin de donner de la perspective et du sens aux salariés. Cette vision doit mettre en avant la nécessité du changement ainsi que les bénéfices à en retirer pour l'entreprise et les équipes ; elle doit être motivante.
- Identifier 2 ou 3 projets à la fois simples et stratégiques sur lesquels faire travailler les salariés.
- Faire travailler les managers sur **la roue d'Hudson** en relation avec lesdits projets, afin d'identifier leur impact, leur durée prévisible et les étapes nécessaires pour qu'ils soient menés à bien.
- Former les futurs chefs de projets à la gestion de projets.
- Proposer un accompagnement pendant le lancement. Dans cette phase, la réalisation d'un **story-board** offrira l'occasion de fédérer l'équipe projet autour d'une réalisation à la fois créative et structurante.
- Proposer un suivi régulier des projets, en se référant au story-board.
- Communiquer régulièrement sur l'avancement des projets, via un intranet, une newsletter ou des réunions.
- Célébrer les succès, afin de donner des signes visibles de la mise en place de la fusion.
- Lorsque, dans le travail au quotidien, des difficultés apparaissent, proposer aux salariés de créer des groupes de **codéveloppement**. Cela leur donnera la possibilité d'influer sur les nouveaux modes de travail et donc sur la culture de l'entreprise.

Points de vigilance

✓ Bien mélanger les équipes, pour permettre une connaissance mutuelle des participants et une bonne représentativité des points de vue.

✓ Prévoir une animation extérieure des groupes projets pour réguler les éventuelles tensions et rivalités tant que la nouvelle organisation n'est pas arrêtée.

CONSEIL DE PRO

Le rôle clé des RH dans l'après-fusion

Lors de la fusion, les dirigeants se concentrent principalement sur les habitudes professionnelles, or ce sont souvent les habitudes sociales qui sont au cœur des préoccupations immédiates des salariés : « Mon poste va-t-il être conservé ? », « Son contenu va-t-il évoluer ? », « Vais-je changer de lieu de travail, de responsable, de rémunération, d'avantages, d'horaires ? » Autant de questions qui, laissées sans réponses, ont un impact désastreux sur la mise en place des premières actions professionnelles communes.

L'organisation des ressources humaines doit donc être un sujet prioritaire pour la direction, afin que les équipes soient en ordre de marche au plus vite, pour négocier les sujets avec les instances puis rassurer les salariés.
Si elles font preuve d'écoute, d'efficacité et de transparence, les RH deviendront un allié de taille dans la réussite de la fusion et gagneront, pour la suite, un capital-confiance non négligeable.

Cas d'entreprise

Exemple d'une fusion réussie

Fin 1999, deux géants du pétrole, Exxon et Mobil, tous deux américains, fusionnent pour devenir le leader du secteur devant Shell. Tous les regards sont tournés vers ces deux géants d'un secteur particulièrement porteur, mais qui ont beaucoup de services et de points de vente en doublon. Il est évident que l'entreprise va devoir procéder à de nombreuses réorganisations et qu'on est face à un choc des cultures.

Pourtant, avec le recul, cette fusion est un vrai succès. Interrogés sur ce point, les spécialistes l'affirment, ce rapprochement a été particulièrement bien anticipé :

- Les complémentarités, en particulier géographiques, étaient réelles, permettant de limiter l'impact social.
- Au jour de la fusion, l'entreprise disposait déjà d'un organigramme très clair, ce qui a permis d'entrer dans l'action rapidement et de limiter les flottements.
- Les cultures d'entreprises n'étaient pas trop éloignées (les deux entreprises sont américaines), et sont venues s'enrichir mutuellement.

Les critères de réussite de votre plan d'action

- ➜ La colère et la tristesse ont pu être exprimées. Pour l'ensemble des salariés, il est clair que la fusion va bien avoir lieu et qu'elle peut fonctionner.
- ➜ L'entreprise a un nouvel organigramme clair, connu de tous et accepté.
- ➜ De nouveaux projets peuvent voir le jour.
- ➜ Les salariés arrêtent de se présenter comme étant des anciens de l'entreprise X ou de l'entreprise Y.

Objectif 11

Entretenir et développer ses compétences de coach

Même si son rôle est avant tout celui d'un miroir, encore faut-il que le coach offre une surface réfléchissante qui soit à la fois propre, lisse, régulière et non biaisée pour que son client puisse avancer de manière efficace.

Nous n'avons pas abordé dans cet ouvrage l'indispensable formation initiale du coach, tant il est évidemment et déontologiquement indispensable de disposer d'un enseignement théorique et d'une expérience pratique pour exercer ce métier. Cette formation représente le socle de base, qui lui permettra de faire face aux premières situations.

Mais dès lors que le coach commence à pratiquer son activité régulièrement, il est impacté par ses coachings :

- il est confronté à des situations nouvelles en permanence, qui pour certaines peuvent résonner avec sa propre expérience ;
- il rencontre des personnes qui se livrent à lui en confiance, et qui expriment leurs émotions de manière directe, sans filtre ;
- il est parfois le dépositaire de témoignages qui peuvent le toucher, le remettre en cause ;
- il peut rencontrer des difficultés, malgré la mise en place d'outils qui sur le papier semblent tout à fait indiqués dans les situations proposées ;
- il peut entrer dans une certaine routine, utiliser toujours les mêmes outils, qu'il maîtrise, et manquer de recul par rapport à son métier.

En fait, ses ressources peuvent s'épuiser à mesure qu'il se met à la disposition de son client. La question du bien-être du coach et de ses moyens pour rester performant est essentielle. C'est l'objectif de ce plan d'action.

Pour pouvoir entretenir et développer ses compétences, il faut, pour le coach :

- ✓ Savoir s'entourer de professionnels compétents (psychologue, superviseur, formateurs...).
- ✓ Se ménager des temps de prise de recul sur sa pratique.
- ✓ Investir dans sa propre formation.
- ✓ Trouver des moyens de se libérer de l'impact des différents coachings.

Les outils clés

Outil 59

Le suivi psychologique

Cette première étape permet d'assurer l'équilibre personnel du coach et de dépolluer la relation coach/coaché des éventuelles préoccupations du coach.

p. 186

Outil 60

La supervision

C'est un temps de prise de recul et de changement de perspective sur les coachings en cours, les difficultés rencontrées et les moyens dont dispose le coach pour y faire face.

p. 188

Outil 61

L'identification de sa particularité

Prendre conscience de ce que le coach a de spécial et de différenciant dans sa pratique et s'appuyer sur sa particularité pour en faire une force.

p. 190

Outil 62

L'adhésion à une association professionnelle

Choisir d'adhérer à une association professionnelle est un moyen de rompre l'isolement, de se donner un cadre déontologique et de challenger sa pratique.

p. 192

Outil 63

Les rituels du coach

Ils sont propres à chacun, mais permettent d'entrer dans le coaching puis d'en ressortir sans être trop impacté par celui-ci.

p. 194

Le plan d'action

Planifier sur plusieurs années les temps et les moyens que le coach va dédier à sa formation est la meilleure façon de garantir qu'il saura faire face à l'évolution de son métier et aux orientations que prendra sa pratique. Dans ce plan d'action, nous proposons de formaliser cette démarche et de poser les premières décisions de formation afin que le coach ne reste pas immobile dans son métier.

La première action visera à **savoir s'entourer** des bonnes personnes pour se renforcer dans sa pratique.

La seconde action permettra de **se projeter** puis de définir et planifier les prochaines étapes d'apprentissage du coach.

59 Le suivi psychologique

Présentation

Le suivi psychologique consiste pour le coach à avoir fait (et continuer à faire) un travail thérapeutique personnel. Ce suivi fait partie de la déontologie du coaching et constitue une condition indispensable à l'activité.
En tant que miroir du coaché, le coach doit pouvoir lui renvoyer l'image la plus proche possible de la réalité exprimée. Elle ne doit pas être brouillée par ses propres représentations (en psychanalyse, on utilise le terme de contre-transfert).

Transfert et contre-transfert

Le transfert : il peut arriver que le coaché utilise inconsciemment le coach comme personnage de substitution pour rejouer un aspect particulier de la relation qu'il a eue avec ses parents ou des personnes ayant eu une influence sur lui dans son passé. Il peut se mettre à s'attacher ou au contraire se méfier de son coach.
Le contre-transfert est une réaction du coach au transfert du client. Par exemple, lorsque le coaché s'attache à son coach de façon excessive, cela peut flatter le coach et répondre à son besoin inconscient d'être aimé.
Le coach doit avoir suffisamment travaillé sur lui-même pour être capable d'identifier ce qui est en train de se produire. Il pourra évoquer cette situation avec le coaché pour savoir si ce type d'émotion pourrait avoir une résonance avec l'histoire passée du coaché. Si le coach se laissait submerger par ses propres sentiments, il ne pourrait plus aider son coaché.

L'intérêt du suivi psychologique

Cet outil permet :
- de protéger les intérêts du client en lui assurant une neutralité d'écoute ;
- de mieux comprendre ce que vit le coaché, en étant déjà passé par l'étape d'un travail sur soi ;
- d'être conscient des possibilités de transfert et contre-transfert et d'avoir les bons réflexes pour les accueillir sans les subir.

Pour l'utiliser

- En pratiquant l'écoute interne (→ *cf. Outil 8*), le coach se concentre sur ses propres émotions afin de pouvoir livrer les résultats de cette écoute interne au coaché et d'éviter de projeter sa propre histoire à travers celle du coaché.
- Il accueille le cadre de référence (→ *cf. Outil 13*) ou modèle du monde du coaché sans arrière-pensées. C'est ce que l'on appelle avoir « **les lunettes propres** » dans le jargon du coaching.

Le suivi psychologique

1. • Protéger les intérêts du coaché
2. • Mieux comprendre ce qu'il vit
3. • Être conscient des possibilités de transfert et contre-transfert

Un exemple d'application

Guy est coach professionnel, il accompagne Charles depuis 6 mois dans sa prise de poste. Charles a perdu son père très jeune et est très attaché à Guy. Au fil du temps, Guy constate qu'il pense souvent à Charles entre les séances, se sent coupable si Charles ne progresse pas, car il souhaite ardemment réussir ce coaching. Guy consulte son psychothérapeute, qui lui explique que Charles fait sans doute un transfert sur lui en lui donnant la place du père absent, et demande à Guy ce qui résonne en lui dans l'histoire du coaché. Il y a 15 ans, Guy a eu des difficultés lors d'une prise de poste et aurait aimé avoir un guide pour l'aider à s'intégrer dans l'entreprise. Guy prend conscience qu'il fait une projection de sa propre histoire sur Charles en voulant être pour lui le guide qu'il n'a pas eu. Il s'agit d'un contre-transfert, qui arrive fréquemment, nourri par les besoins personnels de Guy.

En gérant son contre-transfert par la conscience de ce qui se passe en lui vis-à-vis de Charles, Guy a pu maintenir des frontières nettes et précises dans sa relation entre ce qui appartient à Charles et ce qui relève de ses propres projections. Il a pu regarder la situation avec des « lunettes propres », pour adopter une position d'écoute neutre et gagner en efficacité dans la relation.

Les pièges à éviter

- Continuer l'accompagnement malgré l'apparition d'un conflit intérieur chez le coach généré par la problématique du client, en pensant que cela passera avec le temps.
- En cas de doute, ne pas rechercher une assistance professionnelle pertinente afin de déterminer les mesures à prendre.

60 La supervision

Présentation

Déontologiquement, le coach se doit d'avoir une formation initiale solide puis, dès qu'il démarre sa pratique professionnelle, d'entamer une démarche de supervision auprès d'un superviseur de coach. Cette démarche se fait indépendamment du suivi psychologique (→ *cf. Outil 59*).

Avec quelle fréquence ?

Les associations de coaching divergent sur le sujet et les superviseurs eux-mêmes proposent des formules différentes. Si certains offrent des séances rythmées, tous les mois ou deux mois, d'autres ouvrent des séances à la demande. Ceci est un premier critère de choix du superviseur, mais le coach devra garder à l'esprit que la récurrence est un critère clé de qualité de sa propre progression et donc de la prestation qu'il propose.

Sous quelle forme ?

Là encore, plusieurs options s'ouvrent aux coachs. Ils peuvent choisir :

- des séances individuelles, idéales pour pouvoir exposer en détail toutes les situations professionnelles rencontrées ;
- des séances collectives, qui permettent d'apprendre au-delà de ses propres cas de coaching, mais qui limitent par nature le temps passé sur les cas du coaché.

L'intérêt de la supervision

- **Une analyse de pratique professionnelle** : en expliquant une situation de coaching à une personne extérieure, le coach se donne l'opportunité de regarder son action avec de la hauteur, et éventuellement de comprendre des interactions qui lui avaient échappé lorsqu'il était acteur de la relation.
Il peut obtenir de son superviseur des pistes de travail complémentaires, des éclairages nouveaux qui pourront faire avancer le coaching et la confirmation qu'il respecte bien le cadre de l'éthique et de la déontologie.
- **Un moyen de faire face aux difficultés** : lorsqu'une situation semble bloquée, que le coach ou le coaché semblent mal à l'aise dans le processus de coaching, le superviseur peut aider à surmonter des problèmes ou tensions en mettant en avant des situations de transfert par exemple, ou en rendant visibles des émotions qui viennent polluer le lien et sur lesquelles le coach pourra aller travailler lors de son suivi psychologique (→ *cf. Outil 59*).
- **Un complément de formation** : le superviseur, qui est à la fois un coach expérimenté et formé à la supervision, peut offrir au coach un complément de formation précieux en lui proposant d'approfondir des outils, des ouvrages ou des pratiques.

La supervision

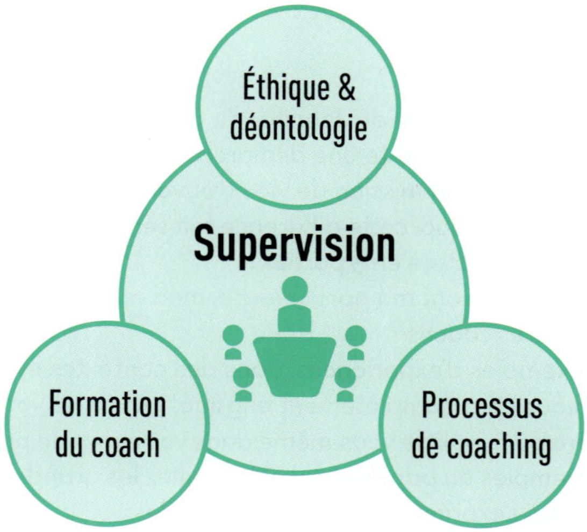

Un exemple d'application

Louis coache un dirigeant depuis maintenant un an et demi. Son client a beaucoup évolué mais continue à le contacter régulièrement, à chaque fois qu'il a une décision à prendre. C'est une situation confortable et financièrement satisfaisante pour le coach, qui n'imagine pas forcément de fin à ce coaching.

Lors de sa supervision en individuel, son superviseur lui demande de faire le point sur l'ensemble des coachings en cours. Au moment de parler de celui-là, il dit à son coach : « Le coaching de Monsieur X, vous savez, celui dont je vous avais parlé il y a plus d'un an, se passe toujours très bien, rien à dire, il a bien avancé. »

Le superviseur est interpellé. Il va donc questionner Louis sur l'objectif initial du coaching, le travail effectué et les résultats obtenus.

Ne serait-il pas en train de devenir un confident bienveillant, qui se sent rassuré et valorisé par cette mission de « dirigeant par procuration » ?

Toutes ces questions amènent Louis à prendre des décisions :

- il va retravailler l'objectif avec le coaché ;
- il va reposer le cadre de son intervention avec clarté ;
- il va chercher à favoriser l'indépendance de son client dans la relation.

Piège à éviter

- Penser que le fait de participer à un groupe de pairs est suffisant pour accompagner la pratique professionnelle, et qu'il remplace une supervision. Certes, cela a un intérêt pédagogique réel et stimulant, mais la force de la supervision est qu'elle apporte un regard neutre et bienveillant sur les coachs et leur manière d'exercer le métier.

61 L'identification de sa particularité

Présentation

Cet outil est inspiré d'un article de Jennifer de Gant écrit à l'issue d'une conférence de David Gordon en 1996. Il présente une démarche de développement personnel en relation avec la recherche de sa mission de vie : trouver sa particularité de coach, ce qui le différencie des autres, en quoi cette différence fait sens par rapport à son chemin de vie.

Gordon propose une structure en 3 parties :

1. La contribution : quels sont ma particularité, mon apport spécifique et ma différence par rapport aux autres coachs ?

- Trouvez 3 à 5 exemples d'expériences, dans des contextes et des périodes différents, dans lesquelles vous étiez complètement engagé, exprimiez votre personnalité et aviez le sentiment d'être au mieux de vous-même dans votre monde professionnel.
- Inscrivez ces exemples au paperboard et identifiez les grandes familles de talents que vous possédez et qui s'expriment lors de ces exemples.
- Rédigez une déclaration affirmant ces talents : « Je suis un coach attentif et visionnaire qui aide les coachés à se projeter sereinement dans un futur professionnel exaltant. »
- La lire à voix haute et vérifier qu'elle sonne juste et authentique. Faites le test en reformulant : « C'est donc le but de ma vie de [déclaration]... afin de contribuer à ... dans le monde. »

2. La connexion : quels sont les idéaux et valeurs qui guident mon action ?

Formulez une phrase du type « Je fais partie des personnes qui défendent l'harmonie dans le monde. » Ou : « Je fais partie de ces personnes qui veulent améliorer les relations dans l'entreprise. »

3. Les manifestations : comment cette particularité se manifeste-t-elle concrètement ?

Nommez à haute voix trois manières dont vous manifestez votre particularité.

De quelle manière cela se voit-il dans votre comportement extérieur? Dans votre vie professionnelle et extra-professionnelle ?

L'intérêt de l'identification de sa particularité

Cet outil permet de :

- prendre conscience de ce que le coach a de spécial et de différenciant dans sa pratique ;
- s'appuyer sur sa particularité pour en faire une force.

Pour l'utiliser

Cet outil peut être utilisé :

- en coaching individuel ou collectif, pour trouver la particularité du ou des coachés (coachs en formation, par exemple). Le coach posera les questions et aidera le(s) coaché(s) à faire les bonnes formulations ;
- en utilisant le groupe comme miroir ;
- seul, en se posant les questions à soi-même ;
- en groupe de pairs, où chaque coach sera tour à tour le guide et le sujet.

L'identification de sa particularité

Un exemple d'application

Alexia est coach professionnelle depuis 5 ans, elle cherche sa particularité pour se présenter à ses futurs clients.

Sa contribution :

- Elle a aidé un coaché à trouver sa place dans l'entreprise en le faisant dessiner.
- Elle a réussi à faire exprimer ses émotions à un coaché malgré sa résistance et l'a aidé à trouver en lui des solutions.
- Lorsqu'elle était animatrice pour enfants, elle a utilisé tous les moyens en sa possession pour intéresser les enfants, tout en suivant le projet pédagogique.

Alexia regroupe ces exemples en 4 familles dont les points communs sont : créativité, respect du cadre, capacité à susciter la confiance et à trouver, à travers un panel d'outils, celui qui sera efficace pour aider le coaché.

Elle rédige et prononce sa déclaration : « Mon empathie naturelle et ma créativité me permettent de trouver les outils qui aideront le coaché à résoudre sa problématique. » Pour ce qui est de sa connexion, au sens de ses actions, elle formule « Je fais partie des personnes qui croient profondément que chaque individu a en lui les ressources pour devenir ce qu'il a toujours rêvé d'être. » Enfin, pour la manifestation dans ses comportements extérieurs, elle indique qu'elle a une capacité particulière à voir rapidement ce qui manque à ses coachés et, dans le même temps, ce qui pourrait les aider à s'accomplir pleinement.

Les pièges à éviter

- Tenter de répondre à des questions sur le « pourquoi ». Il est plus utile de répondre au « comment ».
- Abandonner face à la difficulté de faire l'exercice seul, sans tenter de faire appel à un pair.

62 L'adhésion à une association professionnelle

Présentation

Aujourd'hui, en France, le coaching n'est pas réglementé. Il n'y a pas de définition légale du métier de coach, qui regroupe aussi bien des coachs sportifs, des coachs de vie, des coachs en entreprise, des coachs de dirigeants, et bien plus encore.

L'offre de formation initiale est pléthorique, et d'émanations diverses : initiatives privées de coachs ou de formateurs montant leur propre parcours pour devenir coachs, écoles ou centres de formation sur des sujets connexes proposant une spécialité « coaching », ou universités. Et même s'il existe aujourd'hui un titre de « coach professionnel », celui-ci n'est pas obligatoire pour pratiquer.

Il n'y a pas non plus d'obligation légale d'appartenir à un groupement, pas de contrôle de la qualité des prestations. Il est donc de la responsabilité individuelle du coach de définir son métier, de s'assurer de sa propre qualité et de sa formation continue.

Pour cela, il peut trouver des alliés de poids : les **associations professionnelles** de coaching.

En France, 3 associations principales représentent environ 90 % des coachs adhérents :

- SF Coach ;
- ICF France ;
- EMCC.

On recense ensuite une vingtaine d'autres organisations aux objectifs proches, et un syndicat professionnel des métiers du coaching. Chacun propose des services différents, que le coach aura tout intérêt à découvrir avant de s'engager, en fonction de ses attentes personnelles mais aussi éventuellement de la typologie de ses clients.

L'intérêt des associations professionnelles

En fonction de l'adhésion choisie, le coach pourra trouver, dans les associations, les bénéfices suivants :

- une définition précise du métier ;
- un **code déontologique** clair ;
- des groupes de travail, des **échanges entre pairs** ;
- des conférences ;
- des **formations** ;
- des carnets d'adresses de professionnels (superviseurs, coachs, formateurs...) ;
- une accréditation au métier de coach ;
- des moyens d'influence auprès des entreprises, des médias et de la presse...

L'adhésion présente aussi un intérêt clair pour l'entreprise cliente, qui peut s'assurer que son coach est engagé dans une démarche d'amélioration continue de sa pratique.

L'adhésion à une association professionnelle

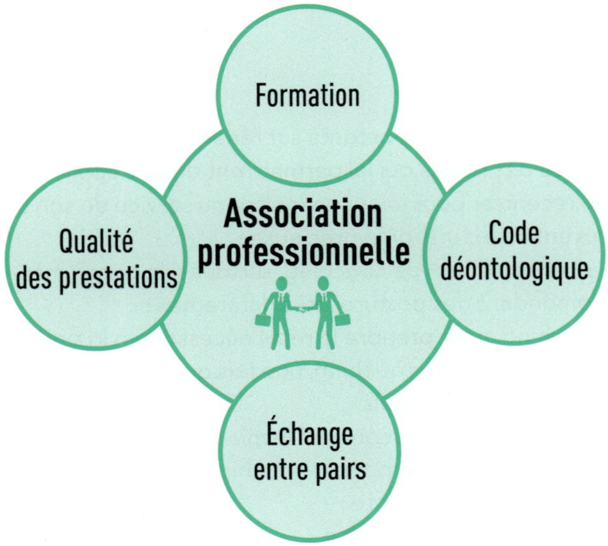

Un exemple d'application

Victor est coach depuis 3 ans, il a choisi une formation initiale sérieuse, courant sur 1 an, à raison d'une semaine par mois. Son école a imposé un suivi psychologique, qu'il poursuit depuis lors. Il est supervisé mais pas forcément emballé par ses séances. Et son activité fonctionne bien, il est très occupé.

Cependant, à plusieurs reprises, des clients l'ont interrogé sur son adhésion à une association. Le fait qu'il réponde par la négative a probablement été décisif dans la décision de son dernier prospect, une entreprise industrielle qui voulait faire accompagner son directeur financier, de ne pas travailler avec lui.

Il a donc décidé d'adhérer à une association, et a pris conseil auprès des anciens de son école et d'autres confrères coachs avant de s'engager.

La participation financière étant élevée, il choisit d'en tirer le meilleur parti en participant régulièrement à des conférences et aux groupes d'échanges de pratiques.

C'est dans ce cadre qu'il est entré en contact avec un regroupement de coachs qui postulaient en commun à un appel d'offres pour des coachs d'équipes en France et à l'étranger.

Il a aussi pu rentrer en contact avec un nouveau superviseur, dont les pratiques professionnelles lui conviennent mieux. Il considère que son investissement financier est bien rentabilisé.

Les pièges à éviter

- Choisir un organisme géographiquement éloigné de son lieu d'exercice : cela risque de compromettre la participation régulière aux événements.
- Adhérer, puis ne pas participer aux événements. L'intérêt réside dans l'apport de connaissances et de réseau de ces associations, pas uniquement dans l'apposition du label.

63 Les rituels du coach

Présentation

La pratique du coaching est impactante sur l'énergie du coach, et il peut être intéressant de mettre en place des rituels qui lui permettront de se dépolluer de ses activités précédentes et de se recentrer pour mieux se mettre au service de son client.

Ces rituels peuvent être d'une aide précieuse :

- pour une mise en condition de coaching, surtout si le coach mène d'autres activités en parallèle qui demandent des postures très différentes ;
- pendant le coaching, pour prendre le recul nécessaire à la pratique ;
- en tant que sas de sortie de coaching, une fois que le ou les coachés sont partis et que le ou les coachs se retrouvent seuls.

Chacun pourra trouver ce qui lui convient le mieux, mais voici quelques exemples à explorer pour se mettre en condition pour le coaching ou pour décompresser et prendre du recul suite à une séance éprouvante :

- la pratique d'exercices de respiration ;
- la méditation pleine conscience ;
- la marche sans but ;
- l'art-thérapie (dessin, modelage, musique, expression corporelle....) ;
- la visualisation...

L'intérêt d'un rituel

Pratiqué régulièrement, le rituel permet d'entrer rapidement dans la bonne posture, puis d'en sortir en évitant d'emporter avec soi les émotions et les préoccupations des participants.

Il est un outil d'amélioration de la qualité de la présence et donc du coaching en lui-même. Il entretient la bonne posture du coach.

Pour l'utiliser

Mettre en place ses rituels est assez simple, car il suffit de s'observer avant, pendant et après la pratique.

Si un coach constate qu'il a du mal à être très concentré en début de coaching, il pourra réfléchir au moyen de favoriser son attention (méditation, position méta...). Celui qui se sent stressé ou appréhensif pourra pratiquer quelques exercices de respiration ou écouter de la musique. Celui qui n'a pas de souci particulier se contente de ranger son environnement, de le rendre accueillant, de couper son téléphone et de s'installer dans son fauteuil. En fin de séance, certains pourront rapidement passer à autre chose alors que d'autres auront besoin de garder une trace de ce qui s'est passé, ou de prendre le temps d'une pratique ressourçante.

Les rituels du coach

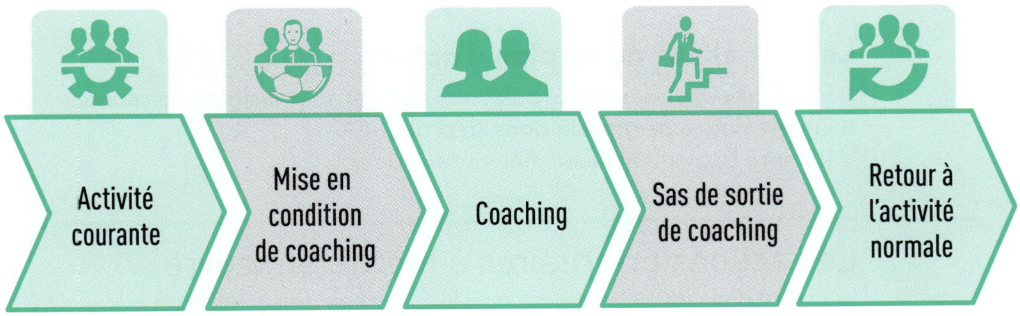

Un exemple d'application

Élina se prépare à accueillir un groupe avec qui elle doit travailler lors d'une séance de coaching collectif.

La veille, elle a préparé le matériel nécessaire. Le jour même, elle s'est présentée chez le client largement en avance, a pris possession de la salle, a tout installé puis a demandé à pouvoir prendre quelques minutes dans un lieu au calme.

Elle a en effet un rituel rapide qui lui permet d'entrer dans sa posture de coach :

- elle prend quelques grandes respirations ventrales, les yeux fermés ;
- puis se visualise au calme dans un jardin accueillant et très coloré jusqu'à ce qu'elle se sente habitée par ce calme ;
- elle rouvre les yeux puis se frotte les paumes des mains l'une contre l'autre, un sourire vient automatiquement s'afficher sur son visage, elle se sent prête à accueillir les participants en toute bienveillance.

Après sa séance, elle a, avec le temps, mis en place une routine qui l'aide à clore le coaching : elle prend un thé et griffonne quelques notes sur un carnet dédié : en plus de la date et des informations clients, elle note ce qu'elle a aimé, ce qui l'a surprise, et la leçon qu'elle retire de ce temps passé. Éventuellement, elle prend note d'une question pour son superviseur.

Une fois ce rituel terminé, elle se sent bien, et peut revenir à son activité.

Les pièges à éviter

- Vouloir copier le rituel d'une autre personne. Il faut que le rituel soit porteur de sens pour celui qui le fait.
- Choisir un rituel trop long ou trop sophistiqué, au risque de ne pas s'y tenir ou d'avoir du mal à le réaliser chez le client en toute discrétion.

Plan d'action

Élaborer son plan de formation personnel

Les bénéfices de ce plan d'action

- Faire prendre conscience au coach qu'il est sa principale ressource.
- Lui permettre de grandir dans sa pratique.
- Rompre l'isolement lié au métier de coach.

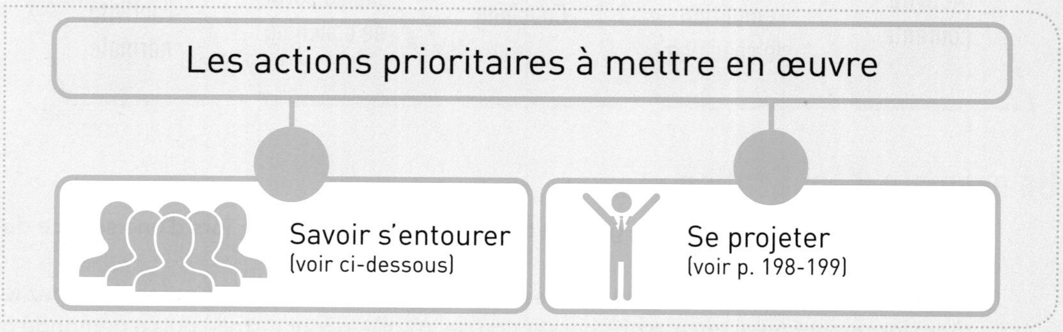

Savoir s'entourer

Pourquoi ?

Chaque échange avec un pair ou un superviseur est une opportunité d'apprentissage pour le coach, il est donc essentiel de favoriser autour de soi un réseau varié de professionnels du métier. C'est grâce à ce maillage consciencieusement entretenu qu'un coach pourra faire appel à des partenaires pour l'accompagner sur une mission, pour créer des groupes de pairs ou pour le conseiller en cas de besoin.

Avec quels interlocuteurs ?

Toutes les personnes rencontrées au cours de la pratique sont des contacts à entretenir :

- formateurs de la formation initiale puis continue ;
- participants aux formations ;
- superviseurs ;
- conférenciers ;
- membres d'associations professionnelles ou de syndicats.

Tous peuvent apporter un retour d'expérience et des conseils sur les pratiques, et contribuer à la formation du coach, qui, de son côté, mettra aussi en œuvre des démarches actives.

Avec quels outils ?

- Le suivi psychologique (→ *cf. Outil 59*).
- La supervision (→ *cf. Outil 60*).
- L'adhésion à une association professionnelle (→ *cf. Outil 62*).
- L'entretien régulier de son réseau via des échanges en face à face, par mail ou par téléphone.
- La création ou la participation à un groupe de pairs.

Comment mettre l'action en œuvre ?

Le coach devra tout d'abord rencontrer puis choisir les deux acteurs clés de son équilibre et de sa formation : son **thérapeute** et son **superviseur**. Il définira clairement ce qu'il attend de chacun d'entre eux, et fera tout son possible pour assurer la régularité des rendez-vous.

Il pourra ensuite choisir une **association professionnelle** et participer aux événements organisés, en particulier aux conférences, souvent comprises dans le prix de l'adhésion ou dont le tarif raisonnable permet de s'informer sur un sujet avant d'aller éventuellement l'approfondir.

Il aura intérêt à profiter de ces temps pour rencontrer de **nouveaux coachs,** auxquels il remettra une carte de visite, ou pour parler à l'intervenant, afin de trouver les réponses aux questions qu'il a sur le thème. Il ira saluer les participants qu'il connaît déjà, et les interrogera sur leurs projets actuels.
Ensuite, il pourra aussi prendre part à des **groupes de pairs**, qui sont des lieux d'échange autour des pratiques de chacun, des difficultés rencontrées, d'ouvrages à lire ou de thématiques à explorer.

S'il n'a pas de **groupes de pair**s près de chez lui, il peut tout à fait solliciter des coachs proches de son lieu d'exercice et mettre en place le groupe, dont le mode de fonctionnement pourra être décidé lorsque le groupe sera constitué.

Il est toujours intéressant d'avoir un groupe constitué de personnes spécialisées dans différents domaines, par exemple :

- la programmation neurolinguistique (PNL) ;
- la gestion du stress ;
- la Gestalt ;
- la communication non violente ;
- la préparation mentale ;
- la dynamique de groupe ;
- l'analyse transactionnelle ;
- la ludo-pédagogie ;
- la conduite du changement ;
- la gestion des conflits ;
- les tests de personnalité.

Pour l'ensemble de ces actions, le coach devra dédier un temps qui peut sembler important mais qui est en fait l'investissement indispensable pour s'entourer des bonnes personnes.

Points de vigilance

✓ Considérer qu'un thérapeute peut aussi faire de la supervision ou que le superviseur peut aussi servir de thérapeute. Autant établir des frontières claires et des attentes distinctes.

✓ Consacrer beaucoup de temps à son réseau lorsque l'activité est faible, puis le négliger ensuite. Il perd très rapidement de sa valeur si les liens ne sont pas entretenus.

INFO +

Une formation spécifique pour superviseurs

Être superviseur est un métier à part entière. Vérifiez que le vôtre a suivi la formation adéquate, et, éventuellement, adhère à une association de superviseurs.

CONSEIL DE PRO

Ayez toujours des cartes de visite sur vous !

Face au nombre croissant de coachs sur le marché, il est indispensable de laisser une trace mémorable si l'on espère pouvoir tisser des liens avec son réseau. Une carte de visite de qualité, qui met en avant votre spécificité (dans la thématique ou dans la méthode) est le meilleur moyen pour que l'on pense à faire appel à vous sur votre compétence spécifique. Pensez cependant à en avoir en permanence sur vous.

Se projeter

Les formations initiales en coaching sont souvent généralistes. La spécialisation s'acquiert ensuite. Il est d'ailleurs assez courant d'entendre un coach dire qu'il a, sur une période donnée, des propositions de coaching très similaires. C'est souvent le signe qu'il attire un certain type de public qui reconnaît en lui une qualité ou une caractéristique que le client souhaite acquérir, et pour laquelle le coach semble compétent.

Lorsque cela arrive, le coach a tout intérêt à se projeter à 2 ou 3 ans pour établir un parcours de formation permettant de renforcer cette compétence, voire de s'ouvrir à d'autres thématiques connexes s'il sent que cela pourra l'aider dans l'accompagnement sur ces autres thématiques moins familières. C'est là que prend vie le plan de formation professionnelle, qui projette le coach dans son apprentissage sur plusieurs années.

Pourquoi se projeter ?

- Parce qu'à force de pratiquer un métier, le coach peut entrer dans une routine qui l'empêche d'être performant. Rechercher puis planifier des moments d'apprentissage devient alors un cheminement stimulant.
- Parce qu'en faisant le point sur sa pratique actuelle, le coach peut découvrir qu'il lui manque des compétences ou des connaissances sur certains sujets, qui finissent par le mettre dans l'inconfort, et qu'il suffit parfois de quelques jours d'une formation pertinente pour y remédier.
- Parce qu'un professionnel bien occupé peut oublier de se former, et donc voir sa compétence professionnelle et son efficacité décliner.

Avec quels interlocuteurs ?

C'est un travail qui peut être entrepris seul, mais qui gagne à être partagé avec :

- le superviseur, qui connaît bien le coach et sait lui proposer des axes d'amélioration ou des pistes de travail complémentaires ;
- des pairs, qui sont eux aussi dans une démarche de formation continue.

Avec quels outils ?

- Internet, qui est une bonne base de recherche de stages.
- Les associations professionnelles → *cf. Outil 62*.
- L'outil de Gordon, qui permet de trouver sa particularité de coach → *cf. Outil 61*.

Comment mettre l'action en œuvre ?

Tous les ans au minimum, le coach pourra dédier un temps à cette action. Il faudra au minimum :

- Se livrer à la réflexion sur ses particularités de coach → *cf. Outil 61*. Valider que l'on a envie d'entretenir ces particularités.
- Reprendre la liste des coachings effectués sur la dernière année, et identifier ceux qui ont été les plus compliqués.
- Noter pourquoi et voir s'il y a des grandes catégories de problèmes qui se dégagent.
- Interroger son superviseur sur les formations qui pourraient être intéressantes pour lui. S'il n'a pas de superviseur, en choisir un → *cf. Outil 60*.
- Au regard des étapes précédentes, déterminer les sujets de formation prioritaires.
- Rechercher sur Internet et en interrogeant son réseau de coachs s'il existe des formations, des conférences, des ateliers ou des ouvrages qui permettent d'avancer sur ces sujets.
- Élaborer un budget en euros et en temps disponible pour la formation.
- Choisir et planifier ces formations, les arrêter dans l'agenda afin de ne pas accepter de coaching sur ces périodes.
- Les suivre et faire un résumé facilement consultable.

Point de vigilance

✓ Faire bien attention à la qualité de l'intervenant, à son parcours, son expérience. Ne pas hésiter à poser les questions que vous posent vos clients : est-il supervisé, appartient-il à une association professionnelle, comment se forme-t-il ?

QUOI DE NEUF ?

Formation et nouvelles technologies

Pour avoir l'opportunité d'apprendre des experts du métier, vous pouvez vous tourner vers les MOOCs. Plusieurs grandes universités françaises et américaines en proposent sur des sujets en relation avec le coaching.
Certaines écoles proposent aussi de la formation en visio-conférence. Après avoir reçu et étudié le support pédagogique du module choisi, vous assisterez à un cours à distance avec un coach expert. Vous pourrez lui poser vos questions et avoir son retour, interagir avec les autres participants comme dans un module en présentiel. La formation sera d'autant plus efficace qu'elle comprend aussi un temps de regroupement des participants pour un travail plus traditionnel. Ce type de formation multi-canaux est parfois aussi appelé Blended Learning. Elle permet une certaine flexibilité et est généralement d'un coût raisonnable.
Elle est à réserver aux personnes qui aiment travailler seules sur la partie théorique, qui ont la rigueur de se ménager des temps pour étudier, et qui ont par ailleurs l'occasion de mettre en pratique les contenus enseignés.

CONSEIL DE PRO

Choisir une formation reconnue ?

Certains centres de formation se sont lancés dans la reconnaissance de leur contenu pédagogique au RNCP (Registre Nationale de la Certification Professionnelle), qui garantit un programme, un niveau d'études à la fin du parcours, et une méthode d'évaluation répondant à des objectifs définis. La formation sera plus facilement valorisable auprès d'un employeur.
Cependant, dès lors qu'un coach recherche une spécialité fine, ou veut travailler avec un professionnel dont le cœur de métier n'est pas la formation, il constatera que ces formations ne sont pas agréées. Cela ne doit pas le décourager pour autant. La qualité de l'intervenant, la pertinence du contenu et les méthodes pédagogiques sont les critères à privilégier dans le choix d'une formation.

Les critères de réussite de votre plan d'action

- ➜ Le coach a de nombreuses connexions avec des professionnels de son métier.
- ➜ Il assiste régulièrement à des événements au sein d'associations ou de groupes de pairs.
- ➜ Il va à des conférences et des formations, ce qui le rend très pertinent en coaching.

Lexique français-anglais

Les principaux termes du coaching

Univers du coaching	
cadre supérieur	senior executive
fournir un cadre de travail	to provide a framework
coaching de dirigeants	executive coaching
coaching d'entreprise	business coaching
coaching d'équipe	team coaching
coaching individuel	one on one coaching
lieu de travail	workplace
employeur	employer
prendre un rendez-vous	to make an appointment
collègue	colleague
accord tripartite	tripartite agreement
coach	coach
coach certifié	certified coach
coach de vie	life coach
coaché	coachee
codir	executive committee
contrat moral	moral contract
directeur général	CEO - Chief Executive Officer
dirigeant en devenir	emerging leader
DRH	HR manager
entretien préalable	preliminary interview
manager	manager
rendez-vous	appointment
demande de coaching	need for coaching
équipe	team
étape	step
séance de coaching	coaching session

Posture du coach	
faire un retour	to give feedback
bienveillance	benevolence
distanciation	detachment
confidentialité	confidentiality
position neutre	neutral stance
rétroaction	feedback
questionnement	questioning
écoute	listening, attention
effet miroir	mirror effect
éthique	ethics
honnêteté	sincerity
programme sur mesure	tailor-made programme
caisse de résonnance	sounding board

Thématiques de travail	
admettre sa responsabilité	to acknowledge responsibility
amener au niveau de	to bring up to
arbitrage	arbitration
burn-out	burn out
changement	change
compétences	expertise, skills
comportement	behaviour
conflit interpersonnel	interpersonal conflict
conflit social	industrial dispute
crise de sens	loss of meaning
crise d'identité	identity crisis
des objectifs stratégiques	strategic goals
faire face aux problèmes	to face challenges
gestion des conflits	conflict management
gestion du stress	stress management
haut potentiel	high potential
malentendu	misunderstanding

manque de compétences	competency gap
manque de confiance	lack of confidence
motivation	motivation, drive
prise de parole en public	public speaking
règles de gouvernance	governance rules
valeurs	values

Résultats du coaching

accord gagnant-gagnant	win-win situation
acquérir de la compétence	to gain experience
améliorer	to improve, to enhance
apaisement	appeasement
aptitudes	ability
assertivité	assertiveness
assurance	reassurance
atteindre des objectifs à court terme	to meet short-term goals
capacité à communiquer	ability to communicate
changer de travail	to change jobs
compétence particulière	distinctive competency
compétences de base	core competencies
confiance en soi	self confidence
connaissance de soi	self awareness
courbe de deuil	bereavement process
développer ses performances	to boost one's performances
efficacité	efficiency
entretenir ses compétences	to maintain one's knowledge
entretien d'évaluation	appraisal meeting
être en position forte	to be in a strong position to
forces	strengths
faire prendre conscience	to raise awareness
garder l'avantage	to keep to edge
instaurer la confiance	to build trust
mobilisation	engagement
montrer l'exemple	to lead by example
niveau d'aspiration	expectation level
niveau de performance	performance standards
partage d'expériences	sharing experiences
réaliser ses rêves à long terme	to achieve long term aspirations
résultats	achievements
retour sur investissement	ROI - return on investment
satisfaction au travail	job satisfaction
sérénité	serenity

Outils de coaching

apprentissage intuitif	insight learning
atelier	workshop
bilan de compétences	skills analysis
courbe d'apprentissage	learning curve
évaluation comportementale	behavioural assessment
gestion des compétences	competency planning
gestion des performances	performance management
groupe de pairs	peer group
jeu de rôle	role play
mesure de la performance	performance measurement
outils	tools
photolangage	photolanguage
plan de développement des compétences	development plan
questionnaire 360°	360-degree review
simulations professionnelles	management games
test d'aptitude	skill test

Bibliographie et sitographie

OUVRAGES

Amherdt C.-H., *La Santé émotionnelle au travail*, Démos éditions, 2005.
Angel P., Amar P., Devienne E., Tencé J., *Dictionnaire des coachings*, Dunod, 2007.
Beriot D., *Manager par l'approche systémique*, Paris, Eyrolles, 2006.
Bernoux P., *La Sociologie des entreprises*, Paris, Points Seuil, 2009.
Buzan B. et T., *Mind map, dessine-moi l'intelligence*, Les guides Buzan, 2012.
Cardon A., *Coaching d'équipe*, Paris, Eyrolles, 2003.
Carré C., *Sortir des conflits avec les autres*, Eyrolles pratique, 2007.
Cauvin P., *La Cohésion des équipes*, Paris, ESF éditeur, 1997.
Cauvin P., Cailloux G., *Les Types de personnalité : les comprendre et les appliquer avec le MBTI*, Paris ESF Éditeur, 1994.
Chavel T., *Le Coaching du dirigeant*, Paris, Eyrolles, 2007.
Csikszentmihalyi M., *Vivre la psychologie du bonheur*, Pocket, 2006.
Crozier M., Friedberg E., *L'Acteur et le Système*, Paris, Points Seuil, 1977.
D'Iribarne P., *La Logique de l'honneur*, Points Seuil, 1989.
De Gant J., « Réflexions sur "Les Confessions d'un Intervenant en Entreprise subversif" de David Gordon », article paru dans *Métaphore* N°17, mars 1996.
Delivre F., *Le Métier de coach*, Éditions d'Organisation, 2002.
Dilts R., *Changer les systèmes de croyances avec la PNL*, InterEditions, 2006.
Dufour B., Plompen M., *Les Meilleures pratiques du développement des dirigeants*, Éditions d'Organisation, 2006.
Dugois P., Béon P., Gauthron T., *La Transformation permanente : une introduction au coaching d'organisation*, Paris, EMS Management & Société, 2016.
English F., *Analyse transactionnelle et Émotions*, Desclée de Brouwer, 1996.
Fauvet J-C., *L'Élan socio-dynamique*, Paris, Éditions d'Organisation, 1996.
Ferey J-M., *Pratique du coaching d'équipe*, Lyon, Chroniques sociales, 2008.
Genelot D., *Manager dans la complexité : réflexions à l'usage des dirigeants*, Paris, INSEP Consulting, 1992.
Grésy J-E., Ricardo Pérez N., Emont P., *Gérer les risques psychosociaux : performance et qualité de vie au travail*, Paris, ESF éditeur, 2013.
Giffard M., *Coaché !*, Éditions d'Organisation, 2003.
Giffard M. et Moral M., *Coaching d'équipe – Outils et pratiques – 3e éd.*, InterEditions, 2017.
Hourst B., Thiagarajan S., *Modèles de jeux de formation, les jeux cadres de Thiagi*, Éditions d'Organisation, 2005.
Kourilsky F., *Du désir au plaisir de changer : le coaching du changement*, Paris, Dunod, 1995.
Lecerf-Thoma B., *Activer les talents avec les neurosciences*, Pearson, 2015.
Légeron P., *Le stress au travail*, Odile Jacob, 2003.
Lockert O., *Métaphores*, IFHE éditions, 2007.
Looker T., Gregson O., *Gérer son stress*, Larousse, 2009.

Malarewicz J.A., *Réussir son coaching*, Pearson, 2017.
Marsan C., *Réussir le changement : comment sortir des blocages individuels et collectifs ?*, Paris, De Boeck, 2008.
Mikolajczak M., Quoidbach J., Kotsou I., Nélis D., *Les Compétences émotionnelles*, Paris, Dunod, 2009.
Moïso C., *Besoins d'hier, besoins d'aujourd'hui*, Éditions AT, 2004.
Morin E., *Introduction à la pensée complexe*, Paris, Éditions du Seuil, 2005.
Pagès J., *Le Coaching avec la méthode Appreciative Inquiry*, Paris, Eyrolles, 2007.
Pommier R., *Métier de formateur : comprendre les individus et les groupes et concevoir une démarche pédagogique*, Paris, Dunod, 2011.
Ricard M., *L'art de la méditation*, Nil, 2008.
Tissier D., *Management situationnel : vers l'autonomie et la responsabilisation*, Paris, Julhiet, 2012.
Tonnelé A., *65 outils pour accompagner le changement individuel et collectif*, Éditions d'Organisation, 2011.
Rosenberg M., *Les mots sont des fenêtres (ou bien ce sont des murs)*, La Découverte, 2016.
Rosinski P. *Le Coaching interculturel : comment favoriser un succès durable grâce aux différences*, Paris, Dunod, 2009.
Senge P., *La Cinquième discipline : levier des organisations apprenantes*, Paris, Eyrolles, 1990.
Watzlawick P., *Une logique de la communication*, Seuil, 1989.

SITES, BLOGS

Stress : http://www.inrs.fr/risques/stress/effets-sante.html
Syndicat professionnel du coaching : http://www.metiersducoaching.com

Associations professionnelles de coaching :
EMCC : http://www.emccfrance.org/
SF COAHC : http://www.sfcoach.org/
ICF : http://www.coachfederation.fr/

Marie-Laure Voisard, *La préparation de l'entretien tripartite, un moment clé dans le coaching*, 2014, www.paradoxes.asso.fr/2014/10/la-preparation-de-lentretien-tripartite-un-moment-cle-dans-le-coaching/

https://www.mediter-et-agir.com/

Compléments numériques

Dans cet ouvrage, au fil des outils, vous trouverez quelques liens présentés ainsi :

lienmini.fr/proen00

Ils vous renverront vers des **compléments numériques à télécharger** : tableaux, graphiques, matrices, visuels ou autres documents, mis à disposition par les auteurs afin que vous puissiez les adapter à votre activité.

Nous espérons que ces outils vous seront utiles !

Sommaire

Index

Découvrez également dans la collection PRO en :

- Communication (978-2-311-62223-2)
- Community Management (978-2-311-62221-8)
- Conduite du changement (978-2-311-62220-1)
- Négociation commerciale (978-2-311-62227-0)
- Ressources humaines (978-2-311-62219-5)

Conception maquette de couverture : François Supiot
Conception maquette intérieure : Hokus Pokus
Mise en page couverture : Camille Chauchat
Mise en page intérieur : Patrick Leleux

ISBN : 978-2-311-62226-3

Achevé d'imprimer en juillet 2019
sur les presses de la SEPEC (France)
Numéro d'impression : 09463190626
Numéro d'éditeur : MAGSI-201907-27
Dépôt légal : janvier 2018

IMPRIM'VERT®

PEFC™ 10-31-1470 / Certifié PEFC / Ce produit est issu de forêts gérées durablement et de sources contrôlées. / pefc-france.org